高等教育旅游类专业系列教材

旅行社经营与管理

主　编　苗雅杰　孙宝鼎
副主编　李　寅　赵海洲　刘　岩
主　审　崔　庠

中国财富出版社

图书在版编目（CIP）数据
旅行社经营与管理/苗雅杰，孙宝鼎主编．—北京：中国财富出版社，2013.8
（高等教育旅游类专业系列教材）
ISBN 978-7-5047-4755-6

Ⅰ．①旅…　Ⅱ．①苗…②孙…　Ⅲ．①旅行社—企业经营管理—高等学校—教材
Ⅳ．①F590.63

中国版本图书馆 CIP 数据核字（2013）第 151686 号

策划编辑　寇俊玲　　责任印制　何崇杭
责任编辑　曹保利　彭佳逸　　责任校对　杨小静

出版发行　中国财富出版社（原中国物资出版社）
社　址　北京市丰台区南四环西路 188 号 5 区 20 楼　　邮政编码　100070
电　话　010-52227568（发行部）　　010-52227588 转 307（总编室）
010-68589540（读者服务部）　　010-52227588 转 305（质检部）
网　址　http://www.cfpress.com.cn
经　销　新华书店
印　刷　中国农业出版社印刷厂
书　号　ISBN 978-7-5047-4755-6/F·1980
开　本　787mm×1092mm　1/16
印　张　18.25　　版　次　2013 年 8 月第 1 版
字　数　389 千字　　印　次　2013 年 8 月第 1 次印刷
印　数　0001—3000 册　　定　价　39.00 元

前　言

旅游业作为第三产业的重点，是现代服务业的重要组成部分，对文化交流、生态文明和人类发展都具有积极的促进作用，能够促进经济社会协调发展。进入21世纪以来，我国旅游业持续健康快速发展，产业规模不断扩大，并跃升为战略性支柱产业。旅行社是我国旅游业重要的产业部门，具有显著的市场导向作用和强大的产业关联作用，因此，加强旅行社的建设，提高旅行社的经营管理能力，更新旅行社的市场竞争理念，应对全球化时代我国旅行社面临的新挑战，推进我国旅游业蓬勃健康的发展，已经成为旅行社行业和旅游学界的共识。

作为大学旅游管理专业本科生的必修课教材，本书是基于编者多年的旅行社经营管理经验和教学实践心得，并结合我国的旅行社发展趋势编写而成的。编撰过程中注意吸收旅游业界最新的发展态势，在体例编排上注重内容全面和专业深化并重，力求言语简洁，在实践上更具可操作性。

本书适合各大专院校旅游管理等专业师生、旅行社从业人员以及旅游爱好者阅读，可作为高等院校旅游管理专业及相关专业的教材，也可供旅游职业教育、自学考试以及从事旅游经济、管理研究和实际工作人员参考使用。

本书由苗雅杰、孙宝鼎担任主编，李寅、赵海洲、刘岩担任副主编。苗雅杰负责统稿，并负责第一章的编写，孙宝鼎负责第三、第四、第五、第六、第八、第九章的编写，李寅负责第二章的编写，赵海洲负责第十章的编写，刘岩负责第七章的编写。全书由崔庠教授主审。

本书配有多媒体电子教案。教师可以登录中国财富出版社网站（http://www.cfpress.com.cn）"下载中心"下载教学资料包，为教师教学提供完整支持。

本书在编写过程中，引用了学术界和旅游业内的多种研究成果和大量文献资料，因篇幅有限，难以一一注明，谨致歉意。由于时间仓促、水平有限，加之旅游行业的发展在理论和时间方面不断有新的突破，本书难免有种种不妥之处，敬请广大读者指正。

编　者

2013年4月

目 录

绪 论

旅行社是为人们旅行提供服务的专门机构。随着世界范围旅行业的不断发展和繁荣，旅行社现已发展成为世界旅游业的三大支柱之一，是旅游活动的组织者，在我国旅游业的发展中也扮演着极为重要的角色。人类活动总是在一定的思想与理念指导下进行的，人们关于某一事物的理性观念会决定其对于特定事物的态度和行为方式。对旅行社的认识直接影响着政府对旅行社业的宏观管理，也决定了旅行社的发展战略与运作模式。

一、旅行社管理的概念

高度专业化的社会分工是现代国家和现代企业建立的基础。旅行社正是建立在这种社会分工基础之上的。但如何把不同行业、不同专业、不同分工的各种人员组织起来，协调他们相互间的关系，协调他们与政府间的关系，协调他们与各种资源的关系，从而调动各种积极因素创造经济效益和社会效益，这都需要依靠有效的管理。可以说，旅行社管理的重要性如今已是深入人心，人们越来越认识到加强管理的必要性和迫切性。

如何认识旅行社管理的概念呢？首先，我们必须对管理的含义有所理解。

（1）管理是由计划、组织、控制、协调等职能为要素组成的活动过程。这是由现代管理理论的创始人法国实业家法约尔（Henri Fayol）于 1916 年提出的，这一论点经过 80 多年的实践证明，至今仍具有普遍意义。

（2）管理是在某一组织中，为实现目标而从事的对人与物质资源的协调活动。这一表述首先强调了管理是有目标的，是协调资源的活动，是某一组织群体努力的活动。

（3）管理就是协调人际关系，激发人的积极性，以达到共同目标的一种活动。这一表述突出了人际关系和人的行为，强调了管理的核心是协调人际关系。

（4）管理就是决策。这是 1978 年诺贝尔经济学奖获得者赫伯特·西蒙提出的。他把决策过程分成四个阶段，一是调查；二是制订可能的方案；三是在方案中抉择；四是评价并导致新的决策。这样一种决策过程实际上是任何管理工作解决问题时所必经的过程。

通过上述种种关于管理概念的观点表述，我们可以从不同角度了解管理的面貌。综合前人的研究，我们认为旅行社管理的概念可以这样表述：旅行社管理是以人为中心，通过决策、组织、领导、控制和创新等活动来协调旅行社内外部资源，以实现企业预期的发展目标和阶段目标的过程。

二、旅行社管理的要素

（一）人的要求

旅行社管理活动协调的中心就是人的活动，在劳动力要素的利用方面，旅行社体现了知识密集型和人才密集型的突出特点。尤其是在未来的旅行社业发展趋势中，知识占据了相当重要的地位，对人的素质要求日益提高。如何在旅行社管理活动中满足这一需求，就成为旅行社管理者急需研究的重要课题了。

（二）资本要素

在资本要素的利用上，一方面，旅行社具有固定资产占用少、流动资金周转快的特点，由此而形成了较高的资本利润率；另一方面，旅行社总营业收入的流动量很大；相对于此，收入流量的利润沉淀较小，由此又形成了较低的收入利润率。在旅行社管理中，追求较高的利润率是企业的天性，如何使这种矛盾在管理实践活动中得到较好的解决，使旅行社得到更好的发展，显然已成为旅行社管理中的又一重要内容。

（三）信息要素

旅行社在信息要求的利用上可以说是最充分的，因为信息资源可以称得上是旅行社最基本的和最重要的资源，甚至于包括旅行社的主要生产工具也基本上都是信息设备。尤其是在当代网络资源如此发展、计算机技术相当普及的时期，对每一名旅行社的管理人员都提出了更高、更新的要求。

三、旅行社管理体系

（一）旅行社的内部管理体系

1. 旅行社的服务管理

旅行社提供的旅游产品，其核心内容就是服务，因而服务管理也是最能体现旅行社特性的一个方面。从旅行社诞生至今，服务就是一个永恒的主题。服务理念的演进也是伴随着旅行社的发展而不断提升的，从主观服务意识向客观化转变，从经验型向理论型转变，从标准化向个性化转变，从模式化向多样化转变，从理性化向人性化转变，服务的内涵在这种转变中得以日益深化。

2. 旅行社的职能管理

旅行社在研究其内部各个部门的工作时，应该依据系统管理的思想把内部因素和外部环境结合起来进行全面分析，研究各个部门之间的相互促进和相互制约关系，以求各个部门的工作能保证整个旅行社获得最优的运转效果。许多新的管理理论和管理实践已一再证明：决策、组织、领导、控制、创新这五种职能是旅行社管理活动中最基本的职能管理。

(1) 决策：是一个十分复杂的过程，是针对未来的行动制订的。对旅行社而言未来的行动往往会受到其所处的外部环境和内部条件的制约，所以在决策前必须对未来的形势做出预测，之后更重要的是如何制订切实的计划来实施已抉择的方案，并在实施中不断检查、取得信息反馈，在实践中评价该决策是否正确，因而我们认为决策是旅行社管理活动中的一项基本职能。

(2) 组织：在旅行社的正常经营活动中，在每一项决策和计划的实施中，在每一项管理业务中，管理者都必须从事大量的组织工作；另外，旅行社作为一种社会组织，是否具有自我适应、自我组织、自我激励、自我约束的机制，在很大程度上也取决于该组织组织结构的状态。因此，组织职能成为旅行社管理活动的根本职能，是其他一切管理活动的保证和依托。

(3) 领导：旅行社管理活动的中心是协调人的行为，企业目标的实现要依靠旅行社全体成员共同努力，因而在旅行社的管理实践中，管理的领导职能是一门非常奥妙的艺术，它始终贯穿在整个旅行社管理活动中。

(4) 控制：在旅行社具体的管理实践活动中，由于受到各种内外因素的干扰，实践活动常常偏离原定的计划。为了保证企业目标及为此而制订的计划得以实现，就需要有控制职能。没有控制就没有管理，管理者必须及时取得计划执行情况的信息，并将有关信息与计划进行比较，发现实践活动中存在的问题，分析原因，及时有效的纠正措施。

(5) 创新：进入知识经济时代，科学技术迅猛发展，社会经济活动空前活跃，市场需求瞬息万变，社会关系也日益复杂。旅行社的管理者每天都会遇到新情况、新问题，需要创新才能够取得更好的成绩。创新职能在旅行社的管理实践中处于轴心的地位，成为推动管理循环的原动力。

3. 旅行社的组织管理

管理学家哈罗德·孔茨说过：“为了使人们能为实现目标而有效地工作，就必须建立和维持一种职务结构，这就是组织管理的目的。”作为旅行社，什么样的组织结构更富有效率，更能发挥作用，是很重要的一个问题。这就需要根据每一个旅行社的具体情况来研究其组织规模最适合于什么样的管理幅度和管理层次，并据此设计出最能发挥优势的组织结构。

一般来说，我们在对旅行社进行组织结构设计时，必须因事设职与因人设职相结合，权责明确且对等，其实质就是通过对旅行社管理劳动的分工，将不同的管理人员安排在不同的管理岗位和部门中，通过他们在特定环境、特定相互关系中的管理工作来使整个旅行社管理系统有机地高效地运转起来。

4. 旅行社的战略管理

战略是从军事学上借用的术语，主要是涉及战争的总体政策或方案，或是涉及战斗开始前的方案制订。因而，作为旅行社的战略管理，其调整对象是整个旅行社的活动方向和内容。而其涉及的时空范围主要是旅行社这一整体在未来较长一段时期的活动。战略管理的实施是旅行社组织活动能力的形成与创造过程，实施的效果将影响整个企业的效益和发展。

为了保证影响旅行社未来生存和发展的战略管理决策尽可能地正确，旅行社必须利用科学的方法；合理有效地实施战略管理，为旅行社的未来发展把握准确的方向。

（二）旅行社的外部管理体系

1. 国家有关政策和法规

国家是旅游业进行宏观调控的主体，在经营旅行社时，要仔细研究与旅行社密切相关的政策和法律规定，在法律许可的范围内行事。

2. 旅行社行业组织

在旅行社行业成长和市场发展的自然过程中将必然产生行业组织对其进行行业管理，其实质是介于政府主管部门和企业之间的市场中介管理组织。具有对旅行社的监督与约束作用。从国际旅行社管理的经验来看，一个自下而上、体系完整、运作规范的旅行社行业组织是旅行社行业管理制度的重要载体。

从目前旅行社业的实践来看，旅行社存在着多元化或双重的外部管理体系。在旅游业发达国家往往呈现出多元化管理主体的格局。而我国旅行社行业行政管理主体基本上都是归口到旅游局（部、委员会等）。但是这种作法将日益以政府的宏观调控为主，以建立健全的法律法规体系为主，以维护公正、公平、公开的行业市场秩序为方向。

四、旅行社管理的方法

旅行社的管理方法是在旅行社管理活动中为实现其管理目标、保证管理活动顺利进行所采取的工作方式。

在具体的旅行社管理实践活动中，管理方法有很多种，也有多种分类方法。比如，按照管理对象的范围可划分为宏观管理方法、中观管理方法和微观管理方法；按照管理方法的适用普遍程度可划分为一般管理方法和具体管理方法；按照管理对象的性质可划为人事管理方法、物资管理方法、资金管理方法、信息管理方法等；按照所运用方法的量化程度可划分为定性方法和定量方法等。在这里，我们从企业管理方法体系角度进行分析，可以将其划分为管理的行政方法、管理的经济方法和管理的教育方法。

（一）行政方法

行政方法是依靠旅行社组织的权威，运用命令、规定、指示和条例等多种行政手段，按照行政系统和层次，以权威和服从为前提，直接指挥下属工作的管理方法。

行政方法的实质是通过旅行社组织中的职务和职位来进行管理，实际上就是行使政治权威。此种管理方法的运用有利于整个旅行社内部统一目标，统一思想，统一行动，能够迅速有力地贯彻上级的方针和政策，对企业运作的全局活动实行及时有效的控制，尤其是对于旅行社内部的信息管理，需要高度集中和适当保密的领域，更具有显著作用。同时运用此方法时效性强，可及时针对具体问题、突发问题和重要问题等发出命令和指示，随时处理好管理活动中出现的新情况。

（二）经济方法

经济方法是根据旅行社经营活动的客观规律，运用各种经济手段，调节关系，以获取较高的经济效益与社会效益的管理方法。这里所说的各种经济手段，在具体的旅行社管理实践活动中，可以表现为价格、工资、利润、奖金、罚款及经济合同等多种方式。不同的经济手段在不同的领域中，在解决不同的问题时，可以发挥各自不同的作用。

旅行社管理的经济方法的实质是围绕着物质利益，运用各种经济手段处理好国家、企业与个人之间的经济关系，承认被管理的组织和个人在获取自己的经济利益上是平等的，从而最大限度地调动各方面的积极性、主动性、创造性和责任感，促进旅行社更好地发展。

（三）教育方法

教育方法是管理的基本方法之一。教育是按照一定的目的，要求对受教育者从德、智、体诸方面施加影响的一种有计划的活动。

在旅行社管理活动中人的因素是第一位的，管理最重要的任务是提高人的素质，充分调动人的积极性、创造性。人的素质是在社会实践和教育中逐步发展并成熟起来的。通过教育，不断提高人的思想素质、知识素质和专业素质，这是旅行社管理工作的重要任务。在具体的管理活动中，教育的方式应灵活多变，方便有效，如采用案例分析法、业务演习法、角色扮演法、小组讨论法等多种行之有效的方式。一个具有独特教育方法的旅行社组织，必然充满生机与活力。

可以说，管理方法是管理理论和原理的自然延伸和具体化、实际化，是利用管理原理指导管理活动的必要中介和桥梁，是实现管理目标的途径和手段。

五、现代企业管理类型

（一）战略管理

现代企业经营的一个共同特点就是把经营战略放在企业发展的第一位，越来越重视战略管理。20 世纪 80 年代初，西欧曾经对企业高层领导的时间安排做过一次调查，结果表明，这些高层领导，有 40%的时间用于企业的经营战略，40%用于处理与企业有关的各方面的关系，20%用于处理企业的日常事务。

（二）创新管理

作为管理者，应通过各种管理方法来刺激创新者，保持他们创新的动力。给予一定的职权和自由度是刺激创新者产生创意和开展革新活动的一条有效途径，而给予适当的奖励报酬和容忍失败也是很有必要的。

（三）危机管理

危机管理也称作无缺点管理或末日管理。这种管理方式要求企业树立危机意识，注意有效的交流，努力消除自身缺点和对企业的不利影响。它以市场竞争中危机的出现和过程，研究应付危机的规则和方法以及企业反危机的行为机制，采取有效手段和策略以预防危机和安全度过危机。

（四）信息管理

为适应未来信息社会的要求，当今企业已逐步趋向多样化、综合化、弹性化、分权化，信息劳动者、脑力劳动者日益受到重视和重用。

（五）绿色管理

绿色管理更多地体现在营销方面。绿色营销注重把环保观念融进企业的经营管理之中，企业文化、生产流程、产品本身、废物利用等方面都体现了绿色营销的思想，树立绿色企业的良好形象。

（六）满意管理

在工业社会，企业经营管理的目标是为了取得最大限度的利益；而在信息社会，则要求企业应对包括社会、股东、从业人员、顾客等方面有最优化的关系，令各方面都感到满意，这既是企业长期激烈竞争的结果，也是人类社会发展、文明进步的要求。

第一章 旅行社概述

本章导读

本章以旅游业的发展进程和现状为基础，揭示了旅行社作为旅游企业产生的必要性和必然性，阐述了旅行社的基本概念、性质与职能和地位作用等。要求学生在学习本章时能理论联系实际，对旅行社这一旅游企业类型以及当前旅行社管理中存在的主要问题有初步认识，全面了解旅行社的性质、职能、基本业务、分工体系和分类制度等有关旅行社的基本问题，为以后各章具体内容的展开和深入学习打下良好的基础。

本章难点

1. 旅行社的发展过程
2. 旅行社的职能和基本业务
3. 旅行社的行业特点
4. 旅行社行业组织

第一节 旅行社的产生与发展

旅行社的产生是经济、科技和社会分工发展的直接结果，同时也是旅行社长期发展的必然产物。现代意义上的旅行社产生于西方。在古代社会，由于生产方式和生产力的限制，人们很少远行。即使有商队、迁居、避乱或是使者、探险家，在当时的经济条件下，由于旅途中的安全问题和交通、住宿等设施的简陋和不健全，出外旅行是一件很艰苦的事情，甚至很危险，如丝绸之路。在英语中，travel 即“旅行”，就源自于 travail 即艰辛。在我国自古就流传着“父母在，不远游”的说法。

一、国外旅行社的产生和发展

（一）国外旅行社的产生

18 世纪中叶发生在英国的工业革命，使整个世界经济和社会结构发生了巨大的变化，同时也改变了世界范围内旅行和旅游的发展方向。工业革命对世界旅行发展的影响集中表现在以下几个方面：

1. 进行大规模旅游的经济条件已经具备

随着生产力的迅速发展和社会财富的急剧增加，有产阶级规模日趋扩大，工业革命使得生产财富大量流向新兴的工业资产阶级，使他们也具有了旅游的经济条件，从而扩大了有财力外出旅游的人数。

2. 人们产生了强烈的度假要求

工业革命的发展，改变了人们的工作性质和生活方式，人们产生了强烈的度假要求。产业革命促使大量的农业人口向城市和工业区流动，加速了城市化的发展进程。人们由原先从事的多样性农业劳动，开始为枯燥、重复的单一性大机器工业劳动所取代。工作性质的变化，城市生活节奏的紧张，环境的拥挤嘈杂，使人们更迫切地追求回归大自然。因此，旅行度假成为相当一部分人经常性的活动。

3. 交通运输方式的不断进步，为人们旅行提供了方便的条件

随着科学的发展，交通运输方式的不断进步，极大地方便了人们的旅行，而旅店、餐馆业的发展，为人们旅行提供了方便的条件。工业革命以前，人们外出旅行的主要交通工具是骑马、乘畜力车，甚至徒步旅行。自从 1769 年瓦特发明了蒸汽机，轮船、火车相继问世。火车、轮船一方面费用低廉，而且运载能力极大。更重要的是它们的速度快，大大缩短了人们途中的时间，极大地方便了人们的旅行。随着交通运输业的发展，在一些城镇和主要交通集散地附近，许多方便旅行者的旅店、餐馆不断兴建，大大方便了日益增多的旅行者的膳食住宿需要，为人们的旅行提供了方便的条件。

总之，旅行的人数大量增加，旅游活动日趋频繁，旅游者希望有专门的机构来承担此类工作。作为旅游活动中介机构的旅行社便应运而生。1845 年在英国的莱斯特，托马斯·库克（Thomas Cook）创建了世界上第一个旅行社——托马斯·库克旅行社。托马斯·库克对于旅游业发展的贡献，不仅在于他开创了近代旅游业，而且还表现在他面向大众，薄利多销，推动了旅游的社会化，促进了旅游业的迅速发展。从后人对库克的评价中，可以清楚地看到旅行社初创时期的特点：

（1）他是世界首位专职旅游经营者。

（2）他在旅游组织工作上有很多创造，如对将要前往参观游览的地区事先调查并编制成说明书分发给旅行者，事先印制、分发旅游凭证，实行团体票价，发行流通票据和派遣导游员等。

(3) 他在旅游经营观念上的贡献有：

①旅行社业的经营者，应“尽可能地使客人方便舒适，尽可能地替客人省钱”；

②他所追求的经营旅行事业，不仅带别人去游山玩水，更是探求新知识、新事物的先锋队；

③他确认旅游是一项机会教育与启迪民智的工作，他提出了“Saving money for travel!”

(二) 国外旅行社的发展

在托马斯·库克之后，为适应人们不断增长的旅游需求，旅行社在世界各地迅速发展起来。国外旅行社的发展大约经历了三个发展阶段：

1. 旅行社发展的初期阶段（从1845年库克创办第一家商业旅行社开始，止于第一次世界大战结束）

这个时期旅行社的规模较小、数量也不多，主要经营国内旅游和近程境外旅游，主要交通工具是火车、轮船。其代表性人物是托马斯·库克。

2. 旅行社成长发展时期（从第一次世界大战结束起，止于第二次世界大战结束）

这个时期，旅行社的数量有了较大增长，规模有所扩大，出现了诸如美国运通公司、英国托马斯·库克公司和比利时的铁路卧车公司等号称世界旅行社业三大巨头的大型旅行社。旅行社所组织的旅行活动扩展到欧美以外的亚非和拉美等地区，所用的交通工具除原有的火车、轮船，还出现了大型汽车旅行。此外，旅行社所经营的旅游产品也由纯观光旅游，发展成观光、探险等多个旅游品种。

3. 旅行社高速发展时期（从第二次世界大战后至今）

第二次世界大战以后，随着科技的进步、交通运输业的发展，人们自由支配的收入和时间的增多，为人们外出旅行提供了便利的条件。世界范围内旅游业的发展与繁荣，为旅行社行业的发展提供了前所未有的机遇，旅行社业进入了一个高速发展时期，其中航空业的发展对旅行事业起到了很大的促进作用。同时，一个遍布全世界由数万家旅行社组成的极其庞大的国际性旅游服务网络已基本形成，并形成多个国际性和地区性的旅行社组织，如世界旅行社协会（WATA）和世界旅行社协会联合会（UFTAA）。

二、中国旅行社的产生和发展

(一) 中国旅行社的产生

我国的旅行社最早产生于20世纪20年代。1923年，爱国人士上海商业储蓄银行总经理陈光甫先生在上海商业储蓄银行设立了“旅行部”。为旅客代售车船票，预订舱位、铺位和旅馆，承担接待业务，派遣导游小姐，代管行李，发行旅行支票。经过几年努力，旅行部业务逐渐拓展，先后在铁路沿线和长江各主要港口城市设立办事机构

11处。1927年7月该旅行部独立并更名为“中国旅行社”（正式成立），这是中国第一家旅行社。即现在的香港中国旅行社股份有限公司的前身。

（二）中国旅行社的发展

中国旅行社业的发展经历了4个时期，即新中国成立前时期、改革开放前时期、改革开放初期和旅行社大发展时期。

1. 新中国成立前时期（1923—1949年）

这一时期，由于战乱和中国经济的不发达，中国的旅游事业规模较小，发展缓慢，旅行社也寥寥无几，其中最著名的是陈光甫在上海创办的“中国旅行社”。

2. 改革开放前时期（1949—1978年）

我国于1949年11月19日成立了第一家旅行社——厦门华侨旅行服务社，即后来的中国旅行社。1949年11月，厦门市军管会侨务组接管华侨服务社，12月重新开业。随后，广东也成立了华侨服务社。1956年8月，天津、沈阳、鞍山、大连、长春、哈尔滨、抚顺、阜新、汉口、南京、无锡、苏州、上海、杭州、济南、昆明等16个城市建立华侨服务社。1957年4月，华侨服务总社正式成立，后来演变为中国旅行社。

1954年又成立了中国国际旅行社。上海、杭州等14个城市先后设立分社。

这两家旅行社分别在全国各地设立分（支）社，形成两大旅行社系统。中国旅行社负责接待海外华侨、外籍华人、中国港澳台同胞；中国国际旅行社负责接待国外自费旅游者。这一时期两大旅行社一直从事以政治目的为主的对外接待工作，不以赢利为目的，基本不具备企业的性质。它们也不足以构成中国的一个行业。

3. 改革开放初期（1978—1988年）

党的十一届三中全会，特别是随着旅游业被纳入国民经济发展计划以后，旅行社逐步转变为以经营服务为主的经济性产业。1979年中国青年旅行社成立，标志着中国旅行社业三足鼎立局面的形成。1980年，这三家旅行社接待的来华旅游者占到全国有组织接待人数的80%，其余20%由其他政府机构组织接待。

随着旅游业的进一步发展，为适应旅游业发展的新形势，1984年，国务院就我国旅行社的体制改革作出了两项决定：一是打破垄断，允许各旅行社之间展开竞争；二是旅行社由行政或事业单位改为企业。同年，国家旅游局决定将旅游外联权下放，允许更多的旅行社经营国际旅游业务，并授予他们业务经营所必需的签证通知权。

4. 旅行社大发展时期（1988年至今）

1989年的“政治风波”使我国的旅游业受到巨大的冲击，国际旅游入境人数和旅游外汇收入同时大幅度减少，我国的旅行社行业也出现了自1984年以来的第一次负增长。在此情况下，中国旅行社的经营者们第一次强烈地意识到旅游产品的脆弱性和经营旅行社的风险性，我国的旅行社业也因此进入一个更为理性的发展阶段。旅行社的经营者们开始对前10年的经验教训进行认真的总结和分析，试图在困境中摸索出一条适合中国旅行社行业发展的新路。各地旅行社先后推出各种适销对路的产品，并采取一系列有针对性的促销措施，使我国的旅游业在不到两年的时间里就恢复到1989年以前的水平，1991年我国的国际旅游入境人数和旅游外汇收入均超过历史最高水平的1988年。在此基础上，我国旅行社行业进行了结构调整，撤并了一批规模过小，经济效益差，服务水平低的旅行社，扶持壮大了一批骨干旅行社，使旅行社市场竞争秩序明显好转，企业接待规格有所提高，实现了在结构调整中的平稳发展。到1996年，全国的旅行社发展到4252家，2011年全国 已发展到共有旅行社23865多家。与此同时，我国旅行社又大力发展国内旅游市场，有的放矢地推出各种适应国内旅游者特点的产品，取得了良好的效果。另外，近年来我国政府开始允许中国公民出国探亲和旅游，使我国的旅行社行业又得以开辟新的客源市场，这是旅行社行业发展过程中的一次重大突破。为了适应我国旅行社行业的变化和发展，1995年国家旅游局颁布了《旅行社质量保证金暂行规定》，使我国旅行社行业的宏观管理更趋严谨和合理。2009年5月中华人民共和国国务院颁布实施的《旅行社条例》，降低准入门槛，2009年12月国务院关于加快旅游业发展成为国家战略性支柱产业政策出台，为我国旅行社行业的进一步发展提供了有利条件，起到了积极的促进作用，我国旅行社业逐步进入一个前所未有的大发展时期。

旅行社这类企业存在和发展的原因，根本在于创造了一种新的信息传递方和资源组合方式。这两种方式的结合形成了在这一领域的富有效率的经济组织，以企业的规模性替代了个体旅游服务的零散性和游击性；以企业的整体形象降低了市场销售变化的冲击；以集团化、网络化、高新科技化创造了更新更好的信息传递机制，从而在旅游市场竞争中得以生存和持续发展。

第二节 旅行社的性质和分类

一、旅行社的概念

旅行社是为人们旅行提供服务的专门机构。它在不同的国家和地区具有不尽相同的含义。有些国家和地区还以法律的形式，对旅行社的性质做出了明确规定。

（一）国外关于旅行社的定义

世界旅游组织的定义是：零售代理机构向公众提供关于可能的旅行、居住和相关服务，包括服务酬金和条件的信息。

欧洲是现代意义的旅行社的发源地，在欧洲人看来，“旅行社是一个以持久赢利为目标，为旅客和游客提供有关旅行及居留服务的企业”。

（二）我国关于旅行社的定义

2009年国务院颁布的《旅行社条例》明确规定，旅行社是指从事招徕、组织、接待旅游者等活动，为旅游者提供相关旅游服务，开展国内旅游业务、入境旅游业务或者出境旅游业务的企业法人。

二、旅行社的性质

我们可从国务院颁布的《旅行社条例》中概括出旅行社的三大基本特征。

1. 从事旅游业务

为旅游者代办出境、入境和签证手续，招徕、接待旅游者，为旅游者提供、安排交通、游览、住宿、饮食、购物、娱乐等有偿服务。

2. 有赢利目的

从事旅游业务的企业，在经营活动中承担经济责任，享受经济权利。

3. 自主经营的企业

旅行社是独立的企业法人，自主经营，自负盈亏，独立承担民事责任。旅行社作为旅游企业中的一类，既有与其他旅游企业相类似的共性，也有其自身的特性。

三、旅行社的分类

由于各地区的国情不同，旅游发展目标的不同，使旅行社的经营规模、经营范围和方式方法各有特色，旅行社的分类也不尽相同。

（一）国外旅行社的分类

国外对于旅行社的认识往往是与旅行社具体的分类密切相关的。在欧美国家，一般是按照经营业务范围对旅行社进行划分，一种说法是三分法，旅行社划分为旅游经营商（Tour Operator）、旅游批发商（Tour Wholesaler）和旅游零售商（Tour Retailer）三类；另一种说法是二分法，将旅行社划分为批发旅游经营商（Wholesale Tour Operator）和旅游零售商（Tour Retailer）两类。

1. 批发旅游经营商（Wholesale Tour Operator）

批发旅游经营商是指主要从事批发业务的旅行社或旅游公司。它们是通过大批量地购买其他各部门的产品，将这些产品按日程编排为包价旅游产品，然后通过各种零售渠道出售给旅游者。批发旅游经营商一般经济实力雄厚，经营规模较大，且有广泛的社会联系，如美国运通（American Express Vacations）、日本交通公社（Japan Travel Bureau Inc.）。

批发旅游经营商又分为旅游经营商（Tour Operator）和旅游批发商（Tour Wholesaler）。虽然旅游经营商和旅游批发商都是从事批发业务的旅行社或旅游公司，而且两者概念相同，但严格说，二者间是有一定区别的。

（1）旅游批发商是通过中间人（如旅游代理商）出售自己的包价旅游产品，一般不从事零售；而旅游经营商则经常通过其零售机构从事零售，即批发兼零售。

（2）旅游批发商通常通过购买并组合现成的服务，形成新的包价；而旅游经营商通常设计新产品并提供自己的服务。

（3）旅游批发商一般不从事实地接待业务；而旅游经营商则从事接待业务。

2. 旅游零售商（Tour Retailer）

旅游零售商亦称旅游代理商，是指向旅游批发商及各有关旅游企业购买产品，出售给旅游者的商业组织或个人。它是批发旅游经营商与旅游者之间的联系纽带，其具体销售业务包括：

（1）为潜在旅游者提供有关旅游点、客运班次、旅游公司产品及旅游目的地情况的咨询服务。

（2）代客预订交通、食宿及游览等票据。

（3）发售旅行票据和证件。

（4）陈列并散发有关旅游企业的旅游宣传品。

（5）向有关旅游企业反映顾客意见。

旅游零售商提供的服务是不向顾客收费的，其收入全部来自被代理企业支付的佣金。一般来说旅游零售商的规模较小，其数量也较多。在此需要引起我们注意的是，西方国家的旅游零售商，特别是旅行代理商分布极为广泛，现已成为世界强大的旅游销售大军，并将不断扩大对旅游者的影响，甚至左右世界旅游市场的划分。

（二）中国旅行社的分类

根据2009年国务院颁布的《旅行社条例》的规定，我国旅行社按照经营业务范围分为出境旅游业务和入境旅游业务及国内旅游业务，取消了之前旅行社的类别划分，今后旅行社只有业务划分而没有类别划分。

国内旅游业务包括：

（1）招徕我国旅游者在国内旅游，为其安排交通、游览、住宿、饮食、购物、娱乐及提供导游等相关服务。

（2）为我国旅游者代购、代订国内交通客票，提供行李服务。

（3）其他经国家旅游局规定的与国内旅游有关的业务。

国际旅游业务和国内旅游业务的不同之处在于：

（1）国际旅游业务需要办理护照、签证、外币兑换等出国手续。

（2）与国内旅游相比，国际旅游业务在内容方面涉外性极强，需要具备较好的外语能力。

（3）国际旅游与国内旅游相比，需要具有更广泛的知识和信息。

四、旅行社的分工体系

分工和专业化是经济活动中两个密切相关的概念，是生产分工和专业化生产的简要表述。分工和专业化是一个事物的两个方面。分工是专业化生产的基础。分工自身包括垂直分工和水平分工两种类型。垂直分工是指在时间上先后承接、具有互补关系的职能之间的分化，而水平分工则是在同一操作层次上、针对操作的不同特点进行的分工。

世界范围内旅行社的生产分工经历了一个长期演变的过程。但是，由于各国旅行社行业发展水平和经营环境的不同，世界各国旅行社行业分工的形成机制和具体分工状况存在着较大的差异。以美国为代表的旅游发达国家，旅行社行业的分工基本上是在旅行社的发展进程中自然形成的，在具体的生产分工方面采取以垂直分工为主的分工体系。而以中国为代表的后起的旅游发展中国家，旅行社行业的分工则主要是在政府的干预下以法律的形式确定下来的，在具体的生产分工方面采取的是以水平分工为主的分工体系。

（一）水平分工体系

旅行社的水平分工体系是在政府行业管理力量的干预下，把旅行社分为若干等级和类别，原本统一的旅游服务市场也被分为入境旅游、国内旅游和出境旅游等若干子市场，这样，每一类别或等级的旅行社经营相应的子市场。一般地，水平分工体系由执行同一职能的旅行社按照服务的市场和业务范围分化而成，如我国国内社和国际社的划分就是水平分工的结果。中国、中国台湾地区、韩国等东亚国家，以及其他一些发展中国家多采用此种分类体系。

（二）垂直分工体系

旅行社的垂直分工体系是在市场经济社会里，依据旅游者的消费流程自然形成的，并呈“相关旅游企业—经营—批发—零售—旅游者”垂直状态的分工，也称自然分工体系。欧美的旅行社是典型的垂直分工体系，一般把旅行社分为旅游批发经营商和零售代理商。批发经营商专注于开发包价团体旅游产品，因价格低廉而节约了旅游者的开支，刺激了市场需求；零售代理商专心代理销售产品，直接为宾客服务，它们之间是合作和相互依赖的关系，避免了无谓的竞争，形成良性循环，既发挥了批发经营商的规模经济，又体现了零售代理商服务顾客的优势。

（三）混合分工体系

旅行社的混合分工体系是指在市场国家和政府主导的共同作用下，各旅行社仍被划分为不同的等级，并被规定了各自的业务经营范围。但是不同类别的旅行社之间又根据垂直分工的原则进行分工，构建批发经营、零售和代理体系。日本就采用的是混合分工体系。

一般来说，旅行社并不是单独采用一种分工体系，而是几种分工相互结合，各有兼顾。这种情况在欧美一些发达国家的旅行社业中表现得较为明显。它们采用的分工体系是，既存在以批发经营和零售代理为代表的，在实践上先后承接、具有互补关系的垂直分工，也存在在批发经营和零售经营各自内部同一操作层次上，针对操作的不同特点进行的水平分工。

综上所述，世界范围内旅行社的生产分工既存在以批发经营和零售代理为代表的、在时间上先后承接、具有互补关系的垂直分工，也存在着在批发经营和零售经营内部同一操作层次上、针对操作的不同特点进行的水平分工，并由此形成了全球范围内具有一般代表意义的旅行社行业的垂直分工体系和水平分工体系。目前国际上对旅行社的分工体系大致分两种：

第三节　旅行社的行业特点和基本业务

一、旅行社的行业特点

（一）旅行社的行业特点——劳动密集型

（1）旅行社通过旅游中介服务获得收益，组织机构较简单，操作层较庞大，需要大量的劳动力。

（2）旅行社规模较小，无须大型机械设备、厂房等耐用资产和庞大的企业组织结构。

（3）旅行社通过收取游客的预付款开展业务活动，一般不需要大量的流动资金，投资较少。

（二）旅行社的行业特点——智力型

（1）旅行社业务高度复杂性和综合性，对人员结构以及员工的文化程度、知识架构有特殊的要求。

（2）旅行社员工要有基本的业务知识，熟练操作业务流程，要有历史、宗教、民俗等文化知识，金融与市场等经济知识，以及法律、心理学、公关学等方方面面的知识储备。

（三）旅行社的行业特点——高风险型

（1）旅行社行业是一个完全竞争的行业，经营风险比一般行业大得多。

（2）旅行社经营依附性较强，离不开相关企业的协作。

（3）旅行社业比较脆弱，对环境的适应能力较差。

（4）旅行社业务的季节性与区域性不平衡十分明显。

（5）旅游者个性化消费趋势越来越明显，不再被动接受旅行社推出的固定产品。

（四）旅行社的行业特点——微利型

旅行社的数量不断扩大，市场竞争异常激烈，利润微薄。

（五）旅行社的行业特点——销售网络型

旅行社行业的网络化步伐进一步加快，许多大型旅行社建立了专业网站，中小型旅行社与大型的旅游门户网站或政府网站链接。

二、旅行社的基本业务

一般来说，按照旅行社的操作流程，其基本业务主要有五大项：即旅行社产品设计与开发、旅游服务采购、旅游产品销售、接待旅游者服务和提供中介服务。

（一）旅行社产品设计与开发

旅行社产品的设计与开发业务，包括了旅行社在调查研究的基础上，依据市场预测与分析，结合旅行社自身的特点与条件，设计出能吸引旅游者的产品。然后旅行社将设计出的产品进行试销，当试销成功后，便将其产品批量投放市场，以获取收益，旅行社定期对产品进行检查、评估，进而对产品进行完善和改进。

（二）旅游服务采购

旅游采购业务是指旅行社为生产旅游产品而向有关旅游服务供应部门或企业购买各种旅游服务要素的一种业务活动。旅行社的采购业务主要涉及交通、住宿、餐饮、景点游览、娱乐和保险等部门。另外，组团旅行社还需要向旅游线路沿途的各地接待旅行社采购接待服务。

（三）旅游产品销售

旅行社通过各种形式推销自己的旅游产品，激发潜在的游客对旅游产品的兴趣。旅行社还要采取各种不同的销售策略和销售手段，推广旅游产品以招徕众多的游客，使旅游消费者认识到旅游产品所能带给他们的利益，从而达到激发其购买旅游产品的目的。

（四）接待旅游者服务

旅行社通过向旅游者提供接待服务，全权负责旅游者在旅途中和旅游点逗留期间的所有活动，提供导游讲解服务，最终实现旅游产品的生产与销售。

（五）提供中介服务

当今旅行社主要提供以下一些中介服务项目：

（1）办理旅行证件，如护照和签证。

（2）代客购买或预订车、船和机票及各类联运票。

（3）出售特种有价证券，如信用卡，旅游者持有这种证券便可在各游览地逗留期间得到膳宿等服务。

（4）发行和汇总旅行支票、信贷券，组织兑换业务。

（5）为旅游者办理旅行期间的各种保险等。

三、旅行社的作用

（一）旅行社是旅游业的重要销售渠道

旅行社通过向旅游者销售各种旅游服务产品，来帮助其他旅游服务部门或企

业解决产品销售方面的困难。首先，旅行社一般拥有比较广泛的销售网络，同旅游者的接触较多，不仅为航空公司代售飞机票，而且旅行社是航空公司的重要客户。其次，旅行社还充当铁路、长途汽车公司、水上运输部门及饭店、餐馆、游览景点、娱乐场所、商店等旅游服务供应部门和企业的销售渠道，代它们销售大量旅游服务产品，从而使它们增加客源，减少销售成本。事实上，许多旅游服务部门和企业把旅行社看作它们最主要的销售渠道和收入来源，积极加强同旅行社的联系与合作。

（二）为旅游者提供更好的服务

作为个人，旅游者在整个旅游过程中，必须为每一件事操心，不仅要耗费大量时间，还会影响到旅游者在旅游活动中的兴致。而旅行社能把旅游过程中所需要的多种服务集中，一次性地销售给旅游者，从而极大地方便了旅游者，为他们节约了大量时间、精力和体力，为旅游活动的顺利进行提供了可靠保证。另外，旅行社可以把不同旅游者的分散购买量集中起来，形成较大的采购量。可以从各个旅游服务供应部门和企业获得优惠的价格，旅行社将获得的优惠折扣一部分作为收入留在旅行社，而将部分优惠折扣用以降低旅游产品的价格让利给旅游者，从而减轻旅游者的经济负担。同时，为了在市场上击败竞争对手，保持和扩大市场份额，旅行社不断努力提高旅游服务的质量和丰富旅游产品的品种，让旅游者感到更加方便、舒适和安全，享受到更好的服务。

（三）旅行社能促进旅游目的地经济的发展

旅行社组织旅游者在旅游目的地参观游览，从而带动了旅游目的地有关部门或企业通过为游客提供生活服务和接待服务获得经济收益，并为当地居民提供大量的就业机会，从而带动其他相关部门的发展，使旅游成为许多地区经济新的增长点。

（四）旅行社能促进社会文化发展，提高国民素质

旅行社组织和接待本国或外国旅游者宣传旅游目的地形象，促进当地社会文化发展，保护环境的同时提高国民素质，能够增进旅游客源地与旅游目的地人民之间的了解，有助于人们减少或消除彼此之间的误解，增进相互之间的了解和信任，促进不同国家和地区人民之间的友谊。

第四节 旅行社的行业组织

一、旅行社的行业组织概念

旅行社的行业组织又称行业协会，是指旅行社为实现本行业的共同利益和目标，在自愿的基础上共同组建的民间非营利性组织。

二、旅行社的行业组织性质

（一）旅行社行业组织的特征

（1）旅行社行业协会是民间性组织，而非官方机构或行政组织。

（2）旅行社行业协会是非营利性的社团组织，协会的经费主要来自会员交纳的会费。

（3）旅行社行业协会是旅行社为实现单个企业无力达到的目标而组成的共同利益集团。

（4）旅行社参加或退出行业协会均完全自愿。

（二）旅行社行业组织的功能

旅行社行业组织具有两大功能：即服务功能和管理功能。

1. 旅行社行业协会的服务功能

（1）旅行社的行业协会是参加协会的各会员的代表人，它代表各会员在国际上与政府机构或其行业组织之间商谈有关事宜，以保证会员的利益。

（2）旅行社行业协会定期发布统计分析资料，与会员单位加强信息沟通。

（3）行业协会调查研究会员普遍感兴趣的问题，并向会员单位提交研究报告。

（4）行业协会定期出版刊物，向公众介绍本协会和会员单位情况，以及向会员提供各种有效信息。

（5）行业协会组织各会员单位开展联合推销。

（6）行业协会为各会员单位培训人才。

2. 旅行社行业协会的管理职能

旅行社行业协会的管理职能是指协会要负责拟定协会成员的共同遵循的经营标准、制定行规和会约，对会员们在专业问题上发生的纠纷进行仲裁与调解。旅行社行业协会的管理职能不同于官方旅行社行政管理机构的职能，它不具有任何行政指令性与法规性，且管理的范围只限于会员单位。行业组织是旅行社行业成长和市场发展的必然结果，其实质是介于政府主管部门和企业之间的市场中介组织。

三、国际性旅行社行业协会

国际性的旅行社行业组织是影响旅行社发展的重要力量。目前国际上主要的旅行社行业组织有世界旅行社协会和世界旅行社协会联合会。另外，许多国家都有其本国的旅行社行业协会，对本国的旅行社行业进行管理。可以说，行业协会是旅行社业保护自身权益，扩大市场规模，促进行业成员之间开展正当、公平、有序竞争而不可缺少的制度安排。国际具有代表性的旅行社行业协会分别为：

（一）世界旅行社协会

世界旅行社协会（World Association of Travel Agencies，WATA）于1949年5月

5 日在瑞士成立，总部设在日内瓦。世界旅行社协会是一个独立的旅行社集团，它是一个由私人旅行社组织而成的世界性非营利组织。其宗旨是：

将各国可靠的旅行社建成一个世界性的协作网络，通过提供有效的服务和信息，促进和保护会员的经济利益；建立会员间的业务联络，简化手续；建立有保障的收取业务代表费的机构；促进文献和广告活动的协调发展。

根据协会的章程：凡人口超过 300 万的城市，可有 1 家旅行社代表参加该组织；人口在 400 万以上的城市可增加 1 家旅行社。凡财政机构健全，愿意遵守本行业规定，必须同时经营出境和入境旅游业务。如果同一城市内没有同时经营出、入境旅游业务的旅行社，由协会指定一家专营出境旅游业务的或专营入境旅游业务的旅行社为其会员。申请入会的旅行社须向旅行社协会在日内瓦的常设秘书处递交申请。目前，它有会员 240 多名，分布在全球 100 多个国家。

该协会的主要活动是帮助会员收集和传播旅游信息、促进和保护会员的利益。协会帮助会员享有一定的优惠权，会员凭预订交换证在世界任何地方为其顾客预订饭店和旅行社的服务项目。协会每年出版一本综合性的世界旅游指南《万能钥匙》(*Master Key*)，介绍世界 6000 多家饭店客房报价和设施，近百个国家游览胜地简介和报价。

(二) 世界旅行社协会联合会

世界旅行社协会联合会（Universal Federation of Travel Agents' Association, UFTAA）于 1966 年 11 月 22 日在意大利的罗马成立，现总部设在比利时的布鲁塞尔。该联合会是一个国际性的民间组织，它是由 1919 年在巴黎成立的欧洲旅行社组织（FTAV/IFTA）和 1964 年在纽约成立的美洲旅行社组织（UOTAA）合并而成。世界旅行社协会联合会的宗旨是：

团结和加强各国全国性的旅行社协会和组织，在国际上代表各国旅行社会员的利益，同旅游业有关的各种组织与企业建立联系，进行合作；向会员提供所有必要的物质、业务、技术的指导和帮助；协会解决会员间在专业问题上可能发生的纠纷；确保旅行社业务在经济、法律和社会领域内最大限度地得到协调，赢得信誉、受到保护并获得有利的发展。

该联合会每年召开一次世界旅行代理人大会，互通情报、交流经验，研究旅行社业同航空、铁路、饭店业、景点景区的关系与合作等问题。大会期间还举办旅游商品交易会，开展旅游宣传促销。世界旅行社协会联合会定期出版《世界旅行社协会联合会信使报》(*Courier UFTAA*) 月刊。世界旅行社协会联合会是世界上最大的民间性国际旅游组织之一，是一个专业性和技术性组织。它的会员是世界各国的全国性旅行社协会，它规定每个国家只能有一个全国性的旅行社协会代表该国参加。我国于 1995 年 8 月 1 日被接纳为正式会员。

四、中国旅行社行业协会

中国旅行社行业协会（China Association of Travel Services）是由中国境内的旅行社、各地区性旅行社协会等单位，按照平等自愿的原则结成的全国旅行社行业的专业性协会，业经国家民政部门登记注册的全国性社团组织。具有独立的社团法人资格。代表和维护旅行社行业的共同利益和会员的合法权益，努力为会员服务，为行业服务，在政府和会员之间发挥桥梁和纽带作用，为中国旅行社行业的健康发展作出积极贡献。于 1997 年 10 月 27 日，在大连正式成立。本协会是由中国境内的旅行社按照自愿原则组成，并经国家旅游行政主管部门和民政部门依法登记的法人社会团体，接受国家旅游局和民政部的领导与管理。作为中国旅游行业的专业性协会，在业务上接受中国旅游协会的指导。并受国家旅游局和民政部门的领导和管理。协会会址现设在北京市。

协会的宗旨，是沟通会员与政府部门间的联系，协调会员与其他方面的关系，加强会员间的联系；规范会员的行为，维护会员的合法权益，为会员服务。协会的作用主要表现在：一是企业和政府之间桥梁和纽带；二是政府助手；三是企业的朋友。

协会实行团体会员制，所有在中国境内依法设立、守法经营、无不良信誉的旅行社及与旅行社经营业务密切相关的单位和各地区性旅行社协会或其他同类协会，承认和拥护本会的章程，遵守协会章程，履行应尽义务，均可申请加入协会。协会的最高权力机构是会员代表大会，每四年举行一次。协会设立理事会和常务理事会，理事会对会员代表大会负责，是会员代表大会的执行机构，在会员代表大会闭会期间领导协会开展日常工作；常务理事会对理事会负责，在理事会闭会期间，行使其职权。协会对会员实行年度注册公告制度。每年年初会员单位必须进行注册登记，协会对符合会员条件的会员名单向社会公告。

中国旅行社协会具有规模大、代表性强的特点，国家旅游局确定的国际旅行社百强企业和国内旅行社的百强企业都是协会的会员单位。原中国旅游协会、原中国国内旅游协会的旅行社成员也都是协会的会员。因此，中国旅行社协会会员单位是中国旅行社的中坚力量；在世界旅行社业中也占有一定的地位。

从协会的章程和成立初衷来看，发起和组织者希望其成为“旅游行政管理部门与旅行社之间的桥梁和纽带；成为推动行业自律的重要组织；成为在市场经济条件下旅行社利益的代表者和保护者”。但是无论从会员的总数来看，还是从旅行社的加入方式来看（自愿加入，不是旅行社运作的必要条件），中国旅行社协会离成为真正意义上的中国旅行社行业管理主体之一，还有很大的差距。

旅行社业发展目标比较

国家＼阶段	初级阶段	中级阶段	全面发展时期
发达国家与地区	促进旅游发展提高国民素质	加强交往加强交流促进消费	社会与环境全面协调与可持续发展
中等发达国家与地区	通过旅游活动带动经济发展	国际收支平衡	综合发展目标
发展中国家	外汇创收目标	经济发展目标	社会发展目标

通过上表内容所示，通过比较可以发现发达国家沿常规旅游发展道路演进，较少强调旅行社的创汇功能；发展中国家是非常规发展，以入境为主，要求旅行社为国家经济发展计划提供相应的外汇支援，所以，国家政府对旅行社的管制最为严格。

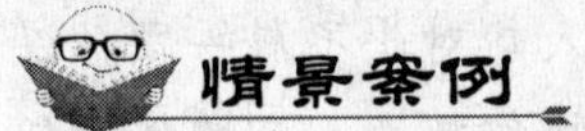

53名游客在寒风中被“晾”6个半小时

由南京某旅行社组织的53名游客，于2010年9月13日凌晨许被“晾”在高速公路上长达6个半小时，饥寒交迫。但是安排这次行程的旅行社经理拒绝道歉，反而满不在乎地说：“有事你们告去。”9月12日，香港某歌星在上海举行演唱会。这家旅行社在当地报纸上打出广告，组织歌迷到上海观看演出，并可当夜返回。歌迷每人交了160元交通费及购买门票数百元，参加此次旅游的共有53名游客，乘坐一辆破旧的大巴兴致勃勃地赶往上海。晚11时30分左右，歌迷们看完演出后离开会场，却发现自己的车上没有座位，经了解才知道旅行社同去的另一辆面包车空调坏了，乘客们都挤到大巴车上，结果协调了半小时，到零点左右，大巴车才踏上返程。

游客们反映说，凌晨2点左右，车到无锡、苏州交界处，许多游客都闻到一股焦味，接着车就开不动了。司机、导游先后下车查看，但没有任何人向游客解释，直到两个小时后即凌晨4时左右，游客才被告知车坏了。由于刹车系统损坏，沪宁高速公路交警队无法将车拖走。交警考虑到高速公路上车速太快，而这辆车尾灯亮度不够，要求大家都要离开车，站到隔离栏外的斜坡上。众人又冷又饿，在寒风中发抖，苦苦等待旅行社派车来接。但直到13日上午8时30分，这家旅行社才派来一辆“跑起来浑身抖”的旧公共汽车，将冻了一宿的游客接走。愤怒的游客到达南京后，随即来到该旅行社向总经理反映情况，但直到第三天下午，游客们才见到该社负责人。游客要求旅行社通过新闻媒体公开道歉，并参照《消费者权益保护法》伪劣商品两倍赔偿的条款，给予每名游客300～400元的赔偿。总经理表示：此事纯属意外事件，旅行社只参照长途客运业的有关规定，赔偿每位游客30～40元。

在走访该旅行社总经理时，他认为汽车中途抛锚责任百分之百应由出租车公司来承担。

要点分析

本例是一个十分典型的实例，该旅行社组织的这一次旅游活动是相当失败的，其失败的原因在于缺乏责任感，缺乏严密的组织协调能力，出现旅行社与旅游汽车公司互相扯皮的现象。

该旅行社在组团一开始就缺乏认真的态度，没有与汽车公司协作好，游客刚一上车就能闻到一股焦味，这就是可能造成投诉事件的开始。在出了问题后，没能及时与游客沟通，没能向游客解释原因，及时道歉。当游客被困于沪宁高速公路的时候，旅行社应及时派车接回游客，减少恶劣的影响，可是该旅行社直到次日才派车将冻了一夜的游客接回。游客向旅行社提出索赔是合理的，旅行社负责人却对此不屑一顾。以上几点可充分反映出该旅行社管理应加强，应提高组织能力和协作能力，应增强责任感和紧迫感。

思考题

1. 分析中国旅行社行业产生、发展及成长的历史过程。

2. 选择一家旅行社，观察其基本业务范围，从中发现一些合理的地方和需要改进的地方。

第二章 旅行社的设立

旅行社设立是旅行社管理的开始。本章阐述了在旅行社的创办过程中，影响旅行社设立的内外部因素，要求学生在学习本章时能理论联系实际，了解旅行社设立的基本程序，分析旅行社的组织结构，并充分考虑行业组织对本旅行社发展的影响。

1. 旅行社设立的条件
2. 旅行社的设立程序
3. 旅行社的企业形式与组织机构

第一节 旅行社的组建形式及设立条件

旅行社的设立是旅行社经营管理的开始。国家工商局早在1992年《关于改进企业登记管理工作，促进改革和经济发展的若干意见》中将旅游业列为特许经营的行业，对于旅行社经营者来说，应充分了解其设立要求及基本程序。

一、我国旅行社的组建形式

我国的旅行社行业经过几十年的不断改革，现已形成了由国有独资公司、股份有限公司、有限责任公司、股份合作制公司、外商控股或独资公司五种组建形式并存的格局。

（一）国有独资公司

根据我国《公司法》的规定，国家授权的部门可以设立独资旅行社。国有独资公司可以不冠公司字样，但一般都从原先意义上的国家所有转变为所有权和经营权相分离的企业。国有独资企业的全部资产均为国家所有，不存在股权、股份和股票，不设董事会，总经理由主管部门任命，企业所有权与经营权是相分离的。

（二）股份有限公司

股份有限公司的全部资本分为等额股份，股东以其所持有的股份为限对公司承担责任。注册资本的最低限额为人民币1000万元，故适用于大型的涉外旅行社。股份有限公司可发展选择成为上市公司，吸收更多的社会资本，这些社会资本将为旅行社开创新的发展领域提供重要支持。股份有限公司的资产归股东所有，股东可以是自然人，也可以是法人。代表等额股份财产的股票是一种有价证券，可自由认购、自由转让。股东一旦认购了股票，就不能向公司退股，但可以通过股票市场出售股票。股东入股的资产以货币为主，但也有以实物或知识产权等作价入股的股份有限公司对股东负有有限责任，但上市公司必须依法向公众公开财务状况。股份有限公司根据其上市情况可以划分为国内上市公司（A股）、国外上市公司（B股）、国内外上市公司（A股和B股）和未上市公司四种。未上市公司的股票原则上可以在公司内部有规则地进行交易。股份有限公司一般实行董事会领导下的总经理负责制，总经理通过董事会对全体股东负资本经营的有限责任，并对聘用的所有员工的劳动、管理和各类报酬负责。

（三）股份合作制公司

采取股份合作制形式的旅行社大多都是由原来的集体所有制旅行社转化而来的，其产权规模一般较小，从业人员也较少。该种旅行社全部资产归股权持有者所有。股权所有者一般既是股东又是员工，其收益包括工资和分红两部分。公司有股权但无股票，一般也不开股权证明，财产关系由合同规定。总经理由股权持有者选聘或自任，职工由公司聘任。股份合作制企业不设国家股，法人股不超过总股本的30%，全员相对均衡持股；强调投资入股是成为企业员工的重要前提，企业员工既是劳动者，又是所有者，体现了资本与劳动的结合，实现了员工间的平等。适用于占用资金不多，职工人数较少，以人力劳动为主的小型国内旅行社。

（四）有限责任公司

有限责任公司是指不通过发行股票而由为数不多的股东集资组建的公司。有限责任公司是由两个以上50个以下股东共同出资设立的。有限责任公司的资本无须划分为等额的股份，也不发行股票。股东的股权证明不能自由买卖，如有股东欲出让股权，一般应得到其他股东的同意并受一定条件的限制。股权转让时，公司的股东具有优先认购权。如果股权转让公司内的其他人员，则需征得全体股东的同意。股东按照出资的多寡对公司承担有限责任。股东入股的资产可以是货币，也可以是实物、知识产权和其他无形资产等。

在有限责任公司，董事会成员和高层经理人员往往具有股东身份。大股东一般亲自经营和管理公司。此外，有限责任公司的财务状况不必向社会公开，公司的成立、歇业和解散的程序比较简单，管理机构也不太复杂。一般来说，有限责任公司由于不能向社会公开募集资金，其产权规模较股份有限公司要小得多。

（五）外商控股或独资公司

外商控股旅行社的产权形式及特点与股份有限公司和有限责任公司相同。股份有限公司和有限责任公司只要吸收外资入股即成为中外合资公司。随着我国加入世界贸易组织之后市场和政策相应调整的加快，我国的合资旅行社的发展进入了一个新的阶段。境外投资方，应符合下列条件：

（1）是旅行社或者是主要从事旅游经营业务的企业。

（2）遵守中国法律及中国旅游业的有关法规。

（3）是本国（地区）旅游行业协会的会员。

（4）具有良好的国际信誉和先进的旅行社管理经验。

设立外商独资旅行社的境外投资方，除应符合上述规定的条件外，第 2 款规定的年旅游经营总额应在 5 亿美元以上；其国内注册资本不少于 250 万元人民币。2003 年在北京成立的日航国际旅行社（中国）有限公司（注册资本 500 万元人民币，日本航空公司属下的企业，注册资本为 9 亿日元）是中国首家外商独资旅行社，经营日本人入境旅游和内地游。

新的进入者可以选择上述几种产权形式中适合自身状况和发展要求的来组建旅行社。

二、设立旅行社的基本条件

（一）有足够的注册资本和质量保证金

1. 注册资本

依据 2009 年版《旅行社条例》规定开设国内旅游业务的旅行社注册资本金不少于 30 万元人民币。旅行社取得经营许可满两年，且未因侵害旅游者合法权益受到行政机关罚款以上处罚的，可以申请经营出境旅游业务。

2. 质量保证金

根据我国现行有关规定，申请设办旅行社必须向旅游行政管理部门交纳规定数量的质量保证金。质量保证金制度是我国旅行社行业的特殊规定，目的在于加强旅游行政管理部门对旅游服务质量的监督和管理力度，保证旅游者的合法权益和旅行社的规范经营。质量保证金是一个专门款项，所有权属于旅行社，但是交由旅游行政管理部门的专门机构进行管理，用于赔偿或补偿旅行社经营期间由于旅行社的过错或破产而造成的旅游者合法权益的损失。

经营国内旅游业务和入境旅游业务的旅行社，应当存入质量保证金 20 万元；经营出境旅游业务的旅行社，应当增存质量保证金 120 万元。（可凭银行担保，3 年无过错退50%。）旅行社每设立一个经营国内旅游业务和入境旅游业务的分社，应当向其质量保证金账户增存5万元；每设立一个经营出境旅游业务的分社，应当向其质量保证金账户增存30万元。

质量保证金的利息属于旅行社所有。

（二）营业场所

旅行社的经营要求有固定的营业场所。营业场所是旅行社业务活动的所在地，有固定的营业场所是指要有足够的经营用房。旅行社要从事经营活动，就必须要有固定的营业场所，可以在较长的时间内为旅行社拥有或使用。在法律上明确营业场所，对于旅行社开展业务活动、履行债务、接受旅游行政管理部门的监督和管理都具有重要意义。旅行社的经营场所可为自行拥有产权，也可以向他人租借使用。

（三）营业设施

旅行社必须要有必要的营业设施。必要的营业设施是旅行社进行业务活动的物质基础，具体指要有足够的传真机、直线电话、电子计算机等办公设施，国际业务还要有业务用汽车等交通工具，以保障旅游业务顺利和有效进行。

（四）经营管理人员

经营国际旅游业务的，总经理或副总经理中至少有一名，部门经理或业务主管中至少有三名持有国家旅游局颁发的《旅行社经理任职资格证书》；经营国内旅游业务的，总经理或副总经理中，部门经理或业务主管人员中，至少各有一名持有国家旅游局颁发的《旅行社经理任职资格证书》。必须有专职财务人员，具有助理会计师以上的职称。

三、申请外商投资旅行社

外商投资旅行社：包括中外合资经营旅行社、中外合作经营旅行社和外资旅行社。按相关规定中外合资经营旅行社中国合营一方应当为具有出入境业务的旅行社企业，申请前3年平均每年外联人数超过3万人次，平均每年业务销售总额超过5000万元人民币，应当是中国旅游行业协会的正式会员；外国合营者——应当为经营国际旅游业务的旅行社或拥有全资的经营国际旅游的旅行社企业，旅游业务年销售总额5000万美元以上，加入国际或本国的电脑预订网络，或者已经形成自己的电脑预订网络，为其本国旅游行业协会的正式会员。每个外国合营者只能在中国境内投资设立一家合资旅行社。

外商投资旅行社不得经营中国内地居民出国旅游业务以及赴香港特别行政区、澳门特别行政区和台湾地区旅游的业务，外商投资旅行社可以经营入境旅游业务和国内旅游业务。

四、旅行社的分支机构

我国旅行社的分支机构自2009年起由审批改为备案，旅行社设立分社，在当地工商部门办理登记后，3 个工作日内向设立地旅游部门备案。2009 年起取消接待旅游者人次的限制；旅行社每设立一个经营国内旅游业务和入境旅游业务的分社，应当向其质量保证金账户增存 5 万元；每设立一个经营出境旅游业务的分社，应当向其质量保证金账户增存 30 万元；旅行社分社的设立不受地域限制。

第二节 旅行社设立的基本程序

一、设立旅行社的基本程序

设立旅行社的基本程序可概括为以下几点。

（一）提交申请书

设立任何类型的旅行社，都必须首先向相关的旅游行政管理部门提出申请。

1. 申请书的内容

（1）申请设立旅行社的类别、中英文名称和设立地。申请书应该说明要设立的旅行社的类别——是国际旅行社还是国内旅行社。如果申请设立国际旅行社，还必须说明是否申请经营出境旅游业务，必须写明旅行社的名称，以区别于其他旅行社。旅行社的中英文名称必须一致，不应该存在歧义。旅行社的设立地点必须写明所设立旅行社的详细地址，以有利于旅游行政管理部门的审查和审批工作，并有利于当地旅游行政管理部门的行业监督和管理。

（2）企业形式、投资者、投资额和出资方式。在申请书中，还应对旅行社的企业形式、投资者、投资额和出资方式加以说明。企业形式是指企业的构成方式，即全民所有、集体所有、个人所有、中外合资等形式；投资者指国家、地方、企业、集体、个人等；投资额指投入旅行社的资金总额；出资方式分为现金、固定资产、无形资产等。

（3）申请人、受理申请部门的全称、申请报告名称和呈报申请的时间。申请书中该写明旅行社申办人和受理申请部门的名称，不能使用简称或缩写，申请书上还要写明申请报告名称并注明呈报申请的时间。

2. 可行性研究报告

可行性研究报告是申请设立旅行社的重要文件，反映了申办人对旅游市场情况、自身实力、旅行社发展前景等情况的估计和预测。可行性研究报告应包括设立旅行社的市场条件、设立旅行社的资金条件、设立旅行社的人员条件以及受理申请的旅游行政管理部门认为需要补充说明的其他问题。在报告中，申办人对所申请设立旅行社的市场条件、资金条件和人员条件进行全面的分析和评估，并向有关部门明确旅行社在客源市场或潜在客源市场、现有资金或筹集资金的能力、拥有或聘用高层管理人员和其他专业人员等方面已经符合设立旅行社的规定和要求。

3. 旅行社章程

旅行社章程内容包括：旅行社的类别、中英文名称、办公地址、电话及传真号码、经济性质、宗旨和目的、业务经营范围、注册资本金额及资金来源、组织机构、财务管理制度、对旅游者承担的责任、其他应说明的问题。

4. 旅行社经理、副经理的履历表和由国家旅游局颁发的《旅行社经理任职资格证书》

旅行社经理和副经理必须具有相当的学历和工作履历，并应具有在旅游管理部门或旅游企业的工作经历。此外，旅行社经理和副经理还应接受国家旅游局组织或委托地方旅游行政管理部门组织的专业培训，通过相应的考试以获得《旅行社经理任职资格证书》。申办人在申请设立旅行社时，应当将旅行社经理、副经理的履历表和由国家旅游局颁发的《旅行社经理任职资格证书》报送受理申请的旅游行政管理部门。

5. 验资证明

为了对申请设立的旅行社注册资本进行验审，以检验资本的真实度，国家通过法定的验资机构对旅行社进行验资。开户银行开具的资金信用证明、注册会计师及其会计事务所或审计事务所出具的验证报告。

6. 经营场所的证明

如经营场所属于申办人自有资产，申办人应向旅游行政管理部门出具产权或使用证明，如果经营场所是申办人租用的他人资产，申办人应向旅游行政管理部门出具不短于一年的租房协议。

7. 经营设备情况证明

包括投资部门出具的经营设备使用证明或由商业部门开具的具有申办人或该旅行社名称的发票和收据。其经营所必需的设备必须是旅行社自有财产。

（二）有关部门审核

1. 申请设立出境旅游业务的旅行社

申请设立国际旅行社、应当向所在地的省、自治区、直辖市人民政府管理旅游工作的部门提出申请；受理申请设立国际旅行社的省、自治区、直辖市旅游行政管理部门，应当自收到符合规定的旅行社设立申请书之日起的 30 个工作日内签署审查意见，报国家旅游局；国家旅游局应当自收到申请书之日起 30 个工作日内作出批准或不予批准的决定，向申请者正式发出是否批准的文件，并通知受理的省、自治区、直辖市旅游行政管理部门。

2. 申请国内旅行社

申请国内旅行社，应当向所在地的省、自治区、直辖市的人民政府管理旅游工作的部门或其授权的地、市级旅游行政管理部门提出申请。受理申请设立国内旅行社的有关旅游行政管理部门，应当自收到符合规定的旅行社设立申请书之日起 30 个工作日内作出是否批准的决定，并向申请者发出批准或不批准的正式文件。同时，省、自治

区、直辖市旅游行政管理部门授权地、市级旅游行政管理部门审批国内旅行社的，应当报国家旅游局备案。

（三）旅行社业务经营许可证的颁发

经过有关部门审批，同意设立旅行社的，审批部门应当向其颁发许可证。许可证分为两种，即《国际旅行社业务经营许可证》和《国内旅行社业务经营许可证》。经营许可证是旅行社企业经营旅游业务的资格证明，由国家旅游局统一印制，由具有审批权的旅游行政管理部门颁发。营业许可证上注明了旅行社的经营范围，并要求旅行社将营业许可证张挂在营业场所的显著位置。营业许可证有效期为 3 年。旅行社应在许可证到期前 3 个月内，持许可证到发证单位换发新证。

（四）领取营业执照

根据有关规定：申请设立旅行社者，应当在收到有关旅游行政管理部门颁发的经营许可证的 60 个工作日内，持批准设立旅行社的文件和经营许可证，到工商行政管理部门办理注册登记，领取营业执照。旅行社营业执照的签发日期，就是该旅行社的成立日期。领到营业执照后，旅行社应当将营业执照与许可证一起悬挂在营业场所的显著位置。

（五）办理税务登记

根据有关规定：旅行社应在领取营业执照后的 30 个工作日内，向当地税务部门办理税务登记，申请税务执照，并依营业执照刻制公章，开立银行账户，申领发票。

至此，旅行社可以正式开张营业了。

二、旅行社的变更和终止

（一）旅行社的变更

1. 旅行社的变更——变更登记注册地

征得原主管旅游行政管理部门和变更后的主管旅游行政管理部门的同意，办理变更登记手续。办理变更登记手续后，在 30 个工作日内报原审批的旅游行政管理部门备案。

2. 旅行社的变更——变更经营范围

经原审批的旅游行政管理部门审核批准，到工商行政管理机关办理变更登记手续。

国际旅行社申请增加出境旅游和边境旅游业务，向所在省、自治区、直辖市旅游行政管理部门申报，经审查并签署意见后，报国家旅游局审批。

国内旅行社申请转为国际旅行社的，国际旅行社申请转为国内旅行社的，按照旅行社设立审批的有关规定办理。

3. 旅行社的变更——变更组织形式

变更旅行社的名称、法定代表人，需要到工商行政管理机关办理相应的变更登记手续，同时在30个工作日内向原审核批准的旅游行政管理部门备案。

旅行社变更名称的，换发《旅行社业务经营许可证》。

（二）旅行社的终止

1. 旅行社的终止——自然终止

自然终止——旅行社间的合并、分立，旅行社因故停业或歇业，因经营不善，不能清偿债务而宣告破产，需要终止经营业务活动。

自然终止的旅行社，向工商行政管理机关提出终止经营活动的申请，提交资产清理和处分证明、债务清理证明、完税情况证明等，经核准后办理注销登记，在30个工作日内向原审核批准的旅游行政管理部门备案，缴回《旅行社业务经营许可证》。

2. 旅行社的终止——强制终止

强制终止——违反《旅行社管理条例》及《旅行社管理条例实施细则》的规定，情节严重的，由旅游行政管理部门吊销其《旅行社业务经营许可证》，工商行政管理部门吊销其营业执照。

旅行社有下列行为之一的，即可强制其终止业务经营活动：

（1）超出核定的经营范围开展旅游业务的。

（2）未按照规定给旅游者办理旅游意外保险的。

（3）提供的服务不能保证旅游者人身、财产安全的需要，致使旅游者人身、财物受到损害的。

（4）对提供的旅游服务项目，不按照国家的有关规定收费，旅行过程中擅自增加服务项目，强行向旅游者收取费用的。

（5）聘用未经旅游行政管理部门考核、持有资格证书的导游、领队的。

（6）选择境外未经合法登记的旅行社作为接待社的。

（7）与境外接待社未签订合同约定双方权利和义务的。

第三节　旅行社组织设计和组织管理

一、旅行社组织设计的原则

组织是人们为达到共同的目的而使全体参加者通力协作的一种有效形式。它规定各组成部分的职务，及其相互间关系，以职务与职务之间的分工与联系为主要内容。旅行社的组织机构是协调各部门之间的组织网络，它是旅行社的综合服务系统，以组织形式明确员工的工作岗位、职责及业务范围。其目的是使旅行社每个成员了解他与整个企业在权力、职责、上下级关系几方面的关系。因此，组织机构设置是否合理、组织管理是否科学，将直接影响旅行社能否高效率地运作。

旅行社的管理者应当根据本企业的经营目标和经营战略，并结合本旅行社拥有的各种资源情况，建立起适当的组织机构，以保障经营目标的实现。虽然，旅行社的组织结构必须适应本企业各自的环境与目标，但是组织结构的设计原则可以理解为组织结构是否合理的必要条件。旅行社组织结构设计的原则有以下几点。

（一）目标任务原则

任何组织都是为完成自己特定的任务与目标而设立的，旅行社设置组织机构也是为了有利于实现自己的目标与任务为宗旨。

旅行社的主要任务是向旅游者销售其产品，招徕客源，并在旅游者来到后提供旅游服务和组织旅游活动。作为企业，旅行社通过招徕和接待旅游者获取旅游收入，增加利润。为了实现上述任务与目标，要求旅行社组织设计时应以事建机构，以事配人员，而不是因人设职，因职找事。

（二）命令统一原则

命令统一原则要求旅行社在管理工作中实行统一领导，建立起严格的责任制，消除多头指挥和无人负责的现象，以保证旅行社全部经营活动正常有效地进行。为此，旅行社应建立垂直式组织形式，这种组织形式的内容是：

（1）旅行社组织中从上到下形成各管理层次，从最高层次由管理者到最低层次的管理者之间组成一个链形结构，即等级链，上下级之间职责、权力明确。

（2）等级链各环节皆垂直相互联系，任何一级组织只能有一人全权负责，下级组织只能听从上级唯一的指挥与命令，不能越级。如果发生越级指挥，就会架空中间层次，导致等级链发生断裂。

（3）旅行社的每个员工只有一个顶头上司，只听命这个直接上级，而对其他人的命令可以不予理睬，除非在特殊情况下。因为多头指挥会使受命者无所适从，同时，也极大地损害了管理者的权威。

（4）在命令统一的原则下，要分清命令与监督的界限。管理人员虽不可以越级指挥，但可以对各级人员进行监督。

（5）职能管理部门作为主要领导的参谋，无权对下级或业务部门发布命令和指挥。

（三）分工协作原则

旅行社的正常运转是旅行社内部各部门分工协作的结果。它是需要营销部门的推广、公关、销售，采购部的采购、协调，接待部的接待服务，行政、财务等各部的具体工作。对旅行社企业来说，分工越细、责任越明确、专业化程度越高，旅行社的生产效率越好。分工的目的是有助于员工提高作业的专业化水平。如采购的人员与导游接待人员工作性质是有差异的，所承担的工作都各具专业性，都需要各自的技能、知识结构和系统知识。但是，分工是为了更好地完成旅行社的统一目标，因此，协作和整体效益是以科学的分工为前提的。对旅行社而言，有时协调之所以困难，问题在于分工不尽合理。只有分工合理，协调顺利，旅行社的经营目标才能圆满实现。

（四）执行与监督分离原则

执行与监督分离原则要求旅行社组织设计时，应将执行机构与监督控制机构分开，只有机构分设才能使组织监督机构起到有效的控制作用。

（五）精于高效的原则

精于高效的原则要求旅行社组织设计时，遵循用最少的人办最多的事的原则，改变以往那种人海战术或人多热情高干劲大的落后管理方式。杜绝机构臃肿、人浮于事、官僚主义等现象。

二、旅行社的组织机构

目前，世界上的旅行社规模大小不等，所以旅行社的组织机构的设置并没有一个标准的模式可以遵循。综合来看，旅行社的组织结构主要有三种模式，即按职能设部门、按地区和语种设部门和按产品设部门。

（一）按职能设部门

按职能设部门又称直线制组织结构模式。在这种组织机构中，旅行社的业务部门和管理部门，按照内部生产过程划分和设立，形成了专业化职能组织。这种组织形式的基本特征是权力高度集中统一，其工作人员只向本部门主管负责和汇报，发生跨部门交涉时由部门主管处理。

旅行社业务部门一般有外联部、采购部、接待部、市场部、计划部等部门。这些部门负责旅行社的经营活动，被称作“一线”部。

旅行社的管理部门包括办公室、财务部、人事部等，它们是为业务部门服务的，又被称为“后方”部门。

由于各地区旅行社发展的进程不同，业务范围也有较大差异，所以按职能划分的部门组织结构、部门的名称和起的作用也略有差异。但是，旅行社设立的主要业务部门和管理部门却大致相同。如图 2-1、图 2-2 所示。

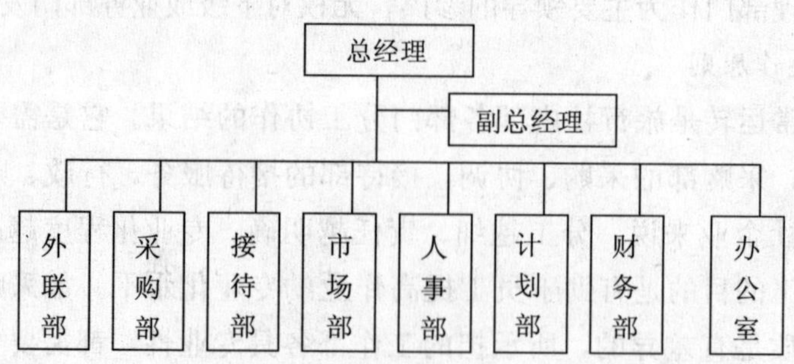

图 2-1　国内常见的按职能设置的组织结构示意图

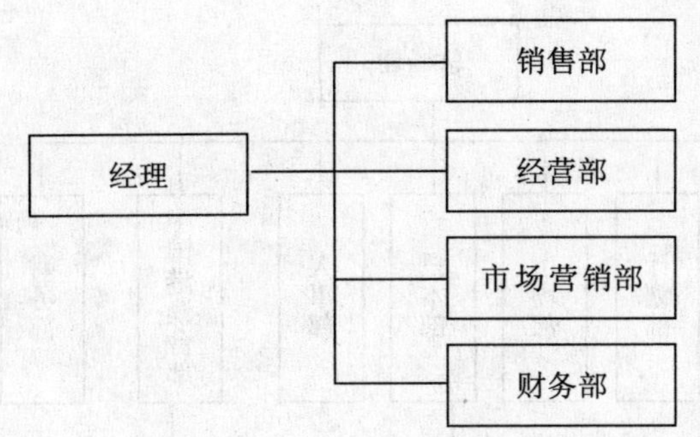

图 2－2　国外旅游批发商按职能设置划分的组织结构示意图

按职能划分部门的组织结构具有以下优点。

（1）权力高度集中。实行上下级单线领导的管理方式，经营和管理决策权高度集中在旅行社的最高管理层，提高了管理者的权威。

（2）部门之间分工明确。在这种组织结构中，每个部门都有明确的业务和工作，每位员工都对自己所承担的工作有明确的了解，由于分工明确，有利于提高工作效率。

（3）组织结构稳定。这种组织结构中，不同部门之间人员流动较少，有利于员工长期钻研某项业务，使之成为该项业务专家。

（4）符合专业化协作原则。在这种组织结构中，每个岗位都配有专业知识和专业特长的员工承担，能充分发挥专业人员的知识和才能，有效地使用旅行社所拥有的各种人力资源。

按职能划分部门也有不足之处。

（1）组织机构缺乏弹性。按职能划分组织结构有不够灵活的弱点，对瞬息万变的市场，旅行社难以及时调整其部门结构。

（2）削弱旅行社实现整体目标的能力。由于不同职能部门长期在某一部门工作，考虑问题多从本部门着眼，难以明了旅行社整体任务，影响旅行社整体目标的实现。

（3）协作困难。由于分工的原因，容易造成各部门从本部利益出发，导致旅行社内部冲突增加，而且往往难以协调。

（二）按语种和地区设部门

按语种和地区设部门又称事业部制组织结构，是指旅行社划分成与各个细分市场相关的部门。它是旅行社内对于具有独立的产品和市场、独立的责任和利益的部门实行分权管理的一种组织形态。如图 2－3、图 2－4 所示。

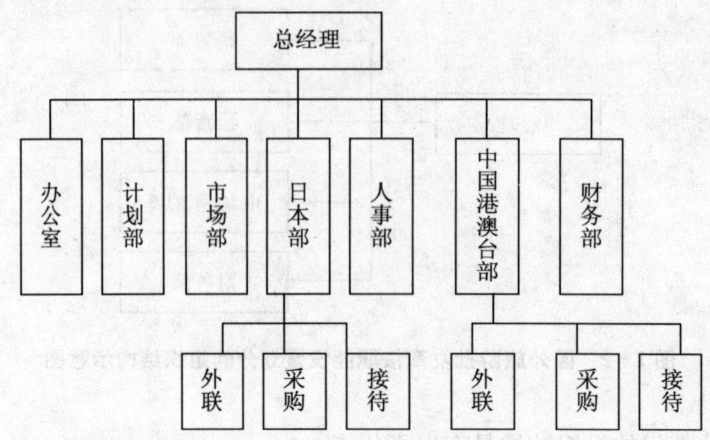

图 2－3　国内旅行社常见的按区域划分的组织结构示意图

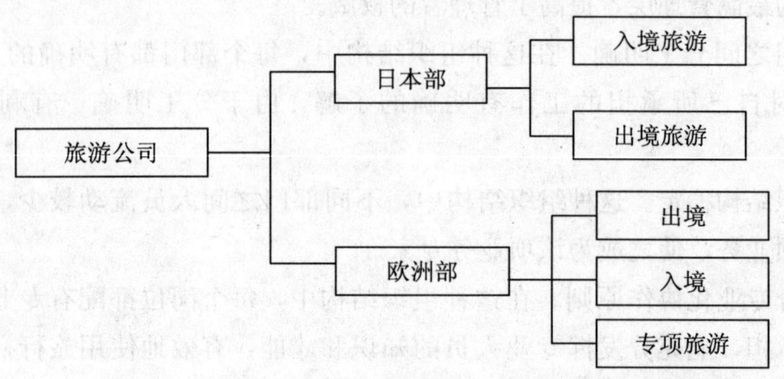

图 2－4　按区域划分的美国旅行社组织结构示意图

按语种和地区划分部门的旅行社组织结构具有以下优点。

(1) 有利于业务的衔接和协调。按区域进行部门划分的旅行社组织机构的每一个地区都有外联、采购、接待等人员的横向沟通，有利于业务的衔接和协调。

(2) 有利于最高管理部门集中精力决策。按语种和地区划分部门，有利于使旅行社最高管理部门摆脱日常行政事务，集中精力考虑战略性问题，使之成为坚强有力的决策机构。

(3) 有利于培养管理人才。除了不必操心财务资源的筹措之外，部门经理必须处理各种经营和发展问题，从而使部门经理得到充分的培养和锻炼。

(4) 有利于旅行社对各地区部门实现目标管理。各地区部门推行二级核算制，总部对部门的控制，主要是通过对地区部门经理的任命以及政策、制度来实现。同时，通过产出标准化利润目标量来实现对象地区部门的目标管理。

这种组织结构的不足之处在于：集中与分权关系比较敏感，一旦协调不好，可能削弱整个旅行社的协调一致。

（三）按产品设部门

按产品设部门是指旅行社按照其所经营的产品类型进行部门划分。如图2-5所示。

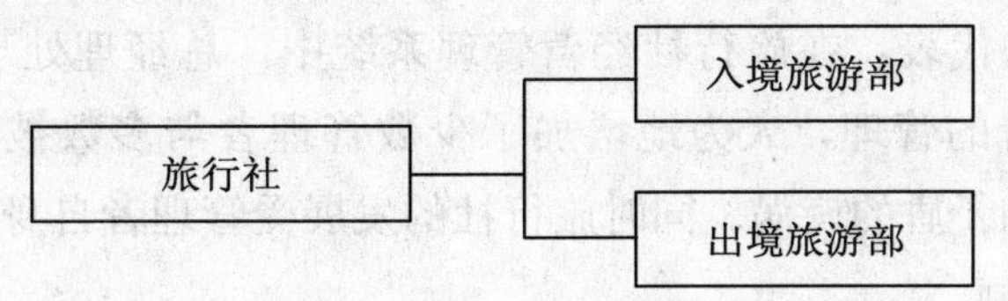

图2-5 按产品设部门的组织结构示意图

按产品设部门的组织结构的优点是：

(1) 各部门分工明确。

(2) 有利于专业精、业务熟。

按产品设部门的组织结构的不足是：各部门工作重复。

三、旅行社的组织管理

旅行社的组织管理制度是旅行社基础制度的重要组成部分，是旅行社组织管理体制的具体化。根据我国目前的实际情况，旅行社组织管理主要包括：总经理负责制、目标责任制、岗位责任制等。

（一）总经理负责制

总经理负责制是旅行社组织管理中实行的领导制度。实行总经理负责制，总经理将对旅行社的所有经营政策和经营业务负有责任。总经理的主要职责包括：通过垂直领导系统来控制领导和指挥旅行社全体员工、确定旅行社的发展目标、经营方针和管理手段以求得更好的经济效益。

总经理作为旅行社的最高层领导，从直接具体负责的工作范围来看，可分为以下几个方面。

1. 人事

为了保证旅行社具有较高的服务水平和管理水平，总经理应亲自负责旅行社的人事工作，选聘优秀的具有良好素质的工作人员，并强化旅行社的劳动和制度管理。

2. 财务

旅行社的经营是以赢利为目标的，总经理必须亲自监督旅行社的财务状况，增收节支，改善经营。旅行社为一个经营单位，利润是一个旅行社经营好坏的标准，旅行社只有达到了规定的赢利目标，总经理才是称职的。

3. 计划

旅行社的计划控制是一个根本性的问题，总经理必须能够根据市场的需求变化，对旅行社的决策和方案做最终裁定，负责旅行社企业经营战略和计划制订并监督计划的实施。

总经理各项职责的行使，是以总经理的权力作为保证的，总经理负责制确定了总经理是旅行社的法人代表，在旅行社经营管理系统中，总经理处于中心地位。其缺点是：管理只是管理者的管理，人为地增加了少数管理者与多数被管理者之间的隔阂，使管理者陷入孤立和矛盾的旋涡。同时旅行社的发展受管理者自身因素的限制。

（二）岗位责任制

这是针对我国旅行社传统的经验管理与低效率“大锅饭”提出的一种组织管理模式。具体做法是：旅行社将上级主管部门下达的任务分解落实到每个业务经营部门与岗位，部门与员工的工作在一定程度上与工资和奖金直接联系起来。

岗位责任制的最大优点是可以根据科学的方法确定各个部门和每个员工的工作数量和质量。岗位责任制的实施，可以增强旅行社内部各个岗位的责任感。但由于旅游需求脆弱性和旅游产品的不可储存性，具体岗位的业务量和工作负荷难以确定，同时旅游服务的个性化也使得质量标准难以确定，造成了我国旅行社推行岗位责任制的总体效果并不理想。此外，岗位责任制自身也存在一些明显的弊端，如岗位责任制的中心是岗位责任，它与分配制度相对脱节时就难以真正调动职工的积极性。

（三）经济责任制

旅行社组织管理中的又一项重要的基本制度。旅行社的经济责任制是旅行社各部门以旅行社经营的经济效益和社会效益为目标，对自身的经营业务负责，实行责、权、利相结合，把旅行社的经济责任以合同的形式固定下来的一种经营管理制度。部门成为利润中心而不是单纯的责任中心，利润指标被分解落实到各个部门，而且与分配之间的联系更为密切。企业部分经营管理权相应下放到部门，部门内部的失衡随之减少。

旅行社的经济责任制包括旅行社对国家的经济责任制和旅行社内部的经济责任两个方面。旅行社对国家的经济责任包括：旅行社以正常的经营手段，依法经营，照章纳税；旅行社内部的经济责任主要是按照责、权、利相结合的原则，把旅行社的经营目标加以分解，层层落实到基层的部门、班组和个人，以责任为中心，责权结合，确定指标，保证上缴，超收多留，少收自补。但是，目标责任制也造成了许多新的问题：①部门之间关系紧张，特别是职能部门员工的积极性遭到打击；②部门之间条件的差异掩盖了部门之间分配的不平等；③对部门的放权与控制成为企业突出的矛盾。

总之，旅行社的组织管理是一个极为复杂和正在探索中的问题，目前还没有令人满意的结论。这也是我国旅行社行业提高整体素质和竞争力的主要障碍之一，尚需我们进一步研究和在实践中解决。

2009 年《旅行社条例》新制度调整情况的简要介绍

我国旅行社行业在新的形势下，国务院于 2009 年 5 月颁布了《旅行社条例》（附录 1），随着新条例的实施，将给整个旅游行业带来巨大的变化。新条例大大降低了旅行社行业准入门槛，其中删除了关于外商投资旅行社注册资本最低 400 万元限额，同时还取消了关于外商投资旅行社不得设立分支机构的限制。

第一，旅行社类别调整。原《旅行社管理条例》把旅行社分为国内旅行社和国际旅行社两大类，对比新《旅行社条例》没有对旅行社作分类。

第二，审批旅行社条件调整。原《旅行社管理条例》分别规定了设立条件和申请设立旅行社必须提交的文件，新《旅行社条例》则简化了审批条件。

第三，注册资金制度调整。《旅行社条例》统一了从事国内旅游业务和入境旅游业务的准入条件，规定取得旅行社业务经营许可后，就既可以经营国内旅游业务也可以经营入境旅游业务。同时，条例还将经营入境旅游业务所需的注册资本最低限额由人民币 150 万元降低为 30 万元，大大降低了入境旅游市场的准入门槛。

第四，质量保证金规定的改变。①金额的改变：由之前的国际社入境业务、出境业务、国内业务的质量保证金 60 万元、100 万元、10 万元，变为 20 万元、140 万元、20 万元。此条规定降低了入境游的质保金标准，提高了国内游和出境游的质保金标准，表明监管部门更加重视维护国内游客的权益，客观上也促进了入境游的发展。②缴纳方式条件更放松：1996 年《旅行社管理条例》规定质保金必须存放在旅游行政管理部门，且旅游行政管理部门可提取一定的管理费用。2009 年新条例则规定质保金可以存入现金，也可以提供银行担保。由此旅行社的资金周转压力降低。

第五，申请出境旅游业务管理制度调整。原《旅行社管理条例》没有规定，对比新《旅行社条例》则规定旅行社取得经营许可满两年，且未因侵害旅游者合法权益受到行政机关罚款以上处罚的，可以申请经营出境旅游业务。

第六，放宽外资进入旅行社业的条件。《旅行社条例》赋予外资旅行社以国民待遇，在注册资本、质保金、异地设立分社方面与国内旅行社均相同，根据我国入世承诺，删除了关于外商投资旅行社注册资本最低限额、投资者条件的特殊要求，取消了关于外商投资旅行社不得设立分支机构的限制，并且规定，外国投资者除了可以设立中外合资、中外合作旅行社外，还可以设立外资旅行社。

第七，强化处罚力度。新《旅行社条例》就旅行社及其从业人员的持证情况、安全保障制度、出入境滞留不归、团款支付、低于成本经营、对管理部门人员行为等方

面都做出了明确规定，相比较原《旅行社管理条例》处罚力度加大，最高限额达到 50 万元。

新《旅行社条例》将加速旅游市场一体化，使一批有实力的旅行社成长为优秀运营商，并通过设立分社、兼并、联合等方式加速扩张，规模小、实力小的旅行社或者消亡，或者加盟大的旅行社。

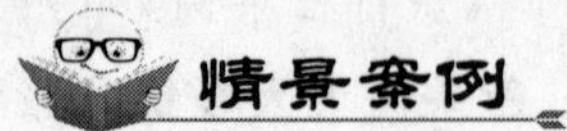

情景案例

旅行社承包挂靠问题

2000 年 12 月—2001 年 1 月，黎剑、杜伟（湖南张家界人）等人，以北京中天旅行社接待部名义，租用北京崇文门饭店 203 房间作为经营场所，并以北京中天旅行社名义发布广告，在收取游客大量旅游款或购票订金后携款潜逃，此案共涉及游客 355 人，金额 99 万余元，堪称旅游业大案。此案系中天旅行社内部管理混乱将部门随意承包所造成的，北京市旅游局在认定责任后，依据有关规定对该社进行了停业整顿，并动用了其 10 万元服务质量保证金对游客进行补偿。

要点分析

旅行社的随意承包挂靠，实质是非法转让或变相转让许可证的违规经营行为，北京中天旅行社的行为就是终酿恶果的典型事件。在此要告诫旅游者，报名时不要怕麻烦，需留心核查组团单位的资质，问明情况，如在门市部报名不妨找总社核实。此案的受害者交款后拿到的都不是正式发票而是收据，有的甚至是白条，而且所签旅游合同和收据上的章都是部门章，而部门章是不具有法律效应的。针对承包挂靠问题，2009 年发布的《旅行社条例》第 47 条规定，旅行社转让、出租、出借旅行社业务经营许可证的，由旅游行政管理部门责令停业整顿 1～3 个月，并没收违法所得；情节严重的，吊销旅行社业务经营许可证。受让或者租借旅行社经营许可证的，由旅游行政管理部门或者工商行政管理部门责令停止非法经营，没收违法所得，并处 10 万元以上 50 万元以下的罚款。

思考题

1. 配以图表列举旅行社机构设置的基本模式并说明各自的优势与不足。
2. 旅行社在筹建期间应将重点放在哪些方面，为什么？
3. 旅行社的基本职能及其主要表现形式是什么？

第三章　旅行社的产品开发

本章导读

产品设计是旅行社的主要职能，产品的开发是旅行社生存与发展的基础和前提。旅行社的产品就是指旅行社为了满足旅游者旅游过程中的需要，而借助一定的旅游吸引物和旅游设施向旅游者提供的各种有偿服务，本章将对旅行社产品的形式、开发程序等问题进行探讨。在确定合理的产品组合基础上，旅行社需要适时开发出新的产品。在产品开发设计方面，以欧美为代表的西方旅行社在多年的经营中，已经形成了一套较为成熟的方法与范式，可以对旅行社产品进行多种类与深层面的开发。而中国旅行社开发与设计出的产品种类较为单一，产品深层次的挖掘还不够。

本章难点

1. 旅行社产品的内涵与形态
2. 旅行社产品的开发与管理
3. 旅行社产品的设计与开发程序

第一节　旅行社产品的特征和形式

一、旅行社产品的构成及特征

（一）旅行社产品的构成

1. 旅行社产品的含义

对于旅游产品的本质，国际上的旅游学者已基本达成一致的结论。例如，雷姆（Reime）和霍金斯（Hawkins）把旅游产品看作是旅游者一次旅游活动的所有经历，包括住宿、自然和其他资源、交通、餐饮、娱乐和其他吸引物。泰勒（Taylor）认为真正的旅游产品是令旅游者满意的旅游经历，他认为，旅游产品难以被看到或是测量，但它是产品，旅游企业的主要目标就是提供旅游产品。波特·鲍威（Baud Bovy）认为旅游产品包括三个部分：旅游目的地的资源、设施和从家到目的地的交通。从这个角度来看，旅行社提供的包价旅游是旅游产品的最简单、最典型的形式。还有的学者认为，旅游产品是由物质的、服务的以及象征性的因素构成，用来带给旅游者满意和利益。从旅游者的角度看，旅游产品就是他从离开家到返回家的所有经历。如上所说，旅行社产品是典型的旅游产品，它以服务为主要内容，以旅游设施为依托，旅游者消费了服务后不会拥有什么实物，而是通过对旅行社产品的使用和消费来获得一次经历，满足其需要。旅行社的产品不仅仅指旅游者购买的度假和参观旅游吸引物等，而是指所有构成旅游者旅游经历的因素。

综上所述，所谓旅行社产品是指旅行社为满足旅游者在旅游过程中的需要而向旅游者提供的各种有偿服务。它是由实物和服务综合构成，是向游客销售的旅游项目，其特征是服务成为产品构成的主体。其具体展示主要有旅游线路、旅游活动、食宿和单项服务等。

旅行社产品包括三方面内涵：

（1）旅行社生产和服务的目的在于满足旅游者旅游过程中住、食、行、游、购、娱等多方面的需要。

（2）旅行社产品的形态是服务，而非物质产品。即使旅游者在使用产品过程中消费物质产品，也不过是旅行社用于达到服务目的的工具，其产品的核心和灵魂仍然是服务。

（3）旅行社提供的各种服务是有偿的。

2. 旅行社产品的构成

旅行社产品不同于一般的物质产品，它是一种以无形服务为主体内容的特殊产品，它是由住、食、行、游、购、娱各种要素构成的“组合产品”。旅行社的生产者都是从这一构成出发，去从事旅行社产品的生产的。旅行社产品由三部分构成。

（1）核心部分。是产品的最基本的部分，当消费者购买某一产品时，其核心部分就是真正能解决消费者困难的服务和带给消费者的核心利益。产品的核心部分为消费者带来的利益远远超出了产品本身，对于旅行社产品而言，旅游者购买的旅游产品的核心部分，是其实际得到的利益和服务。例如，当旅游者到加勒比海进行度假旅游，则产品的核心部分就是旅游者通过度假获得的充分放松与休息。

（2）有形部分。也称为实际产品，产品生产者会围绕着产品的核心利益建立实际部分。它一般包括五个方面：质量水平、特点、设计、品牌与包装。这些因素组合在一起传递出产品的核心利益。旅行社产品属于服务产品，因此更需要用有形的部分来把信息与产品传递给旅游者。在度假旅游中，产品的有形部分就体现为这次度假的主题名称、途中的飞行、提供住宿的酒店、机场的接送服务以及宣传手册等，所有这些特点构成了这次度假。

（3）附加部分。是指到目前为止尚未提到的因素，它是围绕着核心与有形部分附加的服务与利益，包括售后服务、信誉与保证、付款方式等，它可以进一步提高游客的满意度。例如在度假旅游中，附加部分可以是旅行社门市安排登记的人员、旅行社的电脑预定系统以及旅行社负责处理问讯与投诉的顾客服务部门等，所有这些服务都是产品附加的价值。

旅行社在开发产品时，要充分考虑产品的上述三个因素，它们构成了旅行社产品的整体效能，可以帮助旅行社在顾客的心目中建立起自己独特的风格与形象，它们也可以被视为旅行社的管理工具，使旅行社与其竞争者明显区别开来，更重要的是，它们构成了顾客对旅行社产品感受的一部分。

（二）旅行社产品的特征

作为服务范畴的旅行社产品具有服务的共同属性，即不可感知性、不可分离性、不可储存性、差异性和缺乏所有权。但与此同时，旅行社的产品又存在其自己的显著特点，这主要集中在以下几点。

1. 旅行社产品的综合性

综合性是旅行社产品的最基本的特性。这种综合性体现在其产品本身是由旅游交通、住宿、餐饮、景点、线路、娱乐、购物等多项服务组成的混合性产品，这些产品又涉及众多的部门和行业。既有直接为旅游者提供产品和服务的部门行业，也有间接为游者提供产品和服务的部门和行业。

2. 旅行社产品的文化性

许多旅游研究者在分析旅游者出游的动机时都指出：旅游是旅游者暂离单调、熟悉的生活而去体验异域文化的一种需要。所以旅游活动就是旅游者为满足精神文化需求的活动。通过旅游活动，旅游者可以获得各种知识和精神文化的感受。旅行社要努力设计出富于民族性和趣味性的活动项目。

3. 旅行社产品的脆弱性

由于旅行社产品的综合性，它涉及众多的部门和行业，而这些部门和行业中任意一个部门和行业发生变化，都会直接或间接地影响到旅行社产品生产和消费的顺利实现。

另外旅游活动还涉及诸如战争、政治动乱、国际关系、经济状况、汇率变化等社会各方面因素，它们的任何变化都会引起旅游需求的变化，并由此深刻影响着旅行社产品的生产和消费。

4. 旅行社产品的生产和消费的同步性

旅行社产品一般都是在旅游者亲自参与下生产的，旅行社提供产品的同时，消费者也消费了。服务活动的完成需要生产者（旅行社）和消费者（游客）双方共同参与。在这个意义上，旅行社产品的生产和消费是同时发生的，并且是在同一地点同时发生的。在同一时间内，旅游者使用旅行社产品的过程，也就是旅行社生产和交付产品的过程。

5. 旅行社产品的公共性

旅行社产品的公共性，是指旅行社产品不具专利性、排他性，一旦其产品推向市场，其他旅行社可竞相效仿，无条件受益。

造成旅行社产品公共性的原因是：一是旅行社产品的核心因素——旅游吸引物，多属国家所有，其他旅行社都可经营；二是旅行社产品的其他构成要素，几乎对旅行社来说都不具有垄断性，如交通工具，交通运输部门既可以卖给此旅行社，也可以卖给彼旅行社。

6. 旅行社产品的无形性

旅行社产品的无形性可从两个方面理解：一是旅行社的产品主体部分是服务产品，在旅游消费者购买前表现为无形无质，让人无法真切地意识到它的存在。二是在销售过程中，旅行社产品不会导致产生某些实物所有权的转移，并且也不会导致产品实物形态的改变。因此，从某种意义上讲，旅游者购买旅行社产品，实际是购买了一种“梦想”，而旅行社出售产品，则是在出售“承诺”。

二、旅行社产品的形态

（一）按照旅游产品组成状态分类

按照旅游产品组成状态可分为整体旅游产品和单项旅游产品。

1. 整体旅游产品

整体旅游产品又称综合性旅游产品，它是旅行社根据市场的需求，为旅游者编排组合的内容、项目各异的旅游线路，如各种包价旅游。

2. 单项旅游产品

单项旅游产品是旅游服务的供应方向旅游者提供的单一服务项目，如机场接站。

（二）按照旅游产品的形态分类

按照旅游产品的形态可分为团体包价旅游、散客包价旅游、半包价旅游、小包价旅游、零包价旅游、组合旅游和单项服务。

1. 团体包价旅游

团体包价旅游是由10名以上游客组成，采取一次性预付旅费的方式，有组织地按预定行程计划进行的旅游形式。团体包价旅游的服务项目包括：①按照规定等级提供的饭店客房；②一日三餐和饮料；③市内游览用车；④导游服务；⑤交通集散地的接送服务；⑥每人20千克的行李服务；⑦游览场所门票；⑧文娱活动的入场券；⑨城市

间交通；⑩全陪服务。

就旅游者而言，参加包价旅游可以获得较优惠的价格，预知旅游费用，并可在旅游团内保持熟悉的氛围，而且旅行社提供全部旅游安排和全陪服务，使旅游者具有安全感，所有这些都是包价旅游的优势。但是，包价旅游同时意味着旅游者不得不放弃自己的个性而适应团体的共性，旅游团内的旅游者需要在同一时间、乘坐同一航班、入住同一饭店、共进相同的餐食、游览相同的景点、观看相同的节目，这些则是团体包价旅游的劣势。另外，旅游者如果不幸选择了一家服务低劣的旅行社，则整个旅程会变得让人无法忍受。

就旅行社而言，团体包价旅游预订周期较长，相对易于操作，而且批量操作可以提高工作效率，降低经营成本。但是，团体包价旅游在预订和实际旅游期间经常会发生各种变化，而且在旅游旺季容易遇到旅游服务采购方面的问题。

2. 散客包价旅游

散客包价旅游同样包括两层含义，一是散客，这里的散客并非我们通常所说的零散旅游者，而是指 10 人以下的旅游团体，它是与团体包价旅游相对应的一个概念；二是包价，这里的包价同样是指参加旅游团的旅游者采取一次性预付旅费的方式将各种相关旅游服务全部委托一家旅行社办理。散客旅游包价服务项目与团体包价服务相同。

散客包价旅游具有以下特点：

(1) 散客包价旅游不需要客源地批发商的介入，也是没有领队的旅游。

(2) 散客包价旅游客人要求多，接待过程中的变化多。散客旅游有比较好的市场价格，但它需要更灵活的路线组合，更及时、紧凑的时间安排，满足更多样化的旅游服务要求。

(3) 散客旅游接待批量小，针对性强，有利于进行差异化和专业化的服务，提高旅行社信誉。

散客包价旅游对旅游者来说，其缺点是散客旅游者拿不到较低的房价和机票折扣，单人车费高，导游不爱接。对旅行社而言，接散客存在着接待成本高，耗费精力大，麻烦多，为一两个客人同样需要人员、传真的联络和确认，各项手续与办理团队旅游几乎一样不能少。

散客业务的上述特点表明：批量才能取得总量经济效益。散客业务只有做到多品种、大批量才能取得总量经济效益。

3. 半包价旅游

半包价旅游是在全包价旅游的基础上扣除行程中每日午、晚餐费用的一种旅游包价形式。

半包价旅游本质上与综合包价旅游没有多大的差别。旅行社设计半包价旅游的主要目的是为了降低产品的直观价格，提高产品的竞争力，同时它也便于旅游者能够自由地品尝地方风味。团体包价与散客包价均可采用这种包价形式。

4. 小包价旅游

小包价旅游（Mini-package Tour）又叫可选择性旅游（Optional Tour），它由非选择部分和可选择部分构成。非选择部分包括接送、住房和早餐，旅游费用由旅游者在旅游前预付，选择部分包括导游、风味餐、节目欣赏和参观游览等，旅游者可根据时间、兴趣和经济情况自由选择，费用既可预付，也可现付。小包价旅游每批旅游者一般在10人以下。对于旅游者来说，小包价具有经济实惠、机动灵活、安宁舒适的多种优势。

5. 零包价旅游

零包价旅游又称自由包价旅游，它是一种独特的旅游包价形式。旅游者必须随团前往和离开旅游目的地，但在旅游目的地的活动则是完全自由的，如同散客。游客可以获得团体机票价格的优惠，并可由旅行社统一代办旅游签证。这种旅游形态在发达国家十分走俏。

6. 组合旅游

组合旅游是指旅游者分别从不同的地方来到目的地，然后由当地事先确定的旅行社组织活动的一种形式。实际上，这种旅游也是一种半自选的组合旅游形式。

7. 单项服务

单项服务又称零星代办业务或委托代办业务。它是旅行社根据旅游者的具体要求而提供的按单项计价的服务。

常规性的旅游服务项目主要有：①导游服务；②交通集散地接送服务；③代办交通票据和文娱票据；④代订饭店客房；⑤代客联系参观游览项目；⑥代办签证；⑦代办旅游保险。

一般来说，零散旅游者是单项服务的主要需求者。

第二节　旅行社产品设计开发的原则

旅行社的产品就是指旅行社为了满足旅游者旅游过程中的需要，而借助一定的旅游吸引物和旅游设施向旅游者提供的各种有偿服务。这些服务都是由各种各样的旅游产品组合而成的。旅游产品的设计也称旅游产品的组合，即旅行社将要向旅游者提供的产品进行安排和调整。具体地说，旅行社的产品组合是指旅行社销售给旅游者的一组产品，它包括旅行社的所有产品线和产品品目。在旅游产品的组合中，每一个具体的具有使用价值的单个产品被称为产品项目。那些能够满足同类需求的，在规格、款式、档次上有所差别的产品项目的集合叫做产品线。产品项目是构成产品组合的基本单位，产品线则是由具有大致相同的产品项目所构成的。比如，对某个自然景区而言，

一个个能满足人们对自然风光追求的自然景点就是一条产品线，而其他一些满足人们另外某些需要的人工景点就构成了另一条产品线。

产品组合具有一定的广度、长度、深度和一致性。所谓产品组合的广度是指该旅行社具有多少条不同的产品线，产品组合的长度是指产品组合中的产品品目总数，产品组合的深度是指产品线中的每一产品有多少品种，而产品组合的一致性是指各条产品线在最终用途、生产条件、分销渠道或其他方面相互关联的程度。

上述产品组合的四种尺度，为旅行社确定产品组合发展战略提供了依据。旅行社可以通过上述四种方式发展其业务。例如，旅行社可以增加新的产品线，以扩大产品组合的广度，并充分利用旅行社在其他产品线的声誉；也可以拉长现有的产品线，成为具有更加完全产品线的旅行社；还可以增加每一产品的品种，以增加产品组合的深度；旅行社可以考虑使产品线有较多或较少的一致性。

一、旅行社产品开发的决定因素

旅行社的一切经营与管理都必须围绕着如何使产品更好地满足市场需求这个中心。旅行社产品开发的决定因素主要有资源禀赋、设施配置和旅游需求三个方面。

(一) 资源禀赋

资源禀赋又称为资源赋予，是指一个国家或地区拥有旅游资源的状况。与旅行社产品相关的资源，包括以下几种。

1. 旅游资源

旅游资源（Tourist Resources），又称旅游吸引（因素）（Tourist Attraction），即在现代社会能够吸引旅游者产生旅游动机，并实施旅游行为的因素的总和。它能够被旅游业利用，并且在通常情况下能够产生社会效益、环境效益和经济效益。这里包括了自然旅游资源和人文旅游资源。

(1) 自然旅游资源。是指具有观赏性及游娱性的自然景观与自然环境。它是自然界的诸多因子，在不同的历史条件及演变阶段，作用于不同的地理环境而形成的。自然旅游资源构成旅游空间，决定着旅游发展的潜力。它包括江海湖泉、山岳瀑布、飞禽走兽等大自然的产物。但是，自然资源对旅行社产品开发的作用，取决于它们的特点和可进入性，否则只能算作潜在的资源，有待开发。但是，对自然旅游资源的开发不应破坏其自然属性。

(2) 人文旅游资源。是指人类在各种活动中创造的，把动态的历史用静态的实物体现出来的，能够激起人们旅游动机的物质财富和精神财富的总和。它可划分为历史文化名城、古迹、宗教文化、交通、建筑与园林、文学艺术旅游资源等。

有些旅游资源具有独特性，因而垄断性突出，如中国的长城、西安兵马俑等，决定着竞争能力。更多的人文资源则是人民的日常生活、风土民情，这些也能吸引游客，它们是对人文旅游资源的深层次开发。

2. 人力资源

人力资源是旅游业开发与经营的基本要素，它在一定程度上也决定着旅行社产品的开发。它包括旅行社与协作单位人员的能力、素质；旅游地区居民的数量、宗教、生活状况、受教育程度、风俗习惯、素质；居民对旅游者的容忍程度等。旅行社在开发产品时，必须充分考虑到旅游目的地居民的容忍程度，有针对性地开发产品。

3. 资本资源

开发旅游资源需要资金的投入，如开发旅游产品需要进行市场调查需求情况，委派人员考察线路情况，要去旅游地采购，沟通各种关系，这些都需要有充裕的资金作保证，资金短缺，影响着产品的开发。

（二）设施配置

设施配置是指与旅游者旅游生活密切相关的服务设施和服务网络的配置状况。主要包括食、住、行、游、购、娱等方面，它们是旅游者实现其旅游目的的必要媒介，而且本身也会增添旅游乐趣，是旅游者旅游生活的重要组成部分。一个国家或地区如果不具备起码的基础设施和旅游服务设施，无论旅游资源多么丰富，都难以形成吸引旅游者的产品。设施配置具体可分为以下几点。

1. 旅游基础设施

（1）一般公用设施，如供水、供电、排污、煤气、电信、道路系统等；

（2）满足现代生活所需要的基本设施或条件，如银行、医院、商店、治安管理机构等。

旅游基础设施的主要使用者虽然是当地居民，但也必须向旅游者提供，或者说旅游者也必须依赖的设施，没有基础设施作保证，便不能发展好旅游业。

2. 旅游上层设施

旅游上层设施是指虽可以供当地居民使用，但主要供外来旅游者使用的设施，如饭店、指定商店、旅游问讯中心、某些娱乐场所等。

3. 旅游服务

旅游服务是旅游业员工以一定的旅游资源和旅游设施为凭借，向旅游者直接提供劳动。它包括，翻译导游服务、住宿服务、饮食服务、交通运输服务、物质供应服务、出入境服务以及各种与旅游直接或间接有关的服务。

基础设施、旅游上层设施只是进行旅游活动和旅游业存在与发展的客观物质条件，旅游服务则是把这些客观物质条件变成现实的旅游产品，满足旅游者旅游活动需要。

（三）旅游需求

旅游需求是指旅游者在一定时期内，以一定价格愿意购买的旅游产品的数量。

旅行社产品与旅游需求的大小和旅游者的旅游兴趣密切相关。其中需求量的大小

受许多因素的影响，如旅游产品的价格、旅游者的支付能力、余暇时间、愿望，还有政治、经济、文化、社会等因素。因此，从某种意义上讲，旅游需求决定着旅行社产品开发的方向。

二、旅行社产品设计开发的原则

旅行社产品的形态是多种多样的，尽管这些产品在服务形态方面存在着差异，但不同形态的产品在其设计过程中，只依赖丰富的经验是远远不够的，需要依靠多种先进的方法和手段，不断收集各种最新的旅游资料，通过不同形式的考察旅游，充分了解沿途游览区域、住宿、交通、餐饮、购物、娱乐等设施及有关服务的特点和优势等。

可以说，旅行社产品设计、开发是在已开发的旅游吸引物、旅游目的地的服务设施和交通运力的基础上，根据旅游市场的需求，通过科学、缜密的实际调研和分析，对原有的旅游资源重新的组合，并将各种服务融入进去，创造出经过改进、调整过的、更加符合市场需求的新产品。旅游产品设计开发应遵循以下原则：

（一）市场原则

市场原则是指旅行社在产品的设计与开发中，必须了解旅游者现在和将来的需求，始终坚持以旅游者需要为出发点，着眼于市场的潜在需要。只有这样，才能针对不同目标市场旅游者的需求，设计出适销对路的产品，最大限度地满足旅游者的需求，提高产品的使用价值。

旅行社产品的设计、开发人员要及时掌握内、外部环境的变化和各方面的信息动向，按照旅游者的需要开发产品。设计出适销对路的产品，旅行社产品开发的市场原则具体体现在以下三个方面。

1. 根据市场需求变化的状况开发产品

尽管旅游者的需求千变万化、差异较大，但是，对于大多数旅游者来说，需求是相对稳定和具有代表性的，如：①去未曾去过的地方增长见识；②希望从紧张烦琐的生活中解脱出来；③有效地利用时间而又不很劳累；④有效地利用预算，物美价廉；⑤能购买到新奇、纪念性的东西。

2. 根据旅游者或旅游中间商的要求开发产品

旅行社根据从旅游者或旅游中间商获得的意见和要求，设计专门的旅游产品以满足他们的需要。

3. 创造性地引导旅游消费

旅行社通过构思创新，创造性开发出新产品，引导旅游消费。

（二）经济性原则

经济性原则是指以相对较低的消耗获得相对较高的效益。旅行社同其他产品相同，要支付各种各样的成本，这就要求旅行社在产品的设计中，加强成本控制，降低各种耗费。可以通过充分发挥协作网络的作用，降低采购价格，这样既可以降低旅行社产品的直观价格，便于产品销售，又能保证旅行社的最大利润。

旅行社产品设计的经济性原则还表现在旅行社产品的总体结构应尽可能保证旅行社接待能力与实际接待量之间的均衡，减少因接待能力闲置造成的经济损失。

（三）独特性原则

旅行社产品需要突出它的独特性，才能吸引更多的顾客。具体表现在以下几个方面。

1. 尽可能保持自然、历史形成的原始风貌

任何过分修饰的做法都不可取。在这个问题上，开发者必须要以市场的价值观念看待开发后的吸引力问题，而不能凭借自己的主观意识来决定。

2. 尽量选择利用带有“最”字的旅游资源项目

尽量选择利用带有“最”字的旅游资源项目，以突出自己的优越性。即所谓“人无我有，人有我优”。例如某项旅游资源在一定的地理区域范围内属最高、最大、最古、最奇等。只有具有独特性，才有助于保护旅行社产品的吸引力和竞争力。

3. 努力反映当地的文化特点

突出民族文化，保持某些传统格调是为突出自己的独特性，同时也有利于当地旅游形象的树立。旅游者前来游览的主要目的之一是要观新赏异、体验异乡风情。不难想象，如果开发后的旅行社产品同客源地的情况无大差别，游客是不太愿意前来游览的。即使是来过一次，以后也不会故地重游，除非有新的变化。

（四）合理性原则

1. 合理安排旅游顺序——渐入佳境

旅游顺序的安排要合理、顺畅，避免旅程的曲折，避免走回头路，并且要按照由一般吸引力的景点过渡到强吸引力的景点的顺序。比如，“中国六大古都之旅”的线路安排，沿着杭州—南京—开封—洛阳—西安—北京的顺序展开，要比逆向而行要好。这样渐入佳境，使游客的热情和兴致一直处于不断高涨的状态，北京悠久的历史、灿烂的文化和雄伟壮观的故宫、长城，会使整个行程达到高潮。

2. 合理安排旅游日程——择点适量

在旅游日程的安排上要劳逸结合，科学合理。旅游者参观游览之后；要有个精神上吸取、体力上恢复的过程。如果景点安排过多，就会使旅游者走马观花，不能深入体会景点的特色。老年人居多的团队在安排旅游线路时更要注意劳逸结合。

在一条线路中，不应安排过多的火车，那样会使旅游者太过疲劳，另外一条旅游线路不宜过多安排旅游点。旅游者参观游览之后，要有个精神上吸取体力上恢复的过程。如果景点安排过多，会使旅游者走马观花，不能深入体会景点的特色。尤其对于

外国旅游者来到中国，一定有个时差的问题，这就需要一定时间休息。比如北京三日游，游客要求去王府井大街购物，通常安排在第二天的下午，而不安排在第三天下午乘飞机之前。因为购物时游客容易走散，很难在规定的时间内集中起来，一旦发生意外，就会导致误机。

3. 合理安排旅游景点——错落有致

旅行社产品应该围绕一个主题安排丰富多彩的旅游项目，让旅游者通过各种活动，从不同的侧面了解旅游目的地的文化和生活，领略美好的景色，满足旅游者休息、娱乐和求知的欲望。在同一线路的旅游活动中，力求形成高潮，加深旅游者的印象；满足旅游者求新的欲望。一条旅游线路的各个旅游景点应各有特色，内容丰富，这样一路走来，游客都会感到新奇兴奋，不会因为景点的重复而游兴索然。前几年，游客抱怨在我国一些地方旅游，就是“白天看庙，晚上睡觉”。这实际上就反映出某些旅游线路设计上的重复性和单调性。

4. 合理安排交通工具——避免重复

旅途中要按照方便、快捷、舒适和安全的标准选择交通工具，避免将大量的费用和时间花费在旅途上。比如，杭州—上海—南京—扬州—苏州，乘汽车比乘火车要方便快捷；比如，桂林和西安之间，乘坐晚上的飞机，就会腾出大量的白天时间观光等。再比如某客户申请设定时，提出要去以下几个城市参观游览，北京入境，经上海、苏州、杭州、福州、泉州，最后由厦门出境。如按直观日程要求可安排成两种线路：

A线为北京入境，上海—苏州—上海—杭州—上海—福州—厦门—泉州—厦门出境。

B线为北京入境，杭州—苏州—上海—福州—泉州—厦门出境。

由这两种线路比较来看，A线安排不合理，上海、厦门两个城市均要两进两出。这样安排的结果是既浪费时间又增加了交通费的支出。B线经过调整，线路更顺，避免了线路的重复。这种安排既节省了时间又节约了费用。可见，科学安排日程，有时往往会收到事半功倍的效果，从而争取了顾客。

第三节　旅游产品设计的程序

旅行社产品的开发，从确定方向到组织实施、供应市场，中间要经过分析构思、方案选择、生产试销、投放市场、检查评价几个阶段。即旅行社产品开发的过程可以划分为产品设计方案的拟订与选择、试产与试销、投放市场和检查评价几个阶段。

一、分析构思阶段

一个好的旅行社产品得以开发出来，是经过了大量的构思创意、分析后设计出来的。首先，我们要找到哪些是有一定市场机会的产品，这就需要分析外部环境。对外部环境进行分析，主要包括两部分内容：市场机会分析和环境限制因素分析。在市场机会分析中，旅行社通过市场调查、市场细分、目标市场选择等一系列工作，来寻找旅游者未被满足的需求，通过分析找出能够满足这些需求的产品线和产品项目，这些产品线和产品项目就是市场机会。在环境因素分析中，旅行社主要目的是要寻找自己能够利用的外部环境资源，从而进一步确定自己可以利用的市场机会。其次，旅行社要对自身能力进行分析，找出自身能够生产的旅游产品。分析内部资源包括分析自身资金状况、人力资源水平、管理水平、自身的经验和对外联系等。这样做的目的在于，通过对自身能力范围的分析，确切标示出自己能够提供的旅游产品的种类，从而为进行有效的旅游产品设计创造条件。然后，就可以进行旅游产品的设计。通过对内外部环境的分析，我们就可以找出哪些是有市场潜力的旅游产品以及哪些是我们有能力生产的旅游产品，两者的结合就是我们应该着手设计的产品。

产品开发人员通过经常收集各种新产品的构思创意，以便供新产品的开发和设计使用。旅行社产品构思创意的来源十分广泛，如旅行社的管理人员、研究人员、接待人员、采购人员、旅游中间商或旅游者。此外，报刊、杂志、竞争对手的产品都是旅行社可以获取的产品创意。一个地区在一定时期内，旅游资源、旅游服务设施和其他客观条件是相对稳定的，关键就在于旅行社如何根据市场的需求，经过科学的分析和巧妙的构思，设计出各种吸引旅游者的产品。

要想成功地设计出好的旅行社产品，必须事先做好以下工作。

（一）调查分析

1. 国家政策

旅行社要设计旅游产品，首先要考虑国家发展旅游方面的政策、法规和法律因素，在国家法律允许的，或国家重点扶持，或政策倾斜的领域开拓市场。

2. 市场前景

旅行社设计的新产品的市场发展前景如何，市场需求的规模大小、稳定性以及趋势如何，都至关重要。

3. 新产品的销售市场

新产品的销售市场包括新产品的市场需求量、影响的范围、目标市场、季节影响、产品的销售渠道等。

4. 竞争情况

竞争情况包括生产类似产品的旅行社的数量、竞争对手的其他情况，如价格、竞争策略、手段等。

5. 内部情况

内部情况包括旅行社设计，生产新产品所需人、财、物力的保障程序，管理水平，

所需各种服务设施的供应能力和服务质量等。

（二）构思创意

1. 构思

构思是制订产品方案的基础。产品构思越多，旅行社选择的余地就越大，就越易形成好的方案。所以，构思不一定只限于设计人员，而要鼓励旅行社的全体人员参与，献计献策，集思广益。旅行社只有具备创造性的构思，才能拟订出具有竞争力的产品设计方案。产生构思的诱发因素主要有3个：

（1）对旅游者需求的调研。对旅游者需求的调研，可采取对市场的调查了解，或其他形式的问卷调查等。可从调查中发现旅游者对旅行社产品的态度，哪些不满意，提出了什么要求。然后根据旅游者的要求、重新构思好的、让客人满意的产品。

（2）竞争对手产品的启发。竞争对手产品情况、销售数量、竞争策略、市场占有率、价格差等都对本旅行社有借鉴、参考作用，有的产品形式、竞争策略对本旅行社开发新产品有启发作用。如韩国许多旅行社瞄准日本的中学生市场，通过各种努力推出产品，效果颇佳。我们完全可以借鉴韩国这些旅行社的做法，再结合本旅行社的资源情况，推出适合日本、韩国或其他国家中学生旅游者需求的旅游产品。

（3）对各种产品信息的收集。旅行社为构思新产品所要收集的信息内容极广，在收集信息时，要注意以下几点：①注意国家的有关方针政策；②旅行社要根据自身特点、条件开发产品，有针对性地搜集资料；③各种信息的系统全面性，无论是好的还是坏的信息都要收集，全面考虑。

构思出来的东西并不等于方案，还必须进行可行性分析也就是论证或评价。

2. 评价

评价要从几个方面来看。

（1）新产品的发展前途。是指其市场需求是否持久，市场的大小、打入市场的可能性、此类产品的发展趋势等。

（2）销售市场方面。从销售市场方面，看其产品的需求量和需求时间，产品销售范围、目标市场、产品销售量和市场占有率、潜在旅游者数量，旅游者数量，旅游者购买力，销售渠道等。

（3）价格方面。从价格方面，看其竞争产品价格的情况，国家有关价格政策，旅游者对价格的反映，产品的价格弹性。

（4）内部条件。从内部条件方面，看旅行社设计新产品所需人、财、物的保证程度，旅行社的信誉和管理水平。

（5）外部条件。从外部条件方面，看旅行社协作网络情况，所需各种服务设施的供应能力和服务质量等。

二、方案选择阶段

产品开发人员在收集一定数量的新产品创意之后，便应该根据旅行社的经营目标和产品创意的可行性，采取科学的态度和现代化的手段，综合全面地对各个方案进行评价和比较，从中挑选出那些既符合旅行社的经营目标、可行性又比较大的产品创意。

筛选就是旅行社专业技术人员根据直观的经验判断，提出与旅行社发展目标、业务专长和接待能力等明显不符或不具备可行性的构思，缩小有效构思的范围。一般来说，方案的选择是由旅行社专业技术人员根据全面掌握的各种信息，谨慎的以定性和定量两方面分析鉴别。

（一）从定性的角度来看

（1）要有利于当地社会经济的发展。

（2）要有利于占有市场，增加销售。

（3）有利于提高旅行社的竞争能力。

（4）有利于刺激旅游中间商的销售热情。

（5）保证原有产品的正常发展。

（二）从定量的角度看

从定量分析的角度看，核心是准确计算各种方案所需成本和将要达到的利润。旅行社可用现代化的分析手段，如等概率法、最大的最小值法、最大的最大值法、最小的最大后悔值法、乐观系数法等帮助旅行社科学选择。

筛选时要注意不能对某种优等构思创意方案的潜在经济价值估计不足，而予舍弃，以致丧失良机；也不能对某种一般甚至较差方案潜在的经济价值估计过高，而予采用，招致损失。进一步的筛选可采取等级评定的方式进行，并根据等级指数的高低确定可行性论证的顺序。

三、生产试销阶段

（一）试销方法

完成新产品创意的选择之后，产品开发人员可以把那些既符合旅行社经营目标，可行性又较大的产品创意研制成产品。在研制过程中，针对不同类型的新产品，可采取不同的方法。

1. 全新型产品

全新型产品是指旅行社根据市场的发展和旅游者需求的变化，开发的新景点、开辟的新旅游线路等。开发全新型产品往往会在短期内取得独占该产品市场的优势，为旅行社获取丰厚的利润。在全新型产品的设计过程中，设计人员必须注意以下几点：①产品必须具有新意，做到唯我独有；②注重产品的实效性；③充分利用可以获得的

各种资源；④保证产品的质量；⑤降低产品成本，降低产品的直观价格；⑥设计旅游线路时，应避免安排重复性路线。

2. 改良型产品

改良型产品是指旅行社对其原有产品做部分调整或改造，冠以新名称后，重新投放市场的产品。在研制改良型产品时，产品设计开发人员应该针对旅游者的口味特点及其变化，市场对产品的要求、变化趋势和原有产品的特点，对原有产品进行加工改良，使之适合市场的需要。如在同一旅游线路中，出现两个城市的某个景点雷同，针对这种情况，开发人员应对景点进行调查，可以将其中的一个景点换成其他景点即可。

3. 仿制型产品

一般一些中小旅行社采取仿制其他旅行社已经投放市场的新产品的办法来开发自己的新产品。开发仿制型产品时，产品开发人员应该认真研究被仿制产品的特点，去粗取精，使仿制型产品具有某些自己旅行社的特点，而不是照搬照抄。这种做法的优点是：投资少，见效快，省时省力。其缺点是难以创造出自己旅行社的鲜明形象。

（二）试销的目的

1. 试销的目的

（1）了解新产品的市场销路。

（2）检查市场经营组合策略的优劣。

（3）及时发现问题，解决问题，完善产品。

2. 注意事项

（1）试销产品的规模要适中。

（2）一定要保证试销产品的质量。

（3）充分估计试销期间可能出现的问题，有备无患。

（4）经过试销证明销路不好的产品，不能勉强投入市场。

四、投放市场阶段

旅行社在将产品正式投放市场时，应充分选择好目标市场，然后将产品成批量地投放市场，以便获得预期的经营利润。在将产品投放市场时，旅行社要运用适当的促销策略、价格策略和销售渠道策略，提高产品的销售率和利润率。

五、检查评价阶段

旅行社产品投放市场后，旅行社还应定期对产品进行检查与评价，对产品进行必要的修订和改进，并广泛搜集各种反馈信息，为进一步开发新产品提供依据。另外，对产品的定期检查与评价，还可以帮助旅行社产品设计人员确定对于某种产品的态度，旅行社每隔 1～2 年，就应该对自己的产品进行一次综合的检查与评价。检查的内容主要有以下几个方面。

（一）销售市场方面

销售市场方面包括：产品需求量、目标市场旅游者支付能力、旅游者对产品的态度、现在销售渠道、潜在需求者的情况等。

（二）产品发展趋势方面

产品发展趋势方面包括：产品销售每年增长率和产品所处生命周期等。

（三）竞争情况方面

竞争情况方面包括：竞争对手的名称、数量、经营情况、经营策略；本旅行社与其比较的优势、市场占有率等。

（四）内部条件方面

内部条件方面包括：产品配套服务情况、协作部门服务情况、降低成本途径、售后服务情况等。

（五）产品收益方面

对产品收益方面的检查，主要表现为对产品损益平衡进行分析和对产品价格的检查。

旅行社在对具体产品和总体产品进行分析的基础上，还可以通过对旅行社外部环境和内部条件进行汇总，进行综合分析，发现问题、解决问题，确保旅行社产品的健康发展。

第四节　旅行社产品的品牌设计与产品创新

一、旅行社产品的品牌设计

随着品牌意识的增强，旅游产品的品牌也成为旅游产品的一个重要组成部分。因此，旅行社产品的设计从广义上来说不仅仅是旅游线路的设计与组合，而且还应包括旅游产品品牌的设计。

（一）旅游品牌的内涵

从品牌概念出发并结合旅游的特点可以发现，所谓旅游产品的品牌，是指旅行社向旅游者所展示的，用来帮助旅游者识别旅游产品的某一名词、词句、符号设计或它们的组合。一般来讲，一个完整的旅游产品的品牌应该包括：品牌名称、品牌标志和商标三个部分。

1. 品牌名称

品牌名称是指旅游产品品牌中可以用语言来表达的部分，如“丝绸之路”六日游、“广之旅”旅行社、“迪士尼”乐园等。

2. 品牌标志

品牌标志是指旅游产品中用符号、图案颜色等视觉方式来表达的部分，如迪士尼乐园用米老鼠作为自己的品牌符号。

3. 商标

商标是指经过政府有关部门注册的，受法律保护的品牌，具有排他性。需要注意的是，所有的商标都是品牌，但所有的品牌并不一定都是商标。

（二）旅游产品品牌的作用

旅游产品品牌最基本的作用就是将自己的旅游产品同其他旅游产品区别开来。具体来讲，有以下几方面的作用。

1. 有助于旅游者建立起消费偏好

在旅游市场中，不同旅行社提供的旅游产品必然存在着某种差异，旅游者对这些差别的喜好程度往往又不一样。在没有品牌或品牌设计不当时，旅游者很难将这些旅游产品识别出来。因而，也就无法有目的地进行消费。反之，一个良好的品牌设计会使旅游者很轻松地识别出自己喜欢的那种旅游产品，进行有目的的消费，这就是我们所说的消费偏好。消费偏好的建立可以为旅行社明确地标识出市场存在的机会，从而更好地满足旅游者的需求。

2. 有助于促销手段的实施

一个良好的品牌设计不但可以帮助旅游者从纷繁复杂的旅游市场挑出自己所需要的旅游产品，还能给旅游者传导一定的信息。通过这种信息的传递，旅行社可以对旅游者的消费需求进行引导，进而创造出旅游需求。

3. 促使旅游营销主体加强自身监督，有助于提高旅游产品的质量

品牌可以帮助旅游者将各种各样的旅游产品区分开来，在这种情况下，品牌就像是给了旅游者一个明确的目标进行评判。他们不但可以记住好的旅游产品，而且能够注意到不好的旅游产品。因此，一旦旅行社建立起了自己的品牌，就等于是把自己完全展示在旅游者的面前了。这时，旅行社要想赢得顾客，就必须自我监督，努力提高产品质量。

4. 有助于保护旅行社的权利不受侵犯

商标是品牌的一个重要组成部分，一个良好的品牌必然包括商标。而商标具有一定的独占权利，它可以清楚地标识旅行社的利益范围，这种独占权利是受到法律保护的。因此，拥有一个良好的品牌会成为旅行社保护自己的一种有效手段。

品牌对于供需双方的双重作用，特别是品牌资本所蕴涵的高额利润、竞争优势和产品种类扩张的可能性等因素，使得品牌资本成为成熟企业的普遍追求，品牌策略也由此成为几乎所有成熟企业重要的竞争手段。诚然，品牌的重要作用和品牌资本的巨大魅力使得品牌策略不仅为生产企业广泛采用，而且也引起服务行业的广泛关注，因

为品牌的基本职能是把本企业的产品与服务同其他企业区分开来，服务企业与生产企业在这一点是相同的。但是，已有的研究成果同时表明，对于有形产品而言，产品品牌是最主要的，而对于无形的服务来说，公司品牌则是首要的。这一研究结论对于旅行社具有同样的适应性，因为旅行社提供的服务具有服务产品的无形性特征，而正是这一特征使得服务产品的品牌化变得极为困难。此外，旅行社旅游经营活动中对于大量公共物品的依赖性进一步提高了其产品品牌化的难度，因为旅行社不能无视其他企业和社会公众对诸如长城、故宫和桂林山水等的使用权而将这些社会公共物品的使用权排他性地据为己有。非但如此，旅游活动分布的广泛性和地域性使得某个企业即使想垄断对某一类旅游活动的经营也是很难实现的。

由以上的分析我们或许可以认为，旅行社无疑需要品牌策略，但旅行社产品的特性决定了旅行社的品牌策略与生产企业不同。旅行社应致力于企业品牌的建设，这主要包括：

（1）确立适当的公司名称。

（2）在综合考虑各种因素的基础上赋予企业品牌独特的内涵。

（3）设计和公司名称与内涵相一致的公司标志，并连同公司名称一并注册，取得合法的排他性使用权。

（4）通过品牌内涵的管理和品牌内涵的营销沟通唤起消费者对品牌的注意，强化消费者的态度，促成消费者的购买行为。在此需要指出的是，旅行社所有与品牌相关的传播性要求都应共同塑造一个完整的形象。

（5）通过优良的服务和售后服务不断吸引回头客，培育顾客的品牌忠诚。“最佳服务是最佳宣传”的原理告诉我们，服务产品的无形性决定了对既有顾客的优良服务无论是对吸引回头客还是对口碑宣传都具有至关重要的作用。售后服务的目的则在于保持与老顾客的关系，这对于服务企业来说尤为重要，因为吸引新顾客较稳定老顾客的成本要高得多。

旅行社在良好的企业品牌之下，可以组织不同系列或不同类型的旅游活动，诸如“丝绸之路游”、“长江三峡游”、“欧洲风情游”、“夏威夷亲子游”等。从理论上讲，旅行社也可以将上述名称进行注册，但这只是表明该旅行社对于这些特有的文字组合具有排他性使用权，并不表明其他旅行社无权经营类似的旅游活动。例如，其他旅行社可以使用“丝绸之路探险之旅”、“三峡风光”、“欧洲文明游”、“夏威夷热带风光游”等名义组织类似的旅游活动。旅游者会根据自己的需求、期望以及产品的价格、方便程度和品牌等因素选择自己中意的旅行社，会仰慕旅行社良好的声誉而参加其组织的不同系列或不同类型的旅游活动。

旅行社可通过以下途径不断提高品牌资本的价值：①不断提高服务的质量；②不断监测自有品牌和竞争对手品牌的市场形象；③为品牌内涵创造独具特色的、适量的

品牌联想；④选择适当的竞争优势；⑤保持品牌内涵的相对稳定性。

（三）旅游品牌设计的程序

1. 分析自身旅游产品的特征

旅游市场中的绝大部分品牌都是围绕着一定旅游产品而设计的。因此，在进行品牌设计时必须对自身的旅游产品进行分析。只有抓住了自身旅游产品特征，品牌决策才有可能取得预期的效果。

2. 了解市场竞争状况

品牌设计最基本的作用就是要让旅游者能够分辨出不同的旅游产品。充分了解市场环境，就能针对竞争环境设计出良好的品牌。

3. 设计品牌

品牌的设计是一项全面而又系统的工作，它包含声音、文字、图形和符号等多个层面的设计。品牌设计中的任何一个方面被忽略了，都会影响品牌的效力。因此，设计品牌时一定要注意这样一些问题。

（1）品牌特色要鲜明。品牌设计时，除了要使品牌体现出产品的特征外，还要立意鲜明地表现出自己的特色。如果品牌的设计趋于同化，那就失去了品牌的作用了。

（2）品牌的设计要易于旅游者辨识。过于复杂、不易被旅游者所记忆的品牌，会丧失其有效性。

（3）品牌要适应文化特征。品牌也是促销的一种手段。一个良好的品牌可以促使人接受一种旅游产品。但是，不同的文化背景的人们具有不同的心理特征。如果一个品牌不适应它所处的文化氛围，就无法实现预期的效果。比如在中国，荷花是纯洁的象征，而在日本却代表死亡。所以，在日本就绝对不能用荷花作为自己的品牌标志。

4. 测试品牌

任何品牌的设计都不能说是十全十美的，只有对品牌设计进行一定的测试，才能发现不足，及时进行调整。品牌测试一般这样进行：首先，选择一个小的样本市场。其次，将设计出的品牌投放到这个市场中。最后，对这个小样本市场进行调查，检测品牌设计的效果。同时，检测品牌时应该注意：一是样本市场要具有代表性，其检测结果能体现整个市场的反应；二是要尽可能地缩小品牌检测的范围，以防因品牌设计的问题而对其产品产生不利的影响。

5. 制订品牌推广方案

品牌检测成功以后，就可以对品牌进行推广了。为了使品牌能够产生其应有的效果，应该选择一定的方法，有步骤、有计划地进行这项工作。方案中要对品牌推广的范围、时间、方法进行明确的规定。

6. 制订检测及调整方案

和产品项目的设计与组合一样，品牌的设计也需要根据瞬息万变的市场进行调整。

这就需要制订一套检测与调整方案，以便出现意外情况时能够采取应急措施。

二、旅行社产品的创新

20世纪90年代，国际旅游业已经从以前的现代大众化旅游时期进入了当代旅游时期。随着社会经济和技术条件的变革以及旅游业的不断发展，旅游者旅游消费的经历和经验不断丰富，加之教育的发展和人们文化水平的提高，旅游者对于严重束缚其个性发展的标准化旅游产品的需求日益减弱，旅游市场因此自然地分化成若干大小不一的细分市场，具有不同需求的群体在不同的细分市场上追逐不同的旅游产品。这就意味着当代旅游者的需求已经开始趋向于个性化、差异化和复杂化了，大规模同质的旅游产品已不能满足这些旅游者的个性化消费需求。

目前，中国的旅游者仍然以团体包价旅游为主，但是散客旅游以及按照自己的要求定制旅游产品的旅游也在开始发展了。可以说，个性化和差异化也是中国旅游业发展的趋势。在这样一种情况下，旅游产品的创新就成了旅行社在市场竞争中立于不败之地的重要法宝。只有不断创新，旅行社才能提高自身的适应能力和竞争力；只有不断创新，才能满足社会不断发展与进步的需要。

（一）旅游产品的生命周期

旅游市场的激烈竞争，使性能齐全的旅游产品层出不穷，而每一件新产品的问世，则意味着旧产品的淘汰。这样的淘汰过程总是会循环往复地出现，使每一件旅游产品都经历着投放市场到被市场淘汰的过程。

旅游产品的生命周期就是指这样一种旅游产品从投放市场，经过成长期、成熟期再到衰退期，并逐步为市场所淘汰的过程。理论上，旅游产品的生命周期可分为投放期、成长期、成熟期、衰退期四个阶段。这四个阶段会呈现出不同的特点。

1. 投放期

这是旅游产品进入市场的初始阶段。旅游产品的设计还有待进一步改善，基础设施急需配套、完善，吃，住、行、游、购、娱六个基本环节有待于进一步协调、沟通。同时，服务质量也有待于提高。由于产品刚刚投入市场，知名度还不高，因此销售量增长缓慢且不太稳定。加之对外宣传和广告费用较高，使旅行社利润率较低甚至处于亏损状态。

2. 成长期

新的旅游产品逐渐被消费者所接受，旅游产品的生产设计已基本定型，主题明确。基础设施已趋完善，六大基本环节相互之间联系紧密，服务人员劳动熟练程度提高，服务趋于标准化和规范化，服务质量得以大幅度提高，旅游产品知名度日益提高，销售额也随之稳步增加，企业利润率也得以大幅度提高。与此同时，新的企业也会参与市场，展开竞争。

3. 成熟期

这一阶段旅游产品已经具有很高的知名度，成为名牌产品，产品的销量逐渐达到高峰期并且趋于缓慢增长，年销量增长率基本处于1%～5%，产品拥有很大的市场占有率，生产能力发挥到最大，利润率达到最高水平。旅游市场供求平衡，已趋于市场饱和阶段，不过企业之间的竞争仍很激烈。

4. 衰退期

在这一阶段，旅游产品就要逐渐退出市场了。因此，市场上有更多的新产品出现，现有的旅游产品基础设计逐步老化，六大环节需要新的调节机制进行调节，经常会出现某一环节的短缺，员工流失率很大，从而影响企业的生产能力。设计出来的旅游产品已不能适应人们不断变化的消费需求，销售值锐减，利润率降低。许多旅行社在市场竞争中被淘汰，从而转产退出了旅游市场。同时，旅游市场上出现了新一代旅游产品，以满足新的消费需求。

（二）旅游产品的创新

旅游产品的生命周期理论提示我们：任何旅游产品都不会是市场上的“常青藤”，为了保证赢利，旅行社必须依据自己的智慧和创造力不断进行创新，开发出新的产品。

1. 旅游产品创新的形式

旅游产品的创新可以依据新产品的不同特点分为以下四种类型。

（1）改进型产品创新。是指对旅游活动及其辅助项目，诸如吃、住、行、游、购、娱等，所进行的改进，以提高服务质量、增加旅游活动内容、变化旅游路线，由此设计、生产出旅游产品。如黄山三日游：为适应市场需求、改进住宿等级、提高游程安排的质量，加入了西递宏村，由此丰富了游程。这是一种低级别的创新活动，不过，仍需要旅行社发挥其创造力改进原有的旅游产品。

（2）换代型产品创新。指在原有产品的基础上，充分利用其基础设施，局部采用新科技成果，扩点成线，扩线成面，设计生产出满足新的旅游需求的产品。如我国在最初观光型旅游产品的基础上，将旅游城市西安、兰州、敦煌、哈密、乌鲁木齐等连接起来推出大型专线旅游产品——丝绸之路游，这是一种经过组合的主题观光型产品，是一种换代产品。

（3）引进型产品创新。是指旅行社引进的、在其他市场已经发展起来的而在本市场还没有的产品。这就需要充分挖掘被引进产品的特点，并将它改进成符合旅游消费市场特征的旅游产品，这同样需要旅行社发挥自己的想象力和智慧。

（4）全新型旅游产品创新。指运用全新的科技原理设计，生产出具有新原理、新技术、新内容等特征的旅游产品。比如“锦绣中华”、“民俗文化村”的出现，在旅游产品的生产上带来了一场新的革命。这是旅游产品创新的最高形式。

旅行社要充分挖掘那些有时代感、具中国特色、设计独特、有针对性的旅游产品，以消费者的需求为主要依据来进行创新。电视剧《刘老根》的放映，在国民中引起强烈的反响。龙凤山庄上演的一幕幕深深引起国民的回味。于是，去龙凤山庄看看，成为2002年各大旅行社国内很受欢迎的热线，不管是豪华团飞机来回，还是经济团火车来回，旅游团队全部爆满。紧紧抓住消费者的心，不断根据消费者的需求更新旅游产品是符合市场及经济规律的。

2. 旅行社产品创新程序

旅行社通过创新开发新产品一般要经过以下几个步骤。

(1) 新产品构思。有很多新产品的构思源于某个人的灵感，然而，我们认为要想源源不断地获得新产品的构思，就必须建立良好的制度，为产生新产品构思创造激励机制。

(2) 对构思进行筛选。新产品构思可以有很多，但是，旅游营销主体本身的力量往往是有限的，在很多情况下，很难同时将所有的构思都转变为现实，因而，只能从众多构思中筛选出更有前途的新产品进行开发。一般来讲，在对构思进行筛选时，要综合考虑自身能力、外部环境条件以及市场前景等多种因素。

(3) 新产品设计与研制。在这一阶段，要先将筛选出来的新产品进行整理，然后提出新产品的设计方案。在设计方案的基础上，再由研究开发部门对新产品进行研制，最后将新产品构思转换成现实的产品。

(4) 拟订营销计划。针对新产品的特点，可以开始拟订营销计划，并对新产品的市场前景做出具体的预测。为了保证营销计划的有效性，可以先在一个小范围的市场中进行测试，参考测试结果，再对营销计划进行调整。

(5) 将新产品投入市场。在上述四个步骤完成之后，新产品开发工作就进入了最后一个阶段，即将新产品投入市场。在这个步骤中，旅行社要选择好目标市场，并且注意投放的时机。而且，旅行社还要建立配套检测机制，对新产品的投放效果进行监控，并随时对出现的意外情况进行调整。

在创新的整个环节中，最重要的还是要有一种依据市场和消费者的心理不断创新的意识以及想象和创造的灵感。它们是创新的思维源泉，是新产品得以开发出来的基础。

第五节　我国旅行社的产品开发

一、开发国际旅游产品

(一) 我国旅行社旅游产品现状

尽管旅行社产品的形态是丰富多彩的，但长期以来，我国旅行社面向目标市场的旅游产品却始终是以团体旅游、标准等级、全包价、文化观光旅游一统天下。固然，团队旅游、全包价、观光旅游等能发挥我国旅游资源的优势，比较适应我国旅游业的条件和发展水平，适应我国旅行社的供给能力。但是，进入21世纪以来，国际旅游市场环境及旅游者的需求已发生很大变化，原有的团队旅游、包价、标准等、文化观光旅游缺乏趣味性、娱乐性和参与性，难以吸引国际旅游市场上十分活跃的青年游客和女性游客，也无法满足商务散客和高档次旅游需求。因此，我国旅行社经营单一观光产品带来的种种问题，如市场更趋狭窄，恶性价格竞争盛行，多元化需要无法满足等不足日益凸显。所以我国旅行社要想提高经济效益、增强国际竞争能力，就必须走产品多元化之路，向旅游者提供丰富多彩、创意新颖、灵活的旅游产品，才能更有效地迎接挑战和参与国际竞争。

（二）旅行社如何开发多样化产品

旅行社开发丰富多彩的旅游产品，必须做好以下工作。

（1）认真调查、分析和研究国际旅游市场旅游消费结构特点及其发展趋势，这是开发旅行社多样化产品的前提。

（2）掌握我国的国际竞争对手。尤其是亚太地区各旅游目的地在开发旅游产品方面的经验教训，吸取他们的长处，改进我们旅游产品。

（3）充分地研究我国旅游业的优劣势以及现实可能条件，包括旅行社自身的条件，这是确保我国旅游产品竞争力的基础。资源优势与市场需求的结合点，正是我国旅行社产品开发的方向。

（三）我国旅行社可供市场开发的多样性产品

我国旅行社可供市场开发的多样性产品主要有度假休闲产品、散客旅游、特种旅游、豪华旅游等。

1. 度假休闲产品

根据对北美、日本、西欧等国家和地区出国旅游的调查，每年有2/3以上的旅游者是重复出国。由于每年出国旅游已成为一种生活方式，越来越多的游客已不满足于在多个旅游点之间长途跋涉、疲于奔命的旅游方式。旅游目的也从传统的开阔眼界、增长见识，向通过旅游使旅游者得到放松和休息、陶冶生活情趣等方向转变。在未来的市场发展中，观光型旅游并不会完全失去市场，但在传统的旅游客源国家中，度假旅游将更为盛行，将会逐步取代观光旅游成为国际旅游的主体。为了适应世界旅游市场的发展趋势，就必须开发新的度假休闲旅游，以吸引国际客源的主流。

度假休闲产品是一种特殊的专向产品，它既具有一般专向旅游产品的特点，又具有广泛的包容性。度假休闲产品具体包括以下几种。

（1）健身度假休闲产品。随着人们保健意识的增强，对于身患疾病的旅游者来说，置身于度假的休闲当中，是十分理想的康复活动；而对于一般的旅游者来说，参加度假休闲旅游，消除疲劳，恢复体力。

（2）生态度假休闲产品。随着人们生态环保观念的增强和工业化、城市化生活的紧张和拥挤，人们更乐于追求自然、返璞归真。观赏自然、回归自然、保护自然、探索自然的活动十分受现代人的欢迎。开展生态度假休闲旅游，既是保护自然的重要手段，也是旅游者获得身心放松的极佳途径。

（3）休学度假产品。旅行社组织休学度假产品，通过给旅行者提供一系列精心准备的演讲、研讨班及其他特别安排的实践活动，不仅使旅游者增长他们的知识，而且可以弘扬传统文化。

2. 散客旅游

散客旅游是国际旅游发展的一大趋势，散客旅游成为国际旅游业的主要形式。从20世纪90年代以来，散客来华旅游人数已占入境游客总数的60%以上。根据资料表明，发达国家50%以上的产品是散客旅游产品，美国更是高达94.3%（1996年）。因而，我国旅行社要适应消费个性化、旅游小型化的趋势，着力开发针对散客的旅游产品。从效益上看，对目的地旅游业来说，接待散客的总体效益是好的。对销售散客服务的旅行社来说，虽然每人每天的营业额及利润额不如团体旅游者高，但只要人数上去了，利润也会是很好的。因此，旅行社经营散客旅游的效益取决于经营规模。发展散客旅游是形势的需要，必须把它放在重要的地位上看，努力创造条件，尽快增加散客产品的供给量。散客旅游具有广泛的发展前景，大力发展散客旅游，是我国旅游业的必然选择。

散客旅游的特点是批量小，批次多，预订期短，要求多，自由度高，变化大。这就要求旅行社接待散客旅游需做到多增加旅游产品的文化含量，提供高效率的接待服务和高质量的导游服务，建立计算机网络化预订系统和优质、广泛的旅游服务供应网络。

散客旅游由于没有包价限制，消费水平普遍高于团体。但是，对销售散客旅游服务的旅行社来说，由于散客买的是单项服务，拿不到较低的房价和机票折扣，接待成本高，耗费精力大，麻烦多，因此，旅行社大多不愿接。但是，如果旅行社将计算机网络预订系统和旅游服务供应网络搞好，将散客旅游的总量抓好，利润还是相当可观的。因此，旅行社扩建销售网点，应当用超前眼光对散客市场予以高度重视和开发。

3. 特种旅游

特种旅游是指旅行社为满足旅游者单方面的特殊兴趣与需要，定向开发组织的一种特色专题旅游活动。

特种旅游的形式多样，如徒步旅游、登山旅游、狩猎旅游、骑车长途旅游、骑骆驼穿越荒漠旅游、自行车旅游、汽车旅游、摩托车旅游、漂流旅游、划船旅游、滑雪旅游、攀岩旅游、热气球旅游、滑翔与体育旅游等。

特种旅游具有以下特征：①特种旅游旅游者侧重的是自主性、个性化、目的性；②特种旅游的体验方式强调的是精神和体魄的因素，旅游者在冒险和全新的环境中得到精神上的满足；③特种旅游的旅游跨度大、时间长，其旅游的环境多为艰苦的地区，或人烟罕至，或老少边穷，或险山恶水，因此，旅游线路和项目对旅游者具有强烈的刺激感和探险性；④参加特种旅游的旅游者，一般具有冒险精神和耐受艰苦条件的体魄。

特种旅游是对传统常规旅游形式的一种发展和深化，随着人们注重自身价值的开发，旅游者文化素养的提高，特种旅游产品具有巨大的市场机会。对于旅行社来说，特种旅游产品附加价值高，可为旅行社带来高额回报。同时，特种旅游产品若是新颖和影响力大，会备受公众和媒介的关注，也是对旅行社宣传的极好形式。我国国土辽阔，具有开发特殊旅游产品的独特优势。只要旅行社设计合理，组织严密规范，市场前景甚为光明。

4. 豪华旅游

豪华旅游是指旅行社为满足富有的旅游消费者的要求，而为其提供高标准、高水平、高质量的旅游接待服务的旅游活动，能够获得一般旅游者享受不到的特殊待遇。购买豪华旅游产品的消费者多为有钱人，他们不计较花钱多少，要求住高档饭店，吃讲究和特色餐食，高档有空调的汽车，欣赏高水平有情调的文娱活动，要求高水平的翻译和导游，优质到位和方便的接待服务，有保证、准时的旅游日程和活动内容，有较大的选择余地，获得一般旅游者享受不到的特殊待遇，满足其心理上的豪华、特殊的要求。豪华级旅游对旅行社接待工作、接待设施、组织管理工作提出更大的要求。豪华级旅游产品利润率极高，有实力的旅行社可开展此种旅游方式。在豪华级旅游中，最常见的和应大力开发的有会议旅游、奖励旅游和游船旅游等。

二、开发国内旅游产品

随着人们生活水平的提高和我国休假制度的改革，旅游已成为国人日常生活中的重要内容之一，成为衡量人们生活质量的重要标志和消费时尚。旅游已不再是少数人奢侈的生活方式，而是一种大众化的旅游活动。2011 年国内旅游人数达 26.4 亿人次，比 2010 年增长 13.2%；国内旅游收入达 1.93 万亿元，增长 23.6%；出境旅游人数 6900 万人次，增长 20%；全国旅游业总收入达 2.25 万亿元，增长 20.8%。预计到 2015 年，旅游行业总收入将达 2.5 万亿元，年均增长率为 10%；国内旅游人数将达 33 亿人次，年均增长率为 10%，旅游消费占居民消费总量的比例将达 10%。随着国内旅游的蓬勃发展，旅行社应针对国内旅游者的特点推出适合中国旅游者的旅游产品。

（一）旅游产品应主题鲜明

开发国内旅游产品应突出主题，特色鲜明，如首都北京游、海南环岛游、三峡风光游等。

（二）多推出短、平、快产品

虽然我国实行带薪假期制度，但旅游时间主要集中在双休日、春节、中秋节、端午节和国庆节等节假日。针对这一特点，旅行社应多推出以短、平、快为特点的旅游产品，如大连一些旅行社推出冰峪沟二日游、千山一本溪水洞三日游等。

（三）旅游产品应直接面对旅游者

国内旅游产品与国际旅游产品在销售环节上要有区别。国内旅游者多愿采取直接订购方式，且需要旅行社详细介绍旅游产品的内容，对报价敏感，不愿通过中间渠道，担心被“宰”。因此，旅行社销售国内旅游产品工作量大，需做好大量认真细致的工作。

（四）旅游产品的价位要适中

就总体而言，我国现阶段经济发展水平，决定旅行社安排国内旅游产品的价格不能太高，以几百元到三四千元为宜。

（五）旅游产品应推陈出新

随着国内旅游者的日趋成热，人们对传统常规路线失去兴致。因此，旅行社应针对旅游者对新、特、奇产品感兴趣的特点，旅行社应在完善、延长传统观光旅游产品的生命周期和内涵的基础上，要大力开发休闲度假旅游、特种旅游、会展旅游、奖励旅游等产品，满足旅游者的需要。

（六）实施名牌战略

旅行社业的激烈竞争和旅游者选择余地的不断增大，要求旅行社实施名牌战略，制订高档次的服务标准、服务规范和服务程序，保证名牌产品的质量。

三、我国旅行社产品设计与开发中存在的问题

（一）旅行社产品过于单一且雷同，缺乏特色

当前我国旅游市场向游客提供的旅游产品，主要是以“团体、包价、观光、标准等”旅游产品为主，散客游产品比例很小；包价旅游产品以全包价为主，灵活包价和单项服务的比例很小；消费档次上以标准等为主，豪华等和经济等比例很小；旅游以观光为主，其他形式的旅游所占比例很少，旅行社产品结构比较单一，难以满足旅游者多样化需求。在旅游市场日益发展的今天，旅游者对旅游产品的特色和个性化的需求也越来越强烈。但综观我国旅游市场，绝大多数旅行社产品缺乏创新与独特性，没有特色就等于没有品牌，众多旅行社经营的旅游产品千篇一律。最终的结果加剧了市场竞争，尤其是恶性的价格竞争。

（二）旅行社产品普遍的低端性

首先，我国的观光产品在国际市场上还处于初级开发水平，高质量的观光旅游产

品应突出游客的参与性、娱乐性、知识性和享受性，这几方面在我国观光旅游产品开发中没有充分得到体现。其次，度假旅游产品、商务旅游产品等其他旅游产品开发的水平也同样存在着差距。最后，旅行社旅游产品设计的科学和技术含量低，也容易被抄袭。

（三）不重视对旅行社产品市场的调查研究

市场调研是旅行社产品开发的基础。只有通过市场调查，才能够了解消费者的需求，设计出适销对路的产品。与一些旅游业发达的国家相比，我国旅行社在产品开发过程中往往不进行或不注重进行市场调查，而是靠主观判断或跟风，这不仅会给自己的经营造成很大的风险，同时也脱离了市场的诉求。

（四）旅行社产品品牌意识淡漠

品牌是企业竞争的王牌，也是消费者分辨和评价旅行社的唯一标准。对于旅行社经营者来说，品牌有助于他们进行产品介绍和促销，也有助于培育回头客并在此基础上提高顾客的忠诚度。对于购买者来说，品牌可以帮助他们识别、选择和评价不同生产者生产的产品，并可以通过对旅行社产品品牌的选择来获得旅游活动的最大满足感。目前旅行社普遍不重视品牌产品的创立，整个旅游业中品牌企业所占的比例很小，品牌产品也为数不多，这也是造成现在旅游业市场混乱的重要因素之一。

（五）信息技术应用不够

旅游网站蓬勃发展的短短几年时间，大小旅游网站和旅游频道已成为旅游业内发展最快、资本最密集、科技含量最高的新兴产业群，旅游类资讯日益变得热门和抢手，人们越来越多地通过互联网来了解目的地的情况，比较各家旅行社对产品的设计，并安排自己的旅行。由刚刚过去的几年的发展态势推断，信息社会发展的步伐依然是跳跃式的，旅游网站所带来的冲击依然是显著的。在旅游网络建设初期，网络为众多旅行社提供了一条相对平等的零起点，在这个起点上，旅行社规模可能显得并不重要，重要的是对网络经济、电子商务理念的领悟，并将网络经济与传统经济相整合的把握。遗憾的是当前旅行社行业运用网络和信息技术还处于初级阶段，我们的旅行社即使开设了网站，也仅仅是对已有线路的展示，没有利用网络技术的优势，充分展示产品的细节和亮点，更谈不上游客或网友对线路设计的反馈了。

四、中国与西方旅行社旅游产品开发比较

（一）中西旅游产品开发差异

1. 旅行社产品形态不同

欧美旅行社的产品形态多样，而中国旅行社产品则相对单一。一方面，在于旅游资源的特点和其他旅游设施的状况的不同。欧美国家观光旅游资源相对较少，中国却拥有秀丽的山水风光、悠久的历史文化古迹、丰富的民俗风情，是开发观光旅游产品的基础

和优势。而且，中国旅游产品也倾向于在资源特色上寻求微观差异。另一方面，欧美国家的旅游发展历史可以追溯到16世纪。从17和18世纪的海水浴到19世纪的健康度假，到20世纪大众旅游的兴起，在这样一个漫长的自然演进过程中，相关旅游设施和旅游目的地的开发建设也在不断地完善更新，直至今天，欧美国家旅游业已相当发达，其旅游设施也非常完备。而中国的旅游业真正起步只有几十年时间。虽然政府从各方面支持旅游业的发展，但是旅游设施方面仍然存在短缺和供给内部的矛盾。另外由于产品开发主体的分工差异，导致企业对产品的市场定位不同。欧美国家旅行社行业内部有明确的市场分工，进而实现了产品清晰的市场定位，旅行社企业面向各自的细分市场提供有竞争力的特色产品。现阶段，为了实现有效的市场竞争，产品多样化、个性化已成为欧美旅行重要的市场策略。而中国旅行社企业在市场中的定位不清，多采取无差异市场营销战略，导致各家旅游产品趋于雷同，甚至出现“抄袭”现象。

2. 旅游产品开发主体及过程不同

中国和欧美旅行社分别处于市场经济不同的发展阶段，造成整个旅游市场环境迥然不同。欧美各国市场经济的发展已经走过了一二百年的历程。市场体系都已经相当成熟和完善，在市场经济体制的内生力量驱动下旅行社行业早已实现了明确的专业分工。实力雄厚的旅游批发商是旅游产品开发的主体，可以说，旅游产品开发设计就是旅游批发商的主要业务。他们不断将业务做细做大，形成了一整套详细规范的旅游产品开发步骤：批发商直接进行市场调研、与供应商谈判、行政管理和市场营销4个阶段的工作。其中，市场调研和市场营销在旅游产品开发过程中占有显要地位。中国社会主义市场经济才刚刚开始20余年，不论是从旅游市场环境的建设、市场行为的监督，还是市场信号的调节作用、旅游经济主体的市场化都还很不成熟，市场还不能完全自然实现对各种资源的有效配置。旅行社行业没有实现垂直的专业化分工，而是倾向于从初期产品构想到零售代理的全过程业务的综合运作。各家旅行社既做组团社，又做地接社，并且皆承揽旅游产品开发的业务。他们进行旅游产品开发的过程也经历了市场研究、与供应商谈判、市场营销等3个阶段，但是阶段划分模糊，开发过程粗糙。

3. 旅游产品开发目的不同

由于欧美国家市场经济发展比较完善，经济主体完全市场化。旅游产品的开发过程就是产品的生产过程，新产品投放市场后就进入正常的产品生命周期的循环。旅游产品的开发主体——旅游批发商着眼于自身在市场上的长久生存和发展，以中长期赢利为目标。因而旅游批发商要开发一项新产品是非常谨慎的。新产品的开发意味着业务和市场的拓展，是旅游批发商企业发展战略的重要组成部分。因此，对旅游产品开发过程的质量控制是产品在市场中发展成功的关键。而对中国旅行社来说，由于市场经济发展并不成熟，经济主体尚未完全市场化。经济行为并不能完全以市场为导向。旅行社企业往往以短期赢利为目标。旅行社对旅游产品开发并不重视，过程粗糙而简易。他们没有把

重点放在旅游产品的质量上，而是单纯采取市场价格竞争策略，试图薄利多销，产生规模效益。

（二）中国旅行社应当从西方国家借鉴的经验

1. 注重市场调研

与西方旅行社对比，中国旅行社在产品设计与生产过程中最为缺乏的一点就是不进行或不注重市场调研。市场调研的主要目的是了解消费者的需求，保证设计出的产品能被旅游者认可，具有长久的生命力，注重产品与旅行社的长期利益。而中国旅行社的产品设计过程中，缺乏对消费者需求的调研，事实上是经营者根据自己的主观判断，推出相应的产品，并向旅游者推销，或通过跟随大型旅行社，推出已经进入生命周期中成熟阶段的产品以获得短期利润。这样的产品即缺乏自己的特色又没有新意，大部分都不能在市场上维持很久。旅行社产品的设计不是孤立的，在具体操作过程中也不能孤立的谈产品设计，而要把它与市场调研、可行性分析相结合。进行市场调研工作有助于分析旅游市场动态，细分市场，进而有效地进行旅游产品设计开发。作为旅行社，只有做好充分的市场调研，从顾客的需求出发，才能有针对性的开发和设计出适销对路的旅行社产品，才会使企业具有长久的生命力与竞争力。

2. 设计出有特色与内涵的产品品牌

如果从旅行社产品设计与生产的时间上看，西方旅行社在推出一个产品时，至少需要 18 个月的时间，一旦推出一项产品后，就要长久地维持下去，并不断地经营已有产品，延长产品的生命周期，从长远看来这是一种节省成本的方法。而中国旅行社的产品设计与生产过程，多则几个月，少则几天就能完成。这样设计开发过程开发出来的旅游产品，往往存在着种种缺陷，产品往往缺乏特色与内涵，容易被模仿，产品的生命周期较短。因此中国旅行社应当从长远出发，做好自己的市场定位，从深层次挖掘旅游产品的潜力，管理好旅行社的产品组合，围绕着旅行社的发展战略开发新的产品，形成自己的品牌。

3. 树立以顾客为导向的市场营销观念，采用多种市场营销策略

一定市场营销观念的形成是经由一个复杂的社会过程，是一定社会经济发展的产物。西方国家的市场营销指导思想已经由生产者导向转变为第二次世界大战后的市场（消费者）导向，从而实现了商业哲学的一次伟大革命。在欧美旅行社行业中，无论是批发商组装设计产品之前的市场调查、需求趋势预测，还是零售商为旅游者量身定制特殊需求的个性产品，都充分体现了在欧美市场中消费者至上的营销观念，也只有从顾客的需求出发，组织各职能部门进行生产，从而达到顾客满意的全过程，才会使企业不断获得生存和发展壮大的机遇。而在中国，社会主义市场经济发展还远不成熟，经济主体的市场观念仍然在很大程度上表现为生产者导向，需求一方的消费观念、自我保护意识等方面也不够成熟，因而供给一方在市场上往往居于优势地位。但是随着市

场经济在发展过程中日臻完善，消费者必须回归到市场中的核心地位，只有消费者的需求才是企业的初始的起点和最终的归宿。旅行社如果以旅游者的需求为中心，设计生产经营活动，以旅游者的需求满足为归宿，将是旅行社企业长足发展的真谛所在。

中国旅行社目前多采用价格作为竞争手段，市场营销的其他手段基本上没有体现出来。如果以市场营销的理论为指导思想，注重产品的市场调研，突出产品的差异化，充分利用产品的外包装（如宣传手册等），重视产品的质量与售后服务，树立起自己的品牌形象，通过创意来提升顾客满意度，将整个服务行为过程品牌化，就可以使旅行社获得强大的竞争力。

4. 注重产品种类与深度的开发

中国绝大多数旅行社实力和规模都比较小，致使开发新旅游产品的平均成本比较高，价格竞争激烈，产品种类单一，大多数为观光产品，度假产品、商务产品、休闲旅游、会议旅游等没有得到充分开发，对于这些旅行社产品，经营者也没有给予足够的重视。另外，由于旅行社产品科技含量较低，容易被抄袭，也使得旅行社产品开发不利，许多旅行社不愿付出大量人力、物力开发新的产品。随着旅游者需求的多样化，旅游活动的经营者提供的旅行社产品必须要能迎合游客的需求。针对不同的目标市场，要提供他们所需要的旅行社产品，也可以向不同的目标市场提供同一类型的旅行社产品，以满足他们在某一方面的共同需求。对于目前的市场状况，只有改善旅行社产品的结构，才可以满足游客多样化的要求，才可以在市场中赢得自己的市场份额，不被市场所淘汰。如果我们能够从深层次挖掘旅行社产品的潜力，再加上富有特色的服务，就会增大旅行社产品的差异性与科技含量，形成自己的品牌优势，拥有较高的顾客品牌忠诚度，就会使旅行社的产品具有长远的生命力。

5. 加快配套设施建设

旅行社产品是由诸多要素组合而成的产品，其中主要包括吃、住、行、游、购、娱六大要素。配套设施建设的滞后直接影响旅游产品的质量，目前我国的旅游交通在有些欠发达地区比较落后，可进入性较差，大量时间花费在“行”上，浪费了游客的宝贵时间，游客的安全得不到保障。旅行社产品的其他配套设施也不完善，如酒店结构不合理，不能满足不同消费层次旅游者的需要，季节性供求矛盾突出；旅游景点的开发不合理，参观游览的条件较差，旅游购物场所建设滞后，旅游商品开发不足；娱乐设施安全性令人担忧，旅游者的人身安全得不到很好的保障。因此，要加强旅行社产品配套设施的建设，就要从吃、住、行、游、购、娱六方面着手，来完善旅行社产品的整体性，从总体上提高旅行社产品的质量；只有把产品的配套设施完善好，才能提高旅行社产品的整体吸引力，以至提高整个旅游行业的全面发展。

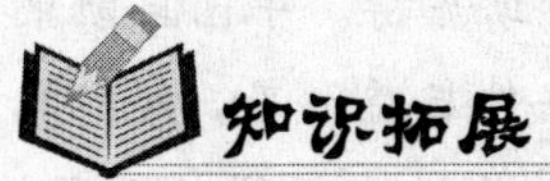

中国旅行社产品的创新方向

中国旅行社产品开发应主要从以下几个方面向市场提供产品。

1. 观光、度假旅游

首先，从观光旅游看，“团体”、“全包价”、“标准等”、“文化观光旅游”能发挥我国旅游资源的优势，比较适应我国旅游业的条件和水平，也很适合我国旅行社行业的供给能力。我国旅游业进入国际市场的时间还不很长，观光旅游产品还有很大的市场潜力。其次，从国际旅游业近年的发展趋势看，度假旅游更受人们欢迎，发展更快，人数已明显超过观光旅游，度假村已成为一个独立的旅游目的地而不是某个目的地的从属部分。我国素称有着五千多年的文明史，其文物古迹、山水风光、民俗风情等，最能展现东方文明和神州风韵，因而，观光和度假旅游产品仍是我国未来的主导产品。但是不能仅仅局限于初级产品，要顺应人们生活质量和欣赏水平的提高以及国际旅游市场的潮流，对原有产品进行巧妙地重新整合，并深入挖掘原有旅游资源、旅游线路、旅游产品和经营方式的文化内涵，以激发消费者的热情，争取重复消费。

2. 参与式旅游

随着旅游者越来越追求旅游的兴趣性和自身价值的实现，国际旅游业的发展趋势是强调参与式旅游。特别是许多年轻的旅游者，他们不满足于仅仅被带到景点去听导游的讲解，而要求投身到更加活跃、积极和更有刺激性的活动中去，以求得到身心两方面更大的满足。许多参与性活动可以和其他旅游形式相结合，例如度假区的生活中就包含许多体育、文化活动，否则就难以吸引旅游者做较长时间的停留；文化观光旅游也可以根据条件增加参与性内容，如登山、徒步、野餐、露营、漂流等，使观光旅游更加生动活泼和丰富多彩；还有一些参与性旅游可以自成为独立的产品，这主要是各种专业、专项旅游，如狩猎、观鸟、钓鱼、烹调、朝圣、汉文化研究等。我国很多地方具有举办专业、专项旅游的条件。因此各地旅行社应该因地制宜地积极开发丰富多彩、各具特色的旅游产品。

3. 自助旅游

自助旅游是一种时尚的旅游方式，可以表述为：以“张扬个性、亲近自然、放松身心”为目标，完全自主选择和安排旅游活动，且没有全程导游陪同的一种旅游方式。从国际范围来看，自 20 世纪 60 年代以来，廉价的团体旅游和包价旅游是旅行社业务模式发展中的重大突破，它极大地促进了“大众旅游”的发展，对旅行社的普及与发展功不可没。然而在随后日益崇尚自我的时代，也正是包价旅游的规范化与程式化使得人们不再满足于这种出游方式，越来越多的人开始选择自助旅游。中国自助旅游的发展也受到国际自助旅游的影响，特别是随着人们的经济条件日益改善，人们对休闲的需求日盛，很多人也具备了一定的旅行经验，出现了自助旅游市场增长迅猛、短程旅游占多数、自驾车旅游增幅最快、背包族日益受到关注的局面。近年来，随着旅游信息、交通住宿设施等的发展，自助旅游者的出行条件有所改善，但依然面临诸多障碍：一是基础设施和接待设施仍然是有碍自助旅游发展的瓶颈；二是缺乏实用的自助旅游信息；三是针对自驾车旅游的配套设施严重不足。这些障碍都将影响自助旅游的发展，亟待加以改进完善。可见，开发和设计自助旅游产品也应该成为我国旅行社产品供给的战略方向之一。

4. 短程旅游

过去，我国休闲游的传统市场是美、欧、日、澳等西方发达国家。这些国家多数离我国较远，来华路费较贵，旅游者有一种心理：来华一次不容易，来过以后可能不会再来。因此，往往要求来华时一次游遍中国最著名的城市和景点。为适应这一市场需求，过去我们出售的观光旅游产品多半是包括大部分热点城市的长线旅游。这种做法使十来个热点城市包括了海外旅游者的停留人天数的大部分，使温冷点城市的旅游业不易得到发展，加剧了我国各地旅游业的发展不平衡。近几年来，我国旅游业的海外市场正在发生一个重要的变化，这就是亚太近距离客源在迅速增加。短程旅游者的来华路费便宜，对假期的要求不高，尽管旅游者停留天数较短，但再访率可以提高。以我国的地域之大和旅游资源之丰富，完全可以开发若干条短程旅游路线，满足市场之需要，这应该成为我国旅行社产品供给的战略方向之一。

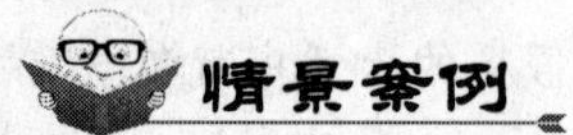

广东公布国内首个豪华等级旅游标准

·餐：对于国内旅游团，豪华团餐标每天不低于50元，须八菜一汤；超豪华团不低于65元，须有十菜一汤，并安排1～2次地方的风味餐。豪华等级和超豪华等级在酒店用早餐；其他午晚餐需住宿酒店就餐等。

·住：对于出境旅游团，豪华团必须入住旅游目的地国相当于我国四星以上标准、或相当于预备五星标准的酒店，并且要位于市中心或靠近繁华地带。

·行：豪华团的要求是乘坐“08：00—10：30”段的航班；乘车为“全程当地33座或以上空调旅游车”。

·购：豪华团由原来的4个购物点缩减至2个等。

（《广州日报》2006年9月）

要点分析

豪华等旅游的客源不如标准等多，但其人均效益高，因而是一个重要的市场。特别是我国基本上还没有开发生产豪华等旅游产品，这方面的市场供给薄弱，市场需求得不到满足。如果旅行社能提供这种产品并保证其质量，定将受到海外旅游商和旅游者的欢迎。在豪华等旅游中，奖励和会议旅游是值得大力开发的两个品种。前者一般是企业主为奖励其成绩优秀的下属员工或销售代理而举办的；后者则可能是国际性会议，也可能是一国性的会议移到国外某地去召开。对主办者来说，这两种旅游方式并不是度假消闲而是一种业务活动，因此，不少国家对这两类活动给予减免所得税的优惠。由于这些原因，这两种旅游方式的发展很快，而且消费水平很高。因此，是我国旅行社应该大力开发的产品。但由于这两类活动对接待工作的要求也特别高，在目前条件下，我国旅行社应采取少量接待、重点保证的方法接待好豪华等旅游团。

思考题

1. 分析旅行社产品的形态。

2. 举例说明如何在旅行社产品管理中应用产品生命周期理论。

3. 设计一条全省范围内的旅游线路。要求：突出主题；体现原则；线路完整；六要素配套；阐明各要素的主要内容及标准。

第四章 旅行社的采购管理

本章导读

旅行社产品的综合性决定了旅行社并不具备其产品生产所需要的所有服务，其旅游产品的生产过程中所需要的许多服务项目，都是由相关企业和部门提供的。因此，对于旅行社来说，旅游服务的采购便成为其产品开发中的一项不可缺少的业务。旅行社的采购业务也被通俗地称为计划调度业务，简称计调业务。从狭义上讲，计调业务主要是指旅行社在接待业务工作中为旅游团安排各种旅游活动所提供的间接服务，包括安排食、住、行、游、购、娱等事宜，选择旅游合作伙伴和导游，编制和下发旅游接待计划、旅游预算单等，以及为确保这些服务而与其他旅游企业或有关行业和部门建立合作关系等。

本章难点

1. 旅游服务采购策略
2. 旅行社采购的程序和方法

第一节 旅游服务的类型

一、旅游服务与旅行社采购

旅游服务就是为旅游者提供相应的旅游产品。旅行社所销售给旅游者的产品就是旅游服务的综合体。旅行社销售的旅游产品除导游接待单项服务外，大部分不是自己生产而是由其他旅游服务企业供应的。或者说，旅行社向其他旅游服务企业采购产品，经过组合加工之后，再转手销售出去。因此，旅行社在其产品设计完成后，应立即根据产品内容的构成，向相关企业或部门采购其所需的各种服务，保证该旅行社产品及时投放相应的目标市场进行销售，从而使旅行社的基本业务顺序进行，以实现旅行社

既定的利益。

旅行社采购是指旅行社为组合旅游产品而以一定的价格向其他旅游企业及相关的行业和部门购买相关服务项目的行为。目前旅行社采购的项目主要有交通服务、住宿服务、餐饮服务、景点游览服务、购物服务、娱乐服务、保险等内容。

旅行社所采购的并非是具体的商品或实物，而是某种设施服务在特定时间内的使用权。对于旅行社采购这一概念，我们应从旅行社与有关部门交易的实质中去理解。要把它同有形的产品等同起来，均视为具有一定效用的出售物，这样就比较容易理解并接受旅行社采购这一概念了。因此，在现代旅行社业务中人们开始逐渐用“采购”这一概念取代传统旅行社业务中“计调”的概念。

二、旅游服务采购的类型

旅游活动涉及食、住、行、游、购、娱等方面，航空公司、铁路、轮船公司、饭店、餐馆、旅游景点以及娱乐场所等也就成为旅行社的采购对象，旅行社采购主要解决的服务项目主要有：城市间的交通服务，如飞机、火车、轮船的票据；市内交通服务；住宿服务；餐饮服务；参观游览服务；商场购物服务；娱乐服务；保险服务等。另外，对于组团旅行社来说，选择接团社的工作，也属采购工作的范畴。

（一）交通服务的采购

旅游是一种异地活动，无论从常住地到旅游目的地，还是在目的地的暂时逗留地与旅游活动各地点之间的往返，交通都承担着旅游者空间位移的任务。交通不仅要解决旅游者往来不同旅游点间的空间距离问题，更重要的是解决其中的时间距离问题。因此，安全、舒适、便捷、经济是旅行社采购交通服务时需要考虑的因素，交通的形式主要有飞机、汽车、火车和轮船，旅行社必须与包括航空公司，铁路部门、轮船公司和汽车公司在内的交通部门建立密切的合作关系。事实上，为寻找稳定的客源渠道，交通部门也非常倾向于同旅行社的业务合作。旅行社要争取取得有关交通部门的代理身份，以便顺利采购到所需的交通服务（目前，经营交通代售业务已经成为我国一些旅行社的重要利润来源之一）。

1. 采购航空服务

作为大众旅游时期远程旅行方式之一，航空服务的主要优点是快速和舒适。一般来说，旅行社选择航空公司主要考虑下列因素：①机票的价格是否有竞争力；②机位提供是否能满足需求；③工作人员的配合度，包括付款的方式等；④航空公司的班次多寡以及和各地的联络网络方便与否。

旅行社采购航空服务，具体落实在飞机的订位上。计调部根据旅游接待预报计划，在规定的期限内向航空公司提出订位，如有变更，应及时通知有关方面。有时客流量超过正常航班的运力，旅游团无法按计划离境，旅行社就要考虑包机的形式。航空服务主要分定期航班服务和包机服务两种，在处理有关航空运力不足等问题时，组织旅游包机不失为一种行之有效的补救方法。

2. 采购铁路服务

第二次世界大战以后，就世界范围而言，铁路在提供游客交通方面的作用正日渐削弱。但火车所具有的价格便宜，沿途又可以饱览风光的特点，仍有一定的竞争优势。在我国，绝大多数国内旅游者还是选择火车作为出游的交通工具。旅行社向铁路部门采购，主要是做好票务工作。火车票有硬座、软座、硬卧、软卧之分，采购铁路服务就是按照旅游者的需要订购火车票，保证旅游者顺利出境。出票率是衡量铁路服务采购质量的一个重要指标。

3. 采购水路服务

轮船不是人们外出旅游的主要交通工具。但却是旅游交通中不可缺少的一部分。如从重庆到宜昌（武汉）乘长江航运观赏美丽的三峡以及坐游船欣赏桂林山水，都涉及水路运输。我国的水路运输主要有沿海航运、内河航运和远洋国际航运等。旅行社向轮船公司采购水路服务，关键是做好票务工作。如遇轮船公司不能满足计划要求，造成团队航次、日期、舱位等级变更，应及时与有关部门联系，经协商再根据实际情况订票。

4. 采购公路服务

尽管汽车已成为人们普遍的旅行方式，但一般认为，乘车外出旅游的距离不宜过长，最好控制在150英里范围之内，否则会有不舒服的感觉；旅行社在选择汽车公司时，需要考虑的因素主要有：①车型是否齐全；②汽车的性能如何；③司机驾车技术以及服务意识如何；④管理是否严格。

通过考察，最终选择管理严格、车型齐全、驾驶员素质高，同时报价优惠的汽车公司，并与之签订采购公路服务协议书。

（二）住宿服务的采购

饭店是旅游业三大支柱之一，是旅游产品的重要组成部分，在一定程度上已经成为衡量一个国家或地区旅游接待能力的重要尺度。饭店的类型很多，根据使用目的划分，有商务饭店、度假饭店、会议饭店、旅游饭店等；根据饭店的等级，又有一星至五星五个等级。计调应按接待计划提出的等级要求采购住宿服务，并在选择具体饭店的时候，充分考虑以下一些因素：①饭店应具有完善的安全保卫措施，切实保护旅游者的人身财产安全；②如果无法采购到计划指定的饭店，在征得有关方面同意的情况下，应尽量在同等级的饭店内进行选择。

（三）餐饮服务的采购

餐饮是旅游者基本旅游活动之一，餐饮服务质量关联到旅游产品的质量。对旅游者来说用餐不仅仅是填饱肚子的问题，还是一种旅游享受。因此，以下一些因素是计

调在选择餐馆时所要认真考虑的：①所选的餐馆应环境整洁，符合GB 16153—1996饭店（餐厅）卫生标准的要求，提供的食品、饮料应符合国家有关法律法规的要求；②所选的餐馆，其地理位置应根据旅游线路来安排，避免因用餐而重复来回；③按规定标准订餐，如果个别旅游者因宗教信仰关系或特殊口味提出要求，应及时转告餐厅。

（四）采购参观游览服务

参观游览是旅游者旅游活动最基本和最重要的内容，园林、寺庙、古建筑、博物馆等，都是参观游览的对象。旅行社按旅游者的要求向这些单位采购参观游览服务时，应就价格及支付方式达成协议。对一些特殊的参观游览部门，如工厂、民宅，应征得其同意，并取得他们支持与配合。

（五）采购娱乐服务

娱乐是旅游活动六要素之一。以往我们不太注重旅游者娱乐方面的消费需求，“白天看庙，晚上睡觉”也就是那个时期的反映。组织旅游者晚间文化娱乐活动，如看杂技、马戏、欣赏戏曲、民族歌舞等，不仅是白天参观游览活动的补充，使旅游活动更加充实，还是一种文化传播和交流。旅行社在向这些文艺单位采购文化娱乐服务时，就预订票以及演出内容、日期、演出时间、票价、支付方式等达成协议。

（六）采购购物商店

旅游购物为非基本旅游需求，但购物无疑是旅游活动一项重要内容。旅游者常常因购置了称心如意的物品而难忘旅程，也会为没有得到有纪念价值的商品而沮丧。对旅游目的地而言，购物还是旅游收入的一项重要来源，引导旅游者购物，当是接待旅行社任务之一。为旅游者购物提供方便和安全，旅行社应当慎重选择旅游购物商店，要与旅游定点商场等建立相对稳定的合作关系。

（七）采购保险服务

《旅行社管理条例》规定：旅行社组织旅游，应当为旅游者办理旅游意外保险。旅游者一旦在旅游期间发生意外事故，造成经济损失或人身伤害时，即可得到一定经济补偿。旅游保险不仅有利于保护旅游者的合法权益，还有利于旅行社减少因灾害、事故造成的损失，这对旅行社的发展有着重要意义。因此，采购保险服务也是旅行社采购内容之一。

（八）采购异地接待服务

旅行社向旅游者销售的旅游线路，通常有数个旅游目的地。如上海国旅组的一个美国旅游团，在我国进行为期15天的观光游览，途经的旅游目的地有上海、杭州、苏州、北京、西安、桂林、广州等。对组团社（上海国旅）而言，就要在杭州、苏州、北京、西安、桂林、广州等地选择旅行社，采购异地接待服务，使旅游计划如期如愿实现。应该说，旅游线路质量在很大程度上取决于各地接待质量，尤其是旅行社的接待质量。我国一家著名旅行社组团去某地旅游，地陪带团一天逛了七八家商店，客人不想下车，地陪就克扣景点，结果客人纷纷要求退团。因此，选择高质量的接待旅行社，是采购到优质接待服务的关键。

三、组团社计调人员对地接社和导游员的选择

（一）组团社计调人员对地方接待社的选择

一个旅游团能否成功，在很大程度上取决于地方接待社的工作情况，因此，地方接待社的选择十分重要。组团旅行社应当根据旅游客源市场的需求及其发展趋势，有针对性地在各地旅游目的地旅行社中进行比较和挑选，选择适当的、符合条件的旅行社作为自己的旅游合作伙伴。

1. 发团考察

选择地方接待社最常见的方法就是对选择对象进行全方位的考察，掌握情况，进行比较。一般多采用发团考察的形式，直接向被选择的旅行社发一个中小型团，以获得第一手资料。这样，从开始作业、第一次电话、第一份传真等可以了解到对方人员的素质和业务水平，待全陪回社后，又可以得到许多关于导游、餐饮和服务方面的第一手材料。有条件的还可以直接访问该团的游客，向他们进行调查，听取反映，从而确定合作伙伴。

2. 应备条件

（1）雄厚的实力。地方接待社的实力主要表现在偿付能力和接待能力等方面。偿付能力是双方合作的经济保障，在选择接待社时，必须确实了解对方的资金力量，尤其是质量保证金的交纳情况。接待能力是指能够采购到组团旅行社委托其采购的各项旅游服务，并提供优质的导游服务。主要包括出票能力、应变能力、提供优质导游服务和特别服务等方面的能力。一般来说，实力雄厚的旅行社规模较大，人员素质也比较高，更注重维护企业的自身形象和声誉。

（2）接待社报价合理。报价偏高或偏低都是不足取的；尤其针对当前我国旅游市场严重的“削价竞争”现象，旅行社的价格策略应当合理。

地方接待社的收费不能过高，组团社的采购人员应进行成本控制以获得最大利润。同时，一旦超出了旅游者的承受能力，旅游者的付出和应得的回报不成比例，游客的利益就会受到损害。

接待社不能以各种借口违反事先签订的合同，不能擅自提高收费标准或增加收费项目，损害旅游者和组团社的合法利益。

接待社的收费也不能太低，价格太低同样也会损害到组团社旅游者的利益，最直接的表现就是随意降低接待服务的标准，如在用车上降低档次、在餐饮上克扣标准等。

（3）优质服务。地方接待社的优质服务主要表现在信誉、作业和管理等方面。

首先，接待社应有良好的信誉，应考察该旅行社是否信守合同，严格按照与组团

社议定的接待标准和组团社发来的接待计划向旅游者提供服务。接待社不得以任何借口拒绝履行合同，如果因为特殊原因，接待社无法落实旅游接待计划所要求的服务项目时，必须及时通知组团社，只有在征得组团社的同意后，方可改变原定的接待计划。其次，接待社应有规范的作业，地接社的经营秩序应保持良好，包括在有无夜间值班人员、是否严格加强书面业务联系，以及业务人员的素质等。最后，接待社应有严格的质量管理体系。这不仅是指严格的质量管理过程，而且包括业务人员的责任心和强烈的质量管理意识。地接社除了具有同组团社真诚合作的愿望外，还应明确的经营管理目标，实行科学的管理模式。另外就是合作企业应蓬勃发展或具有发展潜力。

组团社经过一段时间的考察和合作后，选出符合条件的接待社，原则上是一地选定1～2家旅行社，双方正式签订合同，建立长期稳定的合作关系。

（二）组团社计调人员对导游员的选择

在客观条件得以保证的情况下，旅游者对整个旅游过程的满意程度往往取决于这个团队是否有一个好的导游。计调部门在对导游员进行选择时，除了考察应具备的基本素质、知识水平和业务能力外，还应考察其工作态度、工作经验与应变能力等方面的素质，保证选派最恰当、最优秀的导游员上团，确保带团的质量。

第二节　旅游采购的原则和策略

一、旅游采购的原则

旅行社的旅游服务采购主要有四大原则，即保证供应、降低成本、协调关系、保证质量。

（一）保证供应

保证供应，即保证提供旅游者所需要的各种服务，是旅行社在其采购业务中所必须遵循的首要原则，也是其进行采购的根本任务。由于旅行社的产品绝大部分是由其他旅游服务企业及协作单位提供的，旅行社能否满足旅游者的需求，很大程度上取决于旅行社能否采购到所需要的服务。

旅行社在向旅游消费者预售其产品时，需要说明该产品中包含哪些内含和范围，规定其数量和质量。一旦旅行社不能从相关的部门或企业购买到已经预售出去的产品所包含的服务内容，不能完全兑现先前的承诺，必然会导致旅游消费者的不满和投诉，例如，旅行社在国庆长假期间组织旅游团到热点旅游城市游览，结果使旅游者没能入住规定等级的客房、未订上足够的机票，使旅游者无法按计划顺利地旅行，必然招致客人的抱怨和索赔，给旅行社造成严重的经济损失和信誉损害。由此可见，只有旅行社的采购工作得力，保证旅游者所需服务项目的供应，旅行社的声誉、生存与发展才有保障。

（二）降低产品成本

旅行社采购工作中的保障供应，是为了满足游客的需要，通过满足客人的旅游需求而获取利润，这也是旅行社追求的最终目的。旅行社能否获利，获利的多寡，还要取决于其采购的产品的价格。由于旅行社产品中，主要成分是购自其他旅游服务部门或企业的旅游服务项目，所以购买这些旅游服务项目的价格，构成了旅行社产品的主要成本。因此，旅行社降低所采购的各种旅游服务项目的价格，对旅行社经营成败至关重要。尤其在目前，我国旅行社行业的竞争激烈，为了竞争，各旅行社大打价格战，旅行社的利润率呈不断下降趋势。在此情况下，哪个旅行社采购得力，能够以低于其对手付出的价格采购到旅游产品，那么它就能在激烈的市场竞争中争取到客源，从而挫败对手，获得更大的利润。因此，降低产品成本是旅行社采购的重要任务。

降低旅行社采购产品的成本，有两个重要的影响因素：

（1）旅游协作单位价格的调整，如景点门票、交通票据、客房房价的上调或下浮都对旅行社采购成本影响重大。

（2）旅行社产品销售时间与旅游者成行之间的时间差。因为旅行社产品是事先预约购买的，价格是提前定好的，到旅游者成行的一段时间内，可能会遇到价格的调整。若是价格上扬，这就会给旅行社带来风险，如经济上的损失、旅游者或协作单位的不满等。

（三）协调关系

协调关系主要体现在两个方面：旅行社与旅游服务部门或企业的协调，采购部门与旅行社其他部门的协调。

（1）旅行社与其他旅游服务部门或企业的协调。因为旅行社所提供的服务产品主要来自与旅行社合作的部门，即协作单位。所以，旅行社的采购部门要与其他旅游服务部门或企业协调关系，建立互利基础上的合作关系。

（2）采购部门与旅行社内部其他部门的协调。旅行社是一个有机整体，由各个部门组成，各部门担负不同的工作，构成自己的业务工作范围。但是，每个部门都受整个接待计划工作客观规律的制约，所以，各部门不同的工作中又有着必然的、密切的内在联系。采购部在日常工作中，要与本旅行社内部的各部门发生频繁的业务往来，如采购工作要与接待部门、销售部门、财务部门等密切配合，才能提高旅行社的经营水平。

（四）质量保证原则

旅行社在采购各项旅游服务时，不仅要保证需求的量的满足，还要保证其购买的旅游服务具备理想的质量。如果旅行社是关心其所购买旅游服务的数量，而忽视这些项目的质量，将同样会招致旅游者的不满和投诉。2010 年上海世博会期间，某一家旅行社组织了 700 多人的包列团赴上海旅游。由于此时住房极其紧张，旅行社在事先未对住房做实地察看了解的情况下，就采购了某运动员训练基地的 61 个房间。由于训练基地长久未有人入住，待团队抵达昆明，才发觉该训练基地不但离市区路途较远，而且住房设施设备严重不符合团队协议要求，服务质量也有明显差距，结果导致团队罢住。虽然，随团的组团社总经理当即作出在经济上给予补偿的决定，但旅游者回到目的城市后，还是向媒体进行了投诉。其结果直接导致了第二趟专列 120 人的退团，给旅行社造成严重损失。该例子说明，旅行社在采购各种旅游服务项目时，必须按照保证质量的原则，采购符合与旅游者签订的合同中规定质量的产品。

二、旅游采购的策略

旅行社作为以赢利为目的的企业，毫无疑问要千方百计维护自己的经济效益，在其采购活动中，必须设法以最低的价格和最小的采购成本从其他旅游服务供应部门或企业那里获得所需的各种旅游服务。所以旅行社的采购人员必须随时关注和研究分析市场供需状况，熟悉市场上各种旅游服务的价格及市场波动规律，有针对性地采取灵活机动的采购策略和方式，以获得最大的经济效益。目前旅行社采购策略主要有集中采购、分散采购和建立采购协作网络三种主要方式。

（一）集中采购

“集中”在这里包含了两个方面的含义。一是指旅行社将本社内各部门的采购活动全部集中起来，统一对外采购；二是旅行社将其在一个时期内，如一个星期、一个月、半年甚至一年营业中所需的旅游服务项目相对集中，全部或大部分投向精心挑选的某一个或少数几个旅游服务供应部门或企业，以最大的购买量获得最优惠的价格和供应条件。

集中采购的优点是通过扩大采购量，减少采购批次，让卖方薄利多销从而降低采购价格和采购成本；缺点是采购提交量较大，预订量往往超过实际使用量而造成退订损失，所以需要认真作好采购预测和适时的调整工作。

（二）分散采购

分散采购，即采取一团一购甚至一团多购的分散式采购方法。它适用的第一种情况，是旅游市场上出现严重的供过于求的现象，旅行社可采用近期分散采购的策略，在旅游团队或旅游者即将抵达本地时，利用旅游服务供应部门或企业无法在近期内通过其他渠道获得大量的购买者，迫切需要将大量既不能储存，又不能转移的服务产品出售的处境，便尽量压低采购价格，以最低成本获得所需旅游服务供给；第二种是当地旅游旺季到来，旅游服务供不应求的情况下，旅行社无法从一家或少数几家服务企业处获得大量旅游服务供应，需要采购人员广开渠道，设法从若干家同类型旅游服务供应部门或企业获得所需旅游服务。

（三）建立采购协作网络

即通过与其他旅游服务供应部门或企业洽谈合作内容与合作方式，签订经济合同或协议，明确双方权利义务及违约责任，建立起广泛而且相对稳定的旅游服务供应系统，从而保证旅行社所需旅游服务的供给。旅行社在建立采购协作网络过程中，必须坚持以下三个原则。

1. 广泛覆盖的原则

当一个地区存在大量的宾馆、饭店、旅游车队等旅游服务供应部门和企业时。旅行社应从其自身需要和经营实力出发，尽量与不同类型、规模、档次的企业和部门取得广泛的联系和合作，广泛覆盖旅游供应领域，以保证在各种情况下均有较大的选择余地和合理的价格来购得旅游服务供应。

2. 互惠互利原则

这是当今商业合作的基本原则。建网络的目的最终在于双方都能够获得利益，因此要照顾当前利益。更要有长期合作的战略眼光；不可唯利是图，更不可“见利忘义”，“有钱大家赚，携手共发展”是我们遵循的原则。

3. 诚实守信原则

应遵守商业道德，按协议自觉承担责任和义务，要以诚相待，言而有信，不随意承诺，而一旦达成协议则应不折不扣地去履行。在预付款、结算等环节上尽可能主动和准时。平时多替对方着想，到需要时对方也就会义不容辞地给予我们大力支持和帮助。

实践证明单纯依靠协议合同约束的合作关系肯定不是理想的关系。商业合作的成败常常是人际交往的结果，在编织采购协作网络过程中，人与人之间情感的交流往往比生意关系更重要，所以，采购人员应该有意识培养自己与各种人打交道的能力，应该有意识培养一批够交情的朋友，关键时刻他们招之即来，有求必应，这样的旅行社采购网络才是优质和高效的供应系统。

三、旅游采购的业务管理

在旅行社经营业务中，计调部门必须认真做好各项旅游服务采购工作。为此，旅行社应当对人员、组织及各项工作的程序、规范加以控制，从而达到预期的目的。

（一）建立广泛的采购合作网络

为了使旅行社出售的旅游服务产品能赢得充足的客源，旅行社必须和有关的旅游服务供应单位，如饭店、餐馆、航空、车船公司、游览景点等建立广泛而相对稳定的合作关系，树立良好的企业形象。当旅游市场上出现旅游服务某些产品供不应求时，旅行社因为有广泛良好的合作网络使采购的能力显得很强，从而能取得这些短缺旅游服务产品。反之，当旅游市场上出现供过于求时，旅行社的采购管理重点就在于取得优惠价格，这也需要一个广泛的良好合作网络，才能得到最便宜的价格。旅行社要建立和维持与其他旅游企业、部门的合作网络必须做好以下几项工作。

(1) 善于遵循经济规律，在互惠互利、平等公平的基础上，与协作企业建立融洽的合作关系，并保持长久的经济联系，以便需要的时候，能得到对方真诚的合作与支持。

(2) 要善于开展公关工作，促使旅行社之间的领导和采购人员之间建立良好的人际关系，互相取长补短，广结良缘，创造良好的竞争氛围。

(二) 正确处理保证供应和降低成本的关系

在旅行社的实际工作中必须正确处理好保证供应和降低成本的关系，才能很好地完成旅行社的采购工作。在某种旅游服务供应紧张时，旅行社采购工作主要策略应是保证供应。反之，当某种旅游服务供过于求时，旅行社采购工作主要策略应转向降低成本，从而增加自己的竞争力，获得更多的利润。

(三) 正确处理集中采购和分散采购的关系

旅行社在向其他旅游企业、部门、单位采购各类服务组成旅游产品时，应该根据需要正确处理好集中采购和分散采购的关系。旅行社为了增强自己购买方面的还价能力，有时应该集中自己的购买力进行批量采购牟取优惠价。具体做法为：①把旅行社各部门全体销售员手中的订单集中起来，通过一个渠道对外采购；②把集中起来的订单尽可能集中地采购，用最大的购买量获得最优惠的价格。

但是当供过于求时，分散采购往往能够得到便宜的价格，因为分散采购大多是近期预订的旅游服务，这时旅行社的客源是确定的，而不像集中采购往往是中远期的预订，并且集中采购取消率较高，为此，卖方迫于供过于求的压力，常常愿意以低价出售给分散采购。

对于集中采购还是分散采购，旅行社可以采取两种策略：

(1) 与旅游供应商商定适当的数量折扣，这样，不论今后实际采购量如何，双方都有利可图。

(2) 如果旅行社在判定明年将出现严重的供过于求，则应该用分散采购获得最便宜的价格。

(四) 正确处理预订和退订的关系

旅行社的旅游交易是一种预约性的交易，一般旅行社在年底根据近几年的实际客流量和明年的市场预测来确定采购量的计划，然后与旅游服务供应企业洽谈合作。计划和实际采购之间总是有差距的，这就会出现因为实际采购量不足而需要退订，反之，如果实际到的客数超过预订数旅行社就需要增订，旅游服务供应企业对旅行社这一退一增，采取的是退订有时间限制，退订越晚，罚款额占售价的比例越高，而增订也有数额限制，并且要多收费用，这就要求双方协商达成一致意见。如果旅行社计划采购量与实际采购量之间差距比较小，采购量处于稳定增长的态势，卖方就愿意提供较为优惠的条件。

（五）正确处理检查和落实的关系

旅行社为了确认各类旅游接待计划是否准确无误地落实，计调部门经理应在旅游团抵达前三天对落实计划进行检查，同时伴随着接待计划的执行而不间断地进行检查，直至接待计划执行完成，将旅游团顺利送走为止。

另外，对于每一个重点旅游团的接待计划，计调部门经理一定要亲自过目，亲自查问检查各项接待计划的落实情况。在检查中发现差异，要找出原因，采取措施，及时纠正。

（六）正确处理总结及提高的关系

计调部门的工作量大，细致而繁杂，几乎每天都有变化，但是只要熟练地掌握工作的程序，总结出一套规律就不容易出现差错。在具体业务操作中要做到以下几点。

（1）对任何变化及处理都要随时记录——手勤。

（2）要及时将各类信息准确地通知或传递给有关单位和相关人员——嘴勤。

（3）对任何事情的处理，经分析做出快速反应，有较强的应变能力——脑勤。

通过不断总结成功经验，分析失败的教训，在肯定成绩和防止失败的基础上，使其部门的全体员工进一步明确自己的工作职责，加强责任心，提高工作效率和各个环节的相互衔接、协调，把旅行社的旅游服务质量不断提高，吸引更多的客源。

（七）计划变更的采购调整

旅游计划的变更以及突发事件的发生，都会影响到原先采购，这就需要对采购工作进行调整。

1. 计划变更后的采购工作，应遵循以下三条原则

（1）变故最小原则。将因计划变更所涉及的范围控制在最小限度，尽可能对原计划不作大的调整，也尽量不引起其他因素的变故。

（2）宾客至上原则。旅游计划是旅游活动的依据，旅行社同旅游者一旦约定后，一般不随便更改，尤其是在旅游活动过程中。对于可抗拒因素引起的行程变故，应充分考虑旅游者的意思，并求得他们的谅解。

（3）同级交通原则。变故后的服务内容应与最初的安排在级别，档次上力求一致，尤其是在饭店设施和服务方面。

2. 变更后的采购一般可采取以下具体办法

（1）如定期航班出现问题，可以考虑改用包机，但要注意控制成本。

（2）如果飞机改乘火车，尽量利用晚上时间，但距离不宜太长。

（3）火车软席有问题，争取加挂车厢。

（4）火车加挂不可能，可以考虑用汽车送行。

（5）住宿、餐饮出现问题，应选择就近同档次级别的饭店、餐馆。

（6）有时也可采取加菜、赠送小纪念品的形式弥补因变故给旅游者带来的损失。

（八）加强采购合同管理

旅游采购是一种预约性的交易，谈判与成交之间有时间差和数量差，为了预防旅行社与合作部门之间、旅游者与旅游企业之间的各种纠纷发生，签订合同是必要的，从而能维持旅游经济运行秩序的正常，规范旅游市场主体在经济活动中的交易关系，保证实现各自的经济利益。采购合同的基本内容有以下五个方面。

(1) 合同标的。是指合同双方当事人权利义务指向的事物，即合同的客体。旅游采购合同的标的就是旅行社购买和旅游服务供应企业出售的旅游服务，如客房、餐饮、汽车运输等服务。

(2) 数量和质量。由于旅游采购合同是预购契约，不可能规定确切的购买数量，而只能由买卖双方商定一个计划采购量，或者规定一个采购和供应幅度。关于质量则由双方商定一个最低的质量要求。

(3) 价格和付款办法。合同中应规定拟采购的服务的价格。由于价格常常随采购量的大小而变动，而合同中没有确定的采购量，因此，可商定一个随采购量变动的定价办法，还要规定在合同期内价格可否变动及其条件。在国际旅游业中还要规定交易所用的货币以及在汇率变动时价格的变动办法。此外，还要规定优惠折扣条件、结算方式及付款时间等。

(4) 合同期限。指签订合同后开始和终止买卖行为的时间表，一般是一年签一个合同，也有的每个按淡季、旺季签两个合同。

(5) 违约责任。是指当事人不履行或不完全履行合同所列条款时应负的法律责任。按照我国《经济合同法》规定，违约方要承担支付违约金和赔偿金的义务。

随着我国加入世贸组织和旅游业的发展，旅行社与其他旅游企业应积极推行合同法制度，使我国旅游行业更健康发展，早日能与世界接轨跨入世界旅游强国之列。

第三节　旅游采购的程序和方法

旅行社的计调人员对每个旅游团的接待计划逐项进行具体落实，目前一般常用的操作方法有流水操作法和专人负责法两种。

流水操作法。就是有几个业务员，每人负责一项工作，其流程线是：接待计划（A业务员签收）→订车、船票（B业务员负责）→订房（C业务员负责）→市内交通（D业务员负责）→安排游览活动（E业务员负责）→订文艺节目（F业务员负责）→向接待部下达接团通知（G业务员负责）。这种操作方法常被接待量较大的旅行社所采用，它一环套一环，让每个业务员负责一块，即使在某个环节上发生差错，也容易发现。

专人负责法。就是将与本社有关系的旅行社（客户）分成几块，让每个业务员负责一块，从客户发来的接待计划起，一直到向本社的接待工作部发接待通知为止，均有一个业务员负责到底。这也是一种行之有效的操作方法。

一、旅行社与大交通部门的合作

旅游交通是旅游业发展的命脉，是旅游活动中心的动态因素。现代旅游者外出旅游首先关心的就是交通，在整个旅行过程中，旅游者很大一部分乐趣来自旅游交通工具所担负的旅游过程。因此，提供迅速、方便、安全、舒适、准时的交通服务是一个旅行社产品不可或缺的组成部分。这一因素对旅行日程的实施、旅行社的信誉与能力有着至关重要的影响，原计划上的航班或车次的任何变更将会影响旅行日程上、下站旅游活动的安排，从而破坏旅游者的情绪并损坏旅行社的声誉。因此，一个旅行社必须与交通部门（航空公司、铁路局、水上客运公司和旅游汽车公司等）建立密切的合作关系，并争取与有关的交通部门建立代理关系，经营联网代售业务。尤其是在我国目前的交通运输状况下，这是旅行社计调业务的首要工作。

（一）具体业务

（1）向交通部门申请建立合同关系，签订正式经济合同书，确定合同量，然后领取合同书。

（2）及时领取最新价格表和时间表，与交通部门经常保持联系。

（3）将各种票务的规定了解清楚，然后进行整理、打印，再分配给外联部门，并报审计和财务备案。其中包括：提前预订票的时间限制；订票应交预订金的百分比；改票、退票的损失比例。

（4）财务部门协商，设计、印制一些订单，其中包括：①《机/车票报账单》；②《机/车票预订金报账单》；③《机/车票变更/取报账单》。

（5）与外联部门协商，设计、印制一些订单，其中包括：①《飞机票预订单》；②《火车票预订单》；③《机/车票变更/取消通知单》（见表 4-1）。

（6）根据接待计划，实施订票、购票。

（7）明确接票手续和报账程序。

表 4-1　　车次、航班、目的地变更通知单

游客　　　　人，陪同　　　　人，原计划		
月　日	航班（车次）去	现改为
月　日	航班（车次）去	
特此通知		
		通知人
年　月　日		
		经办人
		年　月　日

（二）注意事项

（1）订票时，注意路线，季节的不同价格，儿童票价优惠百分比。

（2）在取机票或再确认机票时，千万别忘了带齐有关证件（个人护照、团体签证、单位介绍信等）。

（3）在订火车票时，内、外宾的票价和座位的类别的不同要注意（软卧、硬卧，上、中、下铺等）。

（4）如经常遇到接待的旅游团在火车途中用餐，就应与铁路部门设计、印制《外宾在列车上用餐专用结算单》，方便导游人员工作。

二、旅行社与汽车公司的合作

旅游用车是旅游供给中极为重要的直接服务。旅游用车是旅游交通中自由灵活、富有独立性、可随时停留、任意选择旅游路线的一种交通工具，主要用于市内游览和短途旅行。这一因素是旅游接待工作安全、准时、便利的象征。汽车的外观、性能，车内的卫生，车窗的明净，司机的技术，行车的速度、路线、准时和安全，停车的地点及公路路况，必将影响和损害旅游服务的最终效果。一个旅行社必须与旅游汽车公司（定点的旅游车队、出租汽车公司等）建立合作关系。

（一）具体业务

（1）草拟《用车协议书》并打印。

（2）根据国家行政管理部门规定的用车收费标准，与各旅游出租汽车公司洽谈旅游团（旅游者）用车事宜，对大小车、行李车、道具车等，按实走千米——出租车形式计价或按日拨交通费——包车形式计价等内容进行协商并签订正式协议书。明确有关误接、误送（机、车）和行李损坏、丢失、赔款等责任以及冷暖气空调的给气日期并实地看车。

（3）将签约汽车公司名称、日夜值班电话、调度联系人姓名整理列表，附有关规定或说明打字印后，分发给各接待部门。

（4）将用车协议书副本报审计、财务备案。

（5）设计、印刷《旅行社用车协议书》（见表 4－2）、《用车变更/取消通知单》与外联部协商后，明确其使用方法。

（6）根据接待计划或订车单实施订车，并将车号、车型、司机姓名和报到时间、地点转告接待部陪同。

（7）明确核账程序，由财务部门按期统一向签约单位结账付款。

表 4－2　　　　旅行社用车协议书

旅行团名称	游客人数
车型	车号
数量	座位数
陪同	与地陪接头地点
抵离时间	派车单位
司机姓名	电话
联系人姓名	备注

（二）注意事项

（1）在订车时，注意准确计算距离与时间，尤其是交通高峰时间，要留有必要余地，以防万一（交通堵塞、事故等）。

（2）在订车时，还应注意在旅游团实际人数上留有必要余座，尤其是欧美旅游团的游客，身高体宽。

（3）如按实走千米计价，需注意超标用车，特别是小车。如按日拨交通计价，需注意提醒车队或司机满足客人的合理要求，避免不合理的节约。

（4）提醒车队或司机，结算用的行车单上应注明团名、行车路线及陪同签名。

三、旅行社与住宿部门的合作

（一）具体业务

饭店是旅游业的三大支柱之一，是旅行社产品的重要组成部分，并在一定程度上已经成为评价一个国家旅游业接待能力的重要标志。旅行社如果不能依照客人要求安排饭店，或者安排的饭店服务不符合客人要求，将直接影响接待工作的质量。因此旅行社必须与饭店建立长久、稳定的合作关系，这是旅行社计调业务工作中非常重要的组成部分。

（1）根据外联部门预报的年客流量、客源的层次、住宿要求与外地和本地的饭店洽谈业务，并实地考察饭店的环境、设施及服务等，签订合作协议书及经济合同等。

（2）把以下各项内容了解清楚，整理列表，并打印后发给外联部门报审计、财务备案。

①有关订房的各种规定：如有无预订要求或提前预订房的时间。

②各饭店旺、平、淡季的月份划分。

③客房单、双、三人间；大、中、小套间；豪华、总统套间等不同类型，在不同季节的价格。

④门市价（散客价）、旅行社合同价（团队价）和特殊优惠价。

⑤各式早餐的价格（中、西式等）以及加床费、陪同床、司机、陪同餐等价格。

（3）掌握饭店最新客房行情，争取更优惠的房价，要经常与饭店保持联络，及时主动地将客人的反映转达给饭店。

（4）与外联部门协商，设计、印制一些订单，其中包括：①《住房预订单》（见表4-3）；②《变更住房通知单》（见表4-4，有些单位是用笔在彩色纸上写上内容，加盖变更/取消章）。

（5）把预订好的单子转交给接待部门或陪同，以便搞好接待工作。

（6）注意报账程序。

表4-3　　住房预订单

________饭店销售部

请为我社预订下列团队住房，并速确认，谢谢合作。

团号　　国籍　　人数　　抵　　离　　间数

早餐　　备注

注：1. 代订餐、房费结算账单，请寄本社财务部。

2. 其他费用均由客人自理，本社不予承担。

3. 收到订房委托书后，请速将订房回执传回我社。

联系人________

年　月　日

订房回执

兹收到________旅行社________旅游团订房委托书，房价按________元/间结算，已列入计划。

________宾馆

联系人________

表4-4　　变更住房预订单

________饭店销售部

请为我社预订下列团队住房，并速确认，谢谢合作。

团号　　国籍　　人数　　抵　　离　　间数

早餐　　备注

变更单位　　经手人　　电话

报送日期　　收到日期

注：1. 变更订餐、房费结算账单，请寄本社财务部。

续 表

<table><tr><td>2. 其他费用均由客人自理，本社不予承担。
3. 收到订房委托书后，请速将订房回执传回我社。

变更订房回执
兹收到________旅行社______________旅游团订房委托书，房价按________元/间结算，已列入计划。
__________宾馆
联系人__________</td></tr></table>

（二）注意事项

（1）订房时，如有重点团队或旅行社代理人团队，就是团中有 VIP 客人，旅行社应事先通知饭店销售部或营业部在其客房内摆放鲜花或水果等。

（2）对旅游团体需要举行小型欢迎仪式，或需挂欢迎横幅的，应事先征得饭店同意，并在指定地点举行，避免影响饭店的正常营业。

四、旅行社与餐饮部门合作

餐饮服务是旅游供给必不可少的一部分，是旅游接待工作中极为敏感的一个因素。对现代旅游者来说，用餐既是需要又是旅游中的莫大的享受。餐馆的环境、卫生，饭菜的色、味、形，服务人员的举止与装束，餐饮的品种以及符合客人口味的程度等，都会影响旅游者对旅行社产品的最终评价。一个旅行社必须与餐饮行业（定点的餐馆、酒家、饭庄等）建立合作关系。这是一个旅行社计调业务中选择余地较大、须严格把关的一项工作，同时也是工作量最大的一项业务。

（一）具体业务

（1）先实地查看餐馆的地点、环境、卫生设施、停车场地、单间雅座、便餐和风味菜单等，并签订有关经济合同与协议书等。

（2）与财务部门协商印制和打印专用的《餐饮费用结算单》。

（3）将下列有关内容整理列表打印分发给接待部并报财务部备案。

①签约餐饮单位名称、电话、联系人的姓名、风味特色等。

②旅游者（团）的标准、豪华不同等级的价格便餐、风味最低标准、饮料单位等。

（4）与业务部协商，设计、印制一些订单。包括：①《用餐预订单》；②《用餐变更通知单》（有些单位是用笔在彩色纸上写上内容，加盖变更/取消章）。

（5）根据接待计划或订餐单，将用餐地占、联系人姓名转告接待部门或陪同人员，以便搞好接待工作。

(6) 根据《餐饮费用结算单》（见表4-5），与财务部门共同进行复核，并由财务部门定期统一向签约餐馆结算付款。

表4-5　　餐饮费用结算单

收款单位				用　途				日　期		年　月　日	
旅行团名称				人　数				陪同签名			
项目	餐　费					品名	饮料费				单位公章
	客人	全陪	地陪	司机	陪餐		可乐	汽水	啤酒	矿泉水	
标准						单价					
人数						数量					
金额						金额					
合计金额（大写）											

（二）注意事项

(1) 选择餐馆时，餐点不宜过多，应少而精，而且要注意地理位置的合理，尽可能靠近机场、码头、游览地、剧场等，避免因用餐来回往返多花汽车交通费。

(2) 订餐时，及时把旅游者（团）的宗教信仰和个别客人的特殊要求转告餐馆，避免造成不愉快和尴尬的场面。

(3) 提醒餐厅，结算用的《餐饮费用结算单》上，必须有陪同的签字，否则无效。

五、旅行社与游览部门合作

旅游资源是旅游活动的客体，是一个国家或地区发展旅游业的物质基础。参观游览是旅游者活动最基本和最重要的内容。现在旅游者的时间非常宝贵，为避免让旅游团（旅游者）“排队”或“等候”的现象，以使其有更充分的时间表进行旅游活动，同时也为使导游服务工作更方便和正规化，旅行社必须与旅游资源管理部门（园林局、文物局等）或各游览单位（名胜古迹、风景区点、公园、溶洞、动植物园、博物馆等）建立合作关系。

（一）具体业务

(1) 与旅游单位就以下内容进行洽谈，并签订协议书及经济合同书：①旅游团门票记账事宜；②门票的单价、殿堂庭院的单价；③大、小车进园的单价；④结账的期限；⑤陪同的减免人数及费用。

(2) 与签约单位协商印制结算用的《参观游览券》。

(3) 将以下有关签约单位的规定事宜整理列表，打印后分发给接待部并报审计、财务备案：①签约单位的名称、电话、联系人；②将带团前往某游览点的进门方向；

③去某游览点的行车路线、停车地点。

（二）注意事项

（1）旅游单位在结算用的《参观游览券》上必须有导游的签字，否则无效。

（2）一家旅行社还应与游览单位附属的服务部门和相关服务公司建立合作关系，签订合作协议书以方便旅游团的游览和导游服务工作。

（3）一家旅行社还应与旅游单位内的餐饮供应点建立合作关系，解决旅游团参观游览过程中的冷热饮料的供给服务。

六、旅行社与参观部门的合作

旅游既是一种经济现象，又是一种社会文化现象；既是各国人民之间相互交往的重要途径，又是官方外交的补充和先导；既是无形贸易收入方面赚取外汇的重要渠道，又是引进外资和开展有形贸易的良好机会。应特别注意的是，现代旅游是一种大规模的社会文化交流、社会技术交流、学术思想交流、信息情报交流。在国际旅游者中，有的是自然科学各个学科中有成就、有专长的科学家、专家（如物理学家、化学家、地理学家、地质学家、工程师、建筑师、医生等）；有的是社会科学各个学科中著名的学者、教授（如政治学家、经济学家、社会学家、心理学家、历史学家、考古学家、法官、律师等）；有的是各大公司、企业、银行的企业家、管理者（如董事长、总经理、商人等）；有的是官方机构要员、友好团体友人、各种协会成员（如参议员、众议员、会长、厅局长、知名人士等）。他们在旅行中一边参观游览名胜古迹、领略异国风情，一边根据各自的专业、各自的愿望，进行各自的考察和交流：或要求接见、会见，或进行专题讲座，或举行学术报告会，或与同行交流经验，可与外贸部门洽谈业务等。这种交流已成为穿针引线的“红娘”角色，旅行社不应仅仅以经济效益为其最终目标，还应为全社会的综合效益起到应有的作用。为旅游团（旅游者）提供各种咨询服务、联络服务是旅行社计调业务中最能说明工作能力和服务水平工作。

（一）具体业务

（1）与旅游团（旅游者）经常要求参观的单位（政府部门、大、中、小学校、少年宫，幼儿园，研究所，医院，工厂，街道，农会等）进行初步联系，了解旅游团（旅游者）来访参观或进行专业交流座谈的收费标准以及参观单位的有关规定和要求（接待时间、最少人数限制数等）。

（2）将参观单位、上级批准单位的名称、电话、联系人或科室，对外开放的项目和专业、收费标准等整理列表，打印后分发给各部门，并报审计、财务备案。

（3）通过外联部（团入境前）或陪同（团入境后）了解旅游团（旅游者）的参观要求、访问对象、交流项目等。

（4）按旅游团（旅游者）的要求，与参观单位的外事部门进行联系，将所接待的

旅游团（旅游者）团名、人数和所了解的上述情况通报给参观单位，确定会见、参观或交流的时间、地点及翻译问题。

（5）如有宴请、互赠礼品、宴会致辞等要求，视规格高低按国际惯例安排。

（6）按照参观单位的要求，在参观后付给参观费。

（二）注意事项

（1）安排相应参观单位时要注意不影响其正常工作。

（2）注意保守国家及参观单位机密。

七、旅行社与商品购物店部门合作

旅游购物属于旅游者的非基本需求，但在现代旅游过程中，没有购物的旅游是极少的，所购物品不仅可以成为旅游者的美好纪念，而且还可以成为商品贸易的样品。为使购物活动成为旅游活动中丰富多彩、不可或缺的一部分，为方便旅游团（者）节省时间、免遭坑骗，旅行社须与有关商店（定点的商店、文物古董店、珠宝店、收画印章店、厂商展销部等）建立相对稳定的合作关系。

（一）具体业务

（1）根据国家及地方旅游行政管理机构的有关规定，与定点商店签订协议书，并洽谈以下合作事宜：①对导游带旅游团（者）前来购物的；②旅行社参加商店的股份或投资合营；③明确旅行社应尽的义务及经济收益上所占的比例。

（2）本着兼顾国家、集体、个人三方面利益，又注意鼓励多劳多得的原则，制定内部分配政策和奖励措施。

（3）将所签约的商店名称、导游带旅游团（者）购物手续、附属的有关规定打印后，分发给接待部。

（4）与财务部和接待部协商后，设计、印制《购物结算单》，并明确使用方法。

（5）由财务部按所签协议书上的规定从签约商店领取劳务费或按股分红，然后根据旅行社内部分配政策对各方实行奖励。

（二）注意事项

（1）不得与商家协同欺骗旅游者。

（2）遇有危害旅游者利益的情况要维护旅游者利益。

八、旅行社与娱乐行业的合作

虽然娱乐属于旅游者的非基本需求，但是在现代旅游中，增长知识、了解旅游目的国（地区）文化艺术已成为旅游者日益普遍的需求。

（一）具体业务

（1）与娱乐单位就以下事宜进行合作洽谈，并签订协议书：①旅行社可以通过电话进行预订；②旅行社为旅游者（团）进行包场演出；③文艺单位送戏上门演出。

（2）将下列事宜整理列表，打印后分发给接待部，并报审计、财务备案：①签约娱乐单位的名称、地址、电话、联系人；②演出节目的种类和演出时间；③每张票的价格。

（3）随时与娱乐单位保持联系，有新节目上演时，了解节目内容，索取节目简介并通报接待部。

（4）与外联部协商后，设计、印制一些单子，并明确其使用方法。其中包括：①《文艺票预订单》；②《文艺票变更/取消通知单》。

（5）根据接待计划或订票单，实施订票并把订票情况如实转告接待部或陪同。

（6）财务部按协议统一结账或一次一报。

（二）注意事项

（1）安排娱乐项目的单位要安全防水、防盗。

（2）安排娱乐项目要健康。

九、旅行社与公安、海关的合作

强制性的法律管理、健全的旅游行政管理部门以及强有力的行政管理是一个国家或地区旅游业顺利协调发展的保证。旅游行政管理部门根据职责范围的不同，可分为专门的旅游行政管理部门（如国家旅游局与各省、市旅游局）和辅助的旅游行政管理部门——既管理与旅游有关的事务，同时又管理与旅游无关的其他行政事务的行政管理机构（如公安、海关、宗教、园林、文物部门）。旅游者在旅行过程中除与旅游行业（饭店、餐馆、交通部门等）发生一定的社会关系外，还要与辅助的旅游行政管理部门发生一定的社会关系（如旅游者出境，须在本国办理护照、签证等；到旅游目的国入境，须通过边防、海关、安全和卫生检查等），尤其是在一些特殊情况下：旅游团（旅游者）去非开放城市或地区旅行；旅游者因故中止旅行离团或旅行后延长停留时间；办理特殊旅游团（旅游者）免验手续；履行摄影器材（3/4英寸以上的电视录像机和16毫米以上的电影摄影机）以及演出道具过海关手续等。因此，旅行社必须与辅助的旅游行政管理部门（公安、海关部门等）建立合作关系。

（一）具体业务

（1）邀请公安和海关的专家进行专题讲座，清楚了解有关旅游的法律规定和具体办理手续，并认真阅读有关旅游的法律条文（旅游行业法规选编等）。

（2）走访公安、海关的有关科或处，具体了解对外办公地点、时间，各种手续的收费标准，办理各种手续须提前的时间和所需证件、证明信，审批部门和印章级别等。

（3）根据上述情况，建立和完善内部请示、审批、报告制度。

（4）将上述情节严重整理列表，附有关规定或说明订印后，分发给接待部并报办

公室备案。

（二）注意事项

（1）随时了解有关政策法规的变动。

（2）为防患于未然，旅行社应先将有关问题查清排除，以免造成不必要的麻烦。

十、旅行社与保险公司的合作

旅游保险是使旅游活动得到可靠社会保障不可忽视的重要因素，是指对旅游者（团）在旅游过程中发生各种意外事故造成经济损失或人身伤亡时给予经济补偿的一种制度。旅游保险有利于保护旅游者和旅行社的合法权益，还有利于旅行社减少因灾害、事故造成的损失，它对旅行社的发展具有重要意义，并为旅行社和保险公司提供了合作的前提和基础。

（一）具体业务

（1）认真阅读中华人民共和国国家旅游局第14号令《旅行社投保旅行社责任保险规定》和保险公司的有关规定。

（2）与保险公司就旅行社游客的旅游保险事宜签订协议书。

（3）将协议书上的有关内容进行整理打印，分发给外联部门并通知其对外收取保险费。

（4）将每一个投保旅游团（者）的接待通知（含名单）按时送到保险公司作为投保依据。

（5）注意接收和保存保险公司的《承保确认书》。

（6）按投保的准确人数每季度向保险公司交纳保险费。

（7）当旅游途中发生意外事故或遇到自然灾害，必须及时向在第一线的导游了解情况，必要时去现场考察并以最快速度通知保险公司。还应在3天之内向保险公司呈报书面材料，其中包括：①《旅行社游客保险事故通知书》；②《旅行社游客保险索赔申请书》。

（8）索赔时，须向保险公司提供有关方面的证明，其中包括：①医院的《死亡诊断证明》（经司法机关公证）；②民航或铁路部门的《行李丢失证单》；③饭店和餐厅保卫部门的《被盗证明信》等。

（二）注意事项

（1）切勿图一时侥幸心理而不为。

（2）协议书内容要严谨，条款说明无歧义。

十一、旅行社与相关旅行社合作

组团旅行社为安排旅游团（者）在各地的旅程，需要各地接团旅行社提供接待服务，而这对于组团社来说，也属于旅游服务采购范围。组团社应根据旅游团（者）的特点，发挥各接团社的特长，有针对性地选择接团社，而接团社在接待服务中其自身不能供给部分，则同样可通过采购方式来解决。

（一）具体业务

组团旅行社为安排旅游团（者）在各地的旅程，需要各地接团旅行社提供接待服务，而这对于组团社来说，也属于旅游服务采购的范围。组团社应根据旅游团（旅游者）的特点，发挥各接团社的特长，有针对性地选择接团社。而接团社在接待服务中其自身不能供给的部分，则同样可以通过采购方式来解决。

（1）收到组团社的接待计划后，仔细核对各团的每项要求，尽可能按计划要求落实执行。

（2）当组团社在遇到困难向接团社提出要求帮助时，接团社要积极配合，协力解决。其中的困难有：①接待计划的调整（提前或推迟）；②住房变更（要求改变原订的住房）；③航班、车、船次的改变；④客人行程结束或中途退团，要求代订各类交通票及委托其他事项；⑤临时要求增加游览项目；⑥团队人数的增减；⑦临时增加团队接待计划；⑧突发事件造成预料不及的困难。

（二）注意事项

（1）注意合作社的选择考查。

（2）注意维护双方的合作关系。

（3）注意维护组团社的利益。

（4）注意遵守信誉至上原则。

总之，产品的特点决定了旅行社业务合作的广泛性，而在社会主义市场经济条件下，旅行社与旅游业其他部门和行业之间的核心是互利基础上的经济合作关系。只有这种在法律制约下的合作关系，才是旅行社协作网络稳定、健康发展的基础。

计调工作小口诀

计调工作要仔细，丢三落四要不得，延误时机要挨批，报价准确要效益；
复杂事情要简单，简单事情要认真，确认工作要做好，复杂事情要创新；
客户寻求要汇报，突发事件要速到，调节行程要确认，通信联络要畅通；
团队运转要关注，各个细节要搞清，对方疑问要解释，全陪领队要沟通；
票据签单要收齐，导游报账要审细，卷宗资料要整理，团队结束要回访。

组团社如何选择地接社

2011年10月1日，“大漠号”沙湖专列宁夏四日游开通。在宁夏的游玩中，地接社宁夏××旅行社承担接待工作。第一天的游程很顺利，游客们玩得也很开心。当天晚上，地接社安排游客在宁夏银川市就餐，晚餐出现问题。一是分量不足，上菜速度慢，承诺八菜一汤，可是客人离桌前也只上了七菜一汤；二是座位不足，致使一些客人无座位。最后经双方协调，所出现的问题及时解决。第二大一大早，地接社安排早6:30起床，7:00就餐，7:30出发，赴宁夏沙湖。两个团中有一个团行程按时进行，由于另一辆车迟迟不到，另一个团未能出发，原因是昨天晚上地接社没联系好车，竟推迟了一个多小时，致使游客只能等在大厅里，耽误了游程。在返回银川途中，车胎坏了又无备胎，游客既要回来就餐又要赶火车，不得不在20分钟内草草就餐。游客在整个游程中对旅行社很不满意，特别是对宁夏××旅行社的接待极不满意。宁夏××旅行社对此游程中出现的问题从始到终没有出来给游客一个交代，也没有表示道歉。地陪的服务更是不尽如人意，时常出现游客在车上等地陪的情况。

要点分析

1. 在选择地接社时一定要慎重，选择的标准也要明确。首先旅行社要负责任，从上到下都必须具有极强的责任心，要对游客负责，从而树立自身的良好形象。

2. 接待一个旅游团，常要在几天之内，由好几个城市的数家旅行社及几十家提供行、游、食、住、娱、购等服务的企业，按预定程序提供相应的服务才能完成，因此，是一项相当复杂的工作，接待部门应加强质量管理。首先，要抓各个接待岗位工种的工作规范和程序，同时制订必要的纪律；其次，推行全面质量管理，要调动员工关心质量的积极性，在接待等有关业务部门建立全面质量管理小组，自觉地寻找质量问题；最后，各级领导直至总经理注意抓突出的或带有倾向性的质量问题，如重大责任事故、餐饮质量下降等。

3. 旅游团的全陪或领队代表组团社对地接社的接待服务质量负有督查的责任，随时检查地接社接待服务的准备情况和旅游过程中的服务状况。本例中第二天要分成两个小团队，对于需增加车辆和落实车况等问题，若在前一天核实和检查工作十分周密，那么，第二天的整个行程就不会出现工作人员和游客像跑“接力赛”那样的情况。

思考题

1. 组合旅游产品与包价旅游产品之间存在哪些区别?

2. 旅行社在经营产品开发业务时应遵循哪些原则?

3. 旅行社在旅游服务采购中可采取哪些策略，这些采购策略的适用范围是什么?

4. 拟采购东北冰雪之旅线路（大连、沈阳、长春、哈尔滨）的食、住、行、游、购、娱。

第五章　旅行社营销管理

本章导读

旅行社销售管理的核心内容，是外联销售人员以适当的价格将旅行社的产品通过适当的渠道推向所选定的目标细分市场。同时，在销售中，把握经营方向，以旅行社赢利为主要目的，运用多种促销方式，使旅行社在行业内站稳脚跟，扩大经营，获得较高收益。

1. 产品价格的制订
2. 销售渠道策略的运用
3. 旅行社产品的促销方式

第一节　旅行社目标市场的管理

一、旅行社目标市场及其选择

（一）旅行社目标市场

旅行社的目标市场，是指旅行社准备用其产品与服务来充分满足一组或几组特定的旅游者群体。或者说，目标市场是旅行社准备在其中从事经营活动的一个或几个特定的细分市场。

选择目标市场是现代旅行社经营管理的重要内容。从旅游需求的角度看，旅行社要想获取最大的经济效益，就得把满足旅游者需求放在首位。旅行社只有千方百计地满足旅游者的各种需要，才能使旅行社生存与发展。但是，旅游者的旅游需求是千差万别的，旅行社本身也要受企业资源、规模大小和管理能力的制约，不可能满足所有旅游者的需要，而只能满足特定旅行社的目标市场。因此，旅行社根据本企业的资源优势，扬长避短，选择主要目标市场。这个主要目标市场由三部分组成：即第一位市场、第二位市场和机会市场。

1. 第一位市场

第一位市场必须是客源占本旅行社客源总数的50%以上，其有压倒一切的地位。如大连某些旅行社在接待国际游客中，日本客人占70%～80%，那么，日本市场应是这些旅行社的第一位市场。

2. 第二位市场

第二位市场一般占旅行社总客源的20%左右，仅次于第一位客源。如大连接待国际旅客的某些旅行社中，有的第二位客源市场是韩国客人，而有的则是中国港台客人。

3. 机会市场

机会市场是目前处于无足轻重的地位，但迹象表明，随着发展将会很快发展成重要市场。如苏联、东欧市场，早在20世纪80年代就被我国视为机会市场。虽然当时中国与东欧各国关系紧张，彼此货币结算尚存问题，但是，这些国家经济实力比较雄厚，带薪假期较长，每年输出客源巨大。如当时苏联每年有400多万人出游，另外，它们与中国距离较近。因此，随着苏联、东欧各国与中国关系的改善，必将成为我国的机会市场。

20世纪90年代，虽然苏联、东欧各国政治制度发生巨大变化，但是，随着中国与独联体、东欧各国关系的改善，这一市场真正成为我国的重要市场。如俄罗斯自1994年以来，旅华人数以年均两位数增长，在我国主要客源国排序中名次逐年上升，1999年一跃而成为我国第二大客源国，近年来一直位居我国主要客源国前几位。

因此，机会市场有着特定的历史背景和条件，可能上升为第二位或第一位市场，也可能下跌或被排除在机会市场之外。

（二）旅行社目标市场选择的依据

对于潜在目标市场的选择，旅行社要根据一定的评价标准，从繁乱复杂的市场中，选择合乎入选条件及测度指标的子市场作为目标市场。通常作为目标市场的条件要考虑以下因素。

1. 具有一定的市场规模

旅行社在选择目标市场时，须考虑各个细分市场的规模与发展潜力，即每个细分市场的现实客源量与未来客源量。旅行社目标市场的客源规模与发展潜力对旅行社经营效益具有重大影响。

旅行社市场规模的大小有两个数字可作评价的标准，即人口总数和出游率。目标市场的人口数是影响客源量的重要因素，在人口较多的国家，即使出游率较低，客源量也是相当大的。如亚洲各国中，印度人均国民生产总值虽然较低，出游率不高，但因其有9亿多人口，近年来出国旅游的人数还是相当可观的，南亚、东南亚和西亚各国都将印度作为亚洲重要的目标市场。西欧的卢森堡，虽然人均国民生产总值较高，居民出游率高达的80%左右，但人口较少不足百万，不能构成大的目标市场。

2. 国民可自由支配收入的高低

国民可自由支配收入的高低，是指扣除全部的纳税及社会消费（人寿保险、老年退休金和失业补贴的预支），以及日常生活必须消费部分（衣、食、住、行）之后余下的收入部分。

人均国民生产总值与居民可自由支配收入之间存在着较好的相关关系，因此，可较好地反映居民可自由支配收入。可自由支配收入是维持和扩大旅游者绝对数量的决定性因素之一，不具备购买力的市场尽管有潜在的需求也不能作为目标市场。

虽然客源地人均国民生产总值的高低决定着旅游者数量的多寡，而在我国，则可参照居民存款余额这一指标来进行测控，如广东、北京、上海等地区，居民储蓄存款额普遍高于全国其他地区，其旅游者也较其他地区多。

3. 国际贸易状况

目标市场的外汇储备量是影响游客出游率、出游量的重要因素。一个国家贸易状况的优劣反映了该国的经济实力，大凡经济发达、国力强盛的国家，一般都有较多的贸易顺差，出口大于进口。贸易有顺差，该国外汇储备多，进而使该国货币坚挺或升值，从而增加出游率。

贸易的逆差和顺差，可以支配国家对本国人出国旅游的态度，例如，从1998年5月开始，金融危机影响到俄罗斯，卢布大幅度贬值。俄政府为解决危机，提出增加收入，减少外汇流失，实行紧缩政策。这对旅游业产生了很大影响，据俄《旅游信息报》称：从1998年6月开始，俄开始向出境的旅游者征收“边境税”，每个出境者缴纳0.8个基本税额（每个基本税额是10美元，即67卢布），这对俄出境旅游者是不利的。再如20世纪80年代日本外贸顺差巨大，为了避免与别国在贸易上产生摩擦，日本政府积极鼓励国民出境旅游。如1987年6月2日日本运输省发表“5年海外旅行倍增计划”，使得出国游人数由此前的年550万人，猛增至1000多万人。有关方面还采取方便国民出游的措施积极引导，如国外购物回国可减税等。

值得指出的是，贸易顺差不一定能够产生大量的出国旅游堵。如我国外汇储备一直居世界第二。但由于中国属于发展中国家，为防范金融风险，因而采取逐步放开的政策，随着我国经济实力的增强，这种限制将逐步减少。

4. 带薪假期的长短

外出旅行除需要财力外，也需要一定的时间。从目前国际旅游市场的情况看，绝大多数旅游者是利用带薪假期出游的。因而，旅游客源地居民带薪假期的长短，成为重要的影响目标市场客源的因素。例如，我国从2000年开始，“五一”“十一”和“春节”三次长假，极大地带动了国内和境外旅游市场的发展，拉动了国民经济的增长。

世界主要旅游客源国一般都拥有较长的带薪假期，如瑞典、美国都在 30 天以上，德国、法国、日本、新加坡、新西兰等国均在 20 天以上。

5. 与旅游目的地的距离

与旅游目的地的距离，是指旅游客源地与旅游目的地之间的空间距离。距离的远近直接影响旅游的两个基本条件:、费用和时间。在国际旅游中，远程国际旅游的国际交通费，占国际旅游者总开支的 20%～30%，因而，从目前世界旅游情况看，周边国家来的游客量，一般远大于远距离国家的游客量，因为距离近，省时、省力、省钱。如欧美是出国旅游的主要客源地，欧洲人在周边国家旅游的占出国旅游者总数的 80%。日本出境游的游客中，70%在东亚和东南亚等周边地区，只有 30%左右的旅游者选择欧美各国。

6. 对旅游目的地的了解程度

旅游者往往对自己了解的国家出游率高。据观察，世界主要客源国的旅游者，选择目的地的一般规律是：首先，选择本区域内比较了解和感兴趣的国家与地区，如日本选择中国、韩国和东南亚各国；英国选择西班牙、法国、意大利等国。其次，选择区域外比较了解和感兴趣的国家和地区，如法国选择法语国家，英国选择英联邦国家和印度、新西兰等前殖民地国家。最后，选择区域外的目的地国家和地区所途经的国家和地区。如日本选择去欧洲途中经过的中亚、中东等国家。

二、旅游目标市场策略

由于旅行社选择的目标市场不同，因而选择目标市场的策略也就不一样，概括起来有以下三种策略，即无差异性目标市场策略、差异性目标市场策略和密集性目标市场策略。

（一）无差异性目标市场策略

无差异性目标市场策略又叫整体化策略，就是旅行社以旅游市场总体为服务对象，以一种产品、一种市场组合，吸引所有旅游者的市场营销策略。这种策略是旅行社把整个市场看作一个大的目标市场，不进行细分。

采取这种策略的优点是能大批量生产、储运和销售，平均成本比较低。由于不需要细分市场，也可以大量节约市场调研、开发和广告宣传等费用。

采用这种策略的缺点是：旅行社产品和营销的针对性不强，不易发挥竞争优势，因而不能充分满足市场需求，特别是当其他旅行社也采用这一策略时，市场竞争必然激烈，某些市场部分消费者的需求就得不到满足，容易使旅行社失去市场机会。

这种策略只适用于旅游消费者具有共同需求特征的同质性产品市场。

（二）差异性目标市场策略

差异性目标市场策略又称细分化市场策略，是指旅行社针对不同细分市场的需求，设计不同的旅游产品，采取不同的组合营销手段的策略。

采取这种策略的优点是：可以有针对性地满足不同旅游消费者的需求，采用多元化、小批量、机动灵活地经营。这种策略易适应市场需求的发展变化，风险分散，有利于提高市场占有率，增强竞争能力。

这种策略的缺点是：增加企业的生产品种，要求具有多种销售渠道和推销方法，广告宣传也要多样化。这样生产成本和销售费用必然大量增加。因此，在决定采取此种策略以前，要对细分出的市场进行认真评价，以确保每一细分市场有一定容量。此外，实施这一战略要受到旅行社财力和资源的限制，特别是一些资力薄弱的小旅行社，将无力采取这一策略。

（三）密集性目标市场策略

密集性目标市场策略又叫集中性策略，就是旅行社以一个或少数几个细分市场或市场部分为目标市场，集中旅行社营销力量，实行专门化生产和销售。采取这种目标市场策略的旅行社，追求的不是在较大市场上占较小份额，而是在较小的市场上占有较大份额。

采取这种策略的优点是：这种战略特别适合资力薄弱的中小旅行社，这些企业要在市场竞争中站稳脚跟，就必须学会寻求对自己有利的生存环境。如果中小旅行社能避开旅行社企业竞争激烈的市场，选择一两个能够发挥自己技术、资源优势的小市场，往往容易成功。由于生产、促销及分销的专业化，能够更好地满足目标消费者的需求。

采取这种策略的缺点：这一战略的不足之处是经营者承担较大的风险。如果目标市场的需求突然发生变化，或是市场上出现更强有力的竞争者，旅行社就可能陷入困境。因此，一些实行这一策略的旅行社，宁可把目标分散于几个细分市场，以取得回旋余地。

三、选择旅游目标市场策略的条件

上述三种目标市场策略，各有利弊。旅行社选择哪一种策略，必须从本旅行社的特点和条件出发，并充分考虑以下因素：

（一）企业资源

如果旅行社资源条件好，资力雄厚，市场营销管理能力较强，即可根据产品不同性质选择差异性目标市场策略或无差异性目标市场策略。反之，如果旅行社资源力量有限，则宜选择密集性目标市场策略。

（二）产品条件

在选择目标市场策略时，首先要看旅行社生产经营的是同质产品还是异质产品。对某些产品，所有旅游消费者具有大体相同的特征，这些产品尽量有质量上的差别，但旅游消费者并不过分挑选，竞争焦点一般集中在价格上，对这种产品适合采取无差异性目标市场策略。对旅游消费者需求差异较大的产品，则适合采取差异性目标市场策略。

（三）市场情况

如果市场上所有旅游消费者在同一时期偏好相同，购买数量相当，并且对营销刺激的反应相同，则为同质市场。在此情况下，旅行社可以采取无差异性目标市场策略。反之，则宜采取差异性目标市场策略或密集性目标市场策略。

（四）产品的生命周期

旅行社新产品在市场开拓期和成长初期，可采用无差异性目标市场策略。待产品进入成熟期后，市场竞争加剧，同类产品增如，再用无差异性目标市场策略就难以奏效，这时可改用差异性目标市场策略或密集性目标市场策略效果更佳。

（五）竞争状况

旅行社要了解竞争对手的多寡、强弱，是集中还是分散。如果竞争对手较弱，旅行社可考虑采取无差异性目标市场策略。此外，还应尽量避免同竞争对手采取相同的目标市场策略，以防止加剧竞争，两败俱伤。

第二节　营销组合在旅行社中的运用

旅游市场营销战略分为旅游产品战略、旅游价格战略、分销渠道战略以及促销战略等。它们是营销战略的重要组成部分和实现手段。它们是一个重要的整体，没有哪一项可以独立承担起市场营销的全部任务，即使每一项决策都很完善，如果没有一个综合协调的过程，往往也无法保证旅游市场营销决策总体目标与预期效果的实现。旅游市场营销组合就发挥着这个综合协调的作用。

一、旅游市场营销组合

（一）概念

旅游市场营销组合，是指旅游营销主体对自身可控制的多种市场营销手段的综合运用。具体来讲，就是指旅游企业的市场营销人员采用系统的方法，根据外部环境条件，把市场营销的各种手段和工具及其相关决策进行最佳整合，使它们相互协调配合，综合性地发挥作用，实现本企业的市场营销战略目标的过程。

一个旅游经营企业在进行了市场调查、市场细分并选定自己的目标市场以后，就要针对目标市场的具体状况及要求，设计相应的市场营销策略，制定最佳的营销组合方案，以达到预期的经营目标。由于营销组合是最基本的“战术”，因此，企业经营的成败在很大程度上取决于旅游营销组合决策的质量。

（二）旅游营销组合要素

影响旅游市场营销行为的因素很多，既有可以控制的微观因素，也有不可控制的宏观因素。对旅游营销组合决策的分析，就是研究对可控的市场营销因素进行组合的问题。在营销理论中，目前最为流行的就是美国市场营销学家麦卡锡所提出的“4P”分类法。所谓“4P”法，就是将不同的市场营销组合变量，分成产品（Product）、价格（Price）、分销渠道（Place）以及销售促进（Promotion）四个方面。因为四个词的开头字母均为“P”，所以被简洁地称为“4P”法。市场营销人员对这四个营销变量运用的优劣，直接关系到企业营销行为的成败，因而，这种分类方法在营销学界得到普遍的认同。

1. 旅游产品

旅游产品是旅游产品经营者提供给其目标市场的劳动成果或无形劳务，其核心是满足旅游消费主体所需要的各种不同的旅游经历。旅游产品的设计与开发，必须能够满足消费者的需求，既要满足他们在旅游活动中的衣食住行等基本生活需要，又要满足他们对享受和发展的需要。因此，旅游产品不仅仅是指旅游消费者所购买的一件件具体的物品，而且包括一切旅游活动全过程中所需购买的各种旅游产品与服务的总和。

2. 旅游产品价格

旅游产品价格是旅游消费者为购买旅游产品所支付的货币量，这是营销组合中一个十分敏感的因素。因为，价格是营销手段中唯一能对市场需求的变动以及竞争者的行动迅速做出反应并能很快产生效果的因素。制定旅游产品的某一价格水平，必须能够带来利润，同时，必须留有调整的余地，具有市场竞争力。

3. 分销渠道

分销渠道是指旅游产品从旅游产品供给者手中转移到旅游消费者的整个流程过程，这是一个由供给者及其选择的所有中间商所组成的流通网络。

4. 销售促进

销售促进，又称促销。它是指通过宣传旅游产品以及企业的优点，努力说服消费者进行购买所进行的一系列活动，主要包括：广告宣传、营业推广、人员推销与公共关系四种形式，每种形式的特征与适用性各有差异。促销主要是进行说服，期望可以影响最终消费者的购买行为与消费方式，其根本目的在于提高旅游经营主体及其旅游产品的知名度与市场形象，从而最终扩大销售。这是提高旅游企业经济效益的重要途径。

总之，旅游营销组合就是将这“4P”有机地整合协调起来，是旅游营销主体影响市场需求的一切营销手段的最佳组合与综合运用。

二、旅游市场营销的特点

（一）可控性

根据旅游市场营销组合的概念，旅游营销主体综合运用的市场营销手段包括产品、价格、分销渠道以及促销都是可控制的。比如说，旅行社可以自行决定生产什么样的产品，给产品确定一个什么样的价格，选择哪些渠道销售，以及什么样的企业形象等。所以，相对于企业的外部经济、政治、文化环境来说，旅游市场营销组合的四个要素是可以控制的。旅游企业既要有效地利用可控制因素，又要灵活适应外部环境的变化，在市场中争取主动。

（二）动态性

旅游营销组合不是永远不变的，而是一个不断变化的动态过程。因为，营销组合中的四个因素又包含了许多小的变量，只要其中任何一个小的变量变了，其他所有的因素都要随之改变和它保持一定的协调性。举个例子来说，某旅行社的营销组合决策为：

旅游产品——以国内游客为目标市场的峨眉山四日游；

旅游价格——保持基本价格水平，在付款期限方面可以优惠；

旅游分销渠道——通过直销或零售代理商完成；

旅游促销手段——广告、旅游交易会。

这一旅游产品经过一段时间的经营，市场潜力逐渐被挖掘出来。这家旅行社的势力也逐渐增强了，决定将目标市场扩大到国际游客。于是，营销组合中的其他因素也要随之而变化：

旅游价格——可以给出相应的折扣；

旅游分销渠道——以国外旅游批发商为主；

旅游促销手段——主要针对国外旅游批发商而开展的海外促销，同时也要进行广告宣传。

可见，旅游营销组合是具有动态性的。

（三）复合性

旅游营销组合的复合性是指营销组合因素里每一个因素下面又包含其他许多的次因素。比如，旅游定价组合包括基本价、季节价、付款时间、信用时间等；旅游产品又包括旅游资源、旅游设施、旅游交通运输、餐饮等；旅游促销又包括广告宣传、营业推广、人员推销以及公共关系等。这样，在正确运用营销组合时不仅要综合利用基本的四个因素，还要充分重视营销组合的次因素的构成与协调。另外，旅游企业在进行营销组合决策时，还要考虑决策问题，即要注意各个因素自身次组合的内部作用。总之，旅游营销组合的复合性要求对所有各级、各层次因素进行灵活运用与有效组合，这是旅游企业营销组合成功的基础和关键。

（四）统一性

旅游产业涉及社会生产诸多部门，旅游企业自身也包括生产、开发、采购、财务及销售等多种业务部门。市场营销部门担负着协调各部门、各行业的任务，以便调动

整个旅游产业的全部运营力，合理利用一切资源来满足旅游者的消费需求。旅游企业必须充分认识到，各种营销手段都会影响消费者的购买心理和行为。要满足旅游市场的需要，需注意采取整体营销手段组合，以确保营销活动的有效性和统一性。

第三节 旅行社产品销售的价格管理

一、旅行社产品的价格及其构成

（一）旅行社产品的价格

旅行社产品的价格是旅游者参加由旅行社组织的旅游活动，或委托旅行社为其提供某项服务所需付出费用的总和，旅行社的价格就是销售价格，反映了旅行社对其产品在旅游市场上需求状况的理解。旅行社产品定价是否合理，报价是否科学，将直接影响旅游产品的销售和企业的盈利，这是旅行社经营过程中不可忽视的一个问题。

（二）旅行社产品价格的构成

旅行社产品价格是由两部分构成的，即购入成本和手续费。

1. 购入成本

购入成本就是旅行社向其他提供住、食、行、游、购、娱等服务设施的部门采购其产品的进价成本。

2. 手续费

手续费中又包含旅行社的经营费用和利润两个部分。手续费的确定一般有两种方法：

(1) 由销售该旅游产品的旅行社自行决定，即在其旅游产品供应方的卖价之上加上由它本身决定的手续费后出售，这种方法叫外加法。

(2) 旅行社出售的产品价格是由旅游产品供应方决定的。销售方一般为旅游代理商（或称零售商），出售一项产品由供应方付给产品价格的一定比例的佣金，这种定价方法叫内扣法。

二、旅行社产品价格的决定和影响因素

（一）旅游产品的价值

产品的价格是旅游产品价值的货币表现，因而旅游产品价值是决定旅游产品价格的基本因素。

因为作为产品价格基础的价值，不是由个别旅行社的个别价值决定的，而是一个部门的平均成本加上一定利润的市场价值。在一种产品市场价值已定的条件下，个别旅行社的产品所包含的成本的大小，就直接决定着它的利润的高低。在供求平衡的条

件下，如果旅行社产品的成本低于本部门的平均成本，它就可以实现和获得一个超额利润；相反，旅行社产品的成本高于平均成本，它的产品中的一部分利润就不能实现。在旅游产品的价值和成本之间，可以有无数个销售价格，但它的成本价格却是这个销售价格的下限。所以，旅行社在定价时，要首先考虑产品的价值——成本和盈利这个因素。一方面在可能的情况下，旅行社应制定尽量高于成本的销售价格；另一方面旅行社应努力改善经营管理，降低成本，以求获得最大利润。

（二）供求关系

旅游市场的供求关系，是旅行社在制订产品价格时必须加以考虑的重要因素。旅游产品投入市场后，可能有三种情况：

1. 供大于求

当旅游产品供大于求时，旅行社的产品的售价必须下降，否则便无人问津，旅游淡季就是这种情况。

2. 供小于求

当旅游产品供小于求时，旅行社的产品的售价就会上浮，旅游旺季多如此。

3. 供求平衡

当旅游产品在市场处于供求平衡状况时，旅行社的产品售价保持正常水平。

（三）旅游需求弹性

旅行社在定价时，不但要考虑市场供求关系的影响，还要考虑需求的价格弹性。需求的价格弹性，就是需求变动对价格变动的反应程度。如果需求是与价格以同一比率增加或减少，则需求没有弹性；如果需求量变动的幅度大于价格变动的幅度，则需求富有弹性；如果需求变动的幅度小于价格变动的旧度，则需求缺乏弹性。一般来说，当旅游产品是人们生活的必需品，市场上没有代用和竞争性产品，产品在市场上高度流行或享有很高品牌威信时，需求缺乏弹性。反之，则需求弹性较大。

旅游是一种高级的消费方式，不同于生活必需品，因而旅行社产品的需求弹性较大。这就要求旅行社在利用价格调节需求时，必须充分考虑到需求弹性的大小，尽量避免价格决策的失误。

此外，旅行社产品价格的高低，对游客对目的地的选择、停留时间和支出水平影响很大。因而，价格弹性也是旅行社制定合理的旅游地区差价、季节差价、质量差价和数量差价的重要依据。

（四）汇率

国际旅游业出售的旅游产品是在目的地国生产和被消费的，产品的成本和售价是以目的地国的货币计价的，在我国是以人民币计价的。但产品是出售给外国旅游者的，出售后收回的是外币。这就有一个两种货币的折算问题，这个折算比率就是汇率。所谓汇率，就是一国货币用另一种货币表示的价值。两种货币间的汇率受到多种因素的

影响在不断上下变动，这种变动对有形和无形国际贸易都有直接的影响。对出口国而言，如果其币值下降，则其产品在国际市场上的外币价格也下跌，出口单位产品的外币收入下降，但有利于增加出口数量；反之，如果其币值上升，则其产品在国际市场上的价格也会上升，这不利于出口数量，但出口单位产品的外币收入会增加。一般来说，出口国币值变软有利于增加出口量和外汇总收入，需求弹性大的旅游产品更是如此。而两国货币之间的比价发生变动，会给旅行社产品价格带来影响。如当人民币币值下降时，境外旅游者用同样数量的外币可以兑换到更多的人民币。在旅游产品价格不变的情况下，入境旅游者所付旅游费用会降低，而出境旅游者则会增加支出。当人民币升值时，情况正好相反。

在旅游产品价值不变的情况下，产品售价应与汇率变化呈反比例变化，即为避免由于汇率变化带来的损失，在人民币贬值时，旅行社应适当提高产品的外汇售价；在人民币升值时，为避免因价格的实际上涨而失去客源，旅行社应适当降低产品的外汇价格。在实际中，旅行社更应根据实际来采取相应措施。因此，旅行社在制定旅游产品价格时，必须关注货币汇率的变化。但是，旅行社的产品是一种预约性交易，价格往往需提前半年或更长的时间报出，而且根据国际惯例，价格一经报出，在当年度就需要保持稳定。因此，如何减少由于汇率变动给旅行社带来的影响，便成为旅行社一个极为重要的课题。

此外，旅游产品的价格还受到其他多种因素的影响而上下波动，比如市场竞争、国家政策等。那么，当旅行社产品由于受到各种原因的影响使产品成本上升和价格上涨时，旅行社不可能成为唯一的受害者。在这一问题上，国际上有以下几种处理惯例：

（1）全部转嫁。即旅行社在产品目录上不做任何价格方面的承诺，当产生附加费用时，把它们全部转嫁到旅游者身上。如此一来，旅行社的产品报价就会因不考虑可能发生的附加费用而具有一定的吸引力。

（2）全部承担。即在产品目录中保证不收附加费，当产生附加费用时，由旅行社全部承担。这是一种极富吸引力的做法，但旅行社的风险比较大，而且报价时也会因为考虑了可能的附加费用而偏高，因此影响到旅行社在市场中的竞争能力。

（3）有条件地转嫁。即旅行社将全部附加费用转嫁给旅游者，但如果附加费超过原有价格的一定比例，旅行社允许旅游者无条件取消预订。

（4）有条件地承担。即旅行社对可能发生的附加费用进行水平规定，规定水平以内的由旅游者承担，超出规定水平部分由旅行社承担。

（5）提前汇款免附加费。即旅游者在旅行社规定的时间以内预付旅费，在此情况下，如果发生任何附加费用，旅行社将全部承担。

三、旅行社产品的定价目标

旅行社如何定价、采取什么策略决定于定价的目标，也就是决定于当时的经营目标，这是旅行社经营的一个组成部分。依据不同的定价目标，需要采取不同的定价策略。

（一）以争取目前最大经济效益为目标

旅行社本年度内获得最大限度的利润，则应根据市场供求情况及旅游产品的需求弹性的大小决定采取薄利多销还是厚利少销的策略，依此决定自己的销价。但这也是一种在特定情况下采取的临时性的策略，因为任何一个旅行社都不能只考虑当前利益而不考虑长远利益。

（二）以争取更大的市场占有率为目标

对于刚刚进入市场的新旅行社来说，他们的业务经营量往往较小，在市场上的名声也不大，为了改变这种情况，必须尽快增加自己的市场占有率，在此情况下，要了解自己的主要竞争对手或者是市场占有率最大的旅行社的定价情况，在一定时期内把自己的价格定得比主要竞争对手稍低一点的位置，以增加自己的销售量和扩大市场占有率。这种做法实际上是一种牺牲眼前利益以获得长期利益的策略。

（三）以争取质量领先为目标

为了在同行竞争中保持质量领先地位和在国际市场上保持优质的声誉，定价可以高一些。这种高价必须以优质为基础，做到质价相符，使消费者感到价有所值。在目前我国旅行社削价成风的情况下，如果部分旅行社在保证质量的基础上提高售价，也一定会受到消费者的喜爱的。

（四）以开发新产品和新市场为目标

如果某旅行社开发出一种新产品，而且这种产品在市场上有相当大的需求，就可以把价格定得高一些。在其他旅行社开始效仿这种新产品之前，争取通过较高的价格获得厚利。另外，在某旅行社致力于开辟新市场时，将其旅游产品销售到其竞争对手还没有进入的新市场，则在别人跟上来之前，也可获得一段时期的厚利。

（五）以维持企业生存为目标

当遇到客源大减、收入下降、资金周转不灵、工资等基本开支都很困难时，旅行社为了维持企业的生存，渡过难关，就必须尽力争取客源。这种情况下，就需要降低售价。如果降价能够争取到客源，即使无利可赚或是亏本，也可以用收入来偿还旅行社的全部或大部分固定开支，相对来说，减少了损失。

四、旅行社产品的价格策略和定价方法

（一）旅行社产品的价格策略

价格策略是指导旅行社正确定价的行动准则，又是价格竞争的方式。它直接为实

现企业的定价目标服务。由于旅行社所处的市场状况和产品渠道等条件不同，因此，应采取不同的价格策略。旅行社可以选择的价格策略主要有以下几种。

1. 厚利限销策略

这种策略又称取脂定价策略、撇油定价策略或高价策略。厚利限销，就是旅行社有计划地将产品售价定得高一些，使价格向上偏离价值，以便把社会需求限制在规定的范围之内，力图在较短的时间里将开发这种产品的投资全部收回，并获得可观的投资回报。

如九寨沟，由于交通和环保等原因限制，不易大量接待旅游者。旅行社开发这一产品时，可以采取此种办法，将价格提高一些，既限制了旅游者过量增加，造成景区质量的下降，又不影响旅游收入的增长。厚利和限销互为条件、互相适应。限销，并非销量越小越好，而是要将销量保持在能与供给能力相适应并能实现较佳经济效益水平上。同样，厚利，也要控制在市场能够容纳预期销量的可销价格水平内。超过这个限度，单凭产品的厚利只能使总利润由“厚”变“落”。因此，厚利限销的产品价格应当既能实现销售目标，又能获得最大限度利润的市场适销价格。

这种定价策略较受资金比较短缺的中小旅行社的欢迎。

2. 渗透定价策略

渗透定价策略也叫薄利多销策略。薄利多销策略是指旅行社在定价时，有意识地以相对低廉的销售价格刺激需求，以增加销量，开拓市场，降低成本，是实现长时期的总利润最大化或扩大市场占有率的一种价格策略。

所谓薄利，是指某一旅游产品的利润下降，反而有可能使旅行社的总利润增大。实行这种价格策略，能使旅行社现有资源、资金和劳动力得到合理和充分的利用。薄利多销虽是一种值得倡导的价格策略，但并非所有产品都可使用，运用这一策略的条件是增产后扣除应纳税金的销售纯收入增长应大于成本费用的增长。

3. 折扣定价策略

折扣定价策略是通过减少一部分价格以争取旅游者的策略。旅行社经常使用的价格折扣有以下几种：

（1）现金折扣。现金折扣是旅行社给那些现付产品款项的一种优惠，实质上是一种变相降价赊销，鼓励提早付款的方法。采用这种方法，旅行社能够及时收回货款，加速资金周转，扩大产品经营。

（2）数量折扣。数量折扣是根据旅游中间商经销数量的多少给予不同的折扣。它主要是鼓励中间商提供大批量客源。为了使折扣起到不同的鼓励作用，数量折扣还可以分为两类：

①累计折扣，在价格年度内该客户的购买量达到一定数量时给予一定的折扣，并采用累计办法，营业额越大，折扣率越高，年终一次结算。这种方法有利于调动客户

增加送客量的积极性，而且有利于促使他们集中使用其购买力，即不向自己的竞争对手送客，是一种较好的办法。

②非累计折扣，又称一次性折扣。就是根据旅游中间商一次销售量的数量计算的。这类折扣是鼓励旅游中间商带来大量客源。

(3) 差价。一般而言，客流量在不同季节和不同地区是不均衡的，这种不均衡性对旅游业经营效益是有一定影响的。因此，要缓解这种不利，最重要的方法就是采取季节或地区差价。在旺季价高，淡季价低；热点价高，冷点价低。有的地方还采取了周末价和平时价。大城市还可采取闹市区价高、郊区价低的办法。还有，当举行大型节庆或活动时，客流量集中，就临时提高价格，节庆过后再降价。

4. 心理定价策略

心理定价策略是旅行社在制订旅游产品价格时，运用心理学的原理，根据不同类型旅游者的购买心理来制订价格。心理定价策略主要有以下几种方法，即尾数定价、整数定价、声望定价、招徕定价、习惯定价和期望定价等策略。

此外，还有随行就市定价策略、阶段定价策略等可供旅行社在定价时，根据需要来采用。

(二) 定价方法

定价方法，是旅行社在特定目标指导下，运用定价策略，对产品价格进行具体计算的方法。定价方法的选择正确与否，是关系旅行社定价目标能否实现的一个重要因素。旅行社定价的方法主要有：

1. 成本加成定价法

成本加成是以成本为中心的常用定价方法。成本加成定价法是指将单位产品的变动成本总额和一定比例的利润加在一起后，确定产品价格的定价方法。其计算公式为：

旅行社单位产品的价格＝单位产品直接成本×（1＋平均利润率）

这种方法计算简便，有利于核算，可以与其他旅行社进行比较，给人以公平的感觉。但是，由于它是以成本为中心的定价方法，只考虑了旅行社本身的成本情况，忽视了市场需求多变的现实，难以适应复杂多变的竞争情况。容易犯盲目定价的错误。

2. 目标收益定价法

即先确定本企业本期内要获得多少利润，并预测本期内可以销售的产品数量，然后把预期总成本加上预期总利润除以预期销售额即得出单位产品的售价。

这种方法能使企业经营者对完成经营目标心中比较有底，因为任何企业都需要一个最低利润目标，对于实行承包或供销挂钩的企业来说更为重要。但由于旅游行业的脆弱性和存在激烈的同行竞争，要预先确定销售量和利润率都很困难。

第四节　旅行社销售渠道的管理

一、旅行社产品的销售渠道

旅行社产品的销售渠道也称旅行社产品的分销渠道或销售分配系统，是指作为生产者的旅行社将产品提供给最终消费者的途径。

旅行社提供的产品有别于其他产品的最大特点是无形性。加之，客源地与旅行社所在地相隔较远。因而，旅行社殚精竭虑设计和开发的各种旅游产品，从常规的线路到特色的节日，怎样才能引起各客源国和地区旅游者的注意，使他们产生兴趣和购买的欲望呢？这就要求旅行社提供的产品得通过一定的渠道传达到消费者面前。旅行社销售渠道是一个较为完整的体系，在新的市场条件和诸多因素的影响下，拓宽旅行社销售渠道，实现旅行社经营的旅游产品在潜在旅游者感觉更方便的地点销售，对旅行社来说非常重要，对整个旅游产品的流通也起着极大的促进和推动作用。

第一，旅行社销售渠道是保证旅行社经营产品顺利进行销售的前提条件。

第二，旅行社销售渠道是旅行社接近旅游者的有效途径。目前，旅行社为了树立自身在公众心目中的形象，加深旅游客户群体的印象，在对外宣传上大下功夫，尽可能地接近旅游者，旅游各种销售渠道的建立，可以增加旅游产品的销量，对品牌的建立也起到了重要作用。

第三，合理选择旅行社销售渠道是提高旅行社经济效益的重要手段。旅行社销售渠道的数量、环节多少以及容量等因素，对旅游产品的销售有着直接影响。合理选择销售渠道、加强销售渠道管理以及适时营造新的营销渠道，就能加快旅游产品的流通速度，加速资金周转，合理分配营销资源，提高旅游企业的经济效益。

根据在旅行社与消费者之间是否有其他中间环节来划分，可将销售渠道分为直接销售渠道和间接销售渠道两种。

（一）直接销售渠道

1. 直接销售渠道

直接销售渠道又称零环节销售渠道，是指旅行社把自己生产的旅游产品直接提供给旅游消费者的销售渠道。在作为产品生产者的旅行社和作为产品最终消费的旅游者之间不存在任何中间环节。这是最简单、最直接的渠道。

（1）采用直接销售渠道进行产品销售的旅行社，通常在旅行社的所在地直接向当地的潜在旅游消费者销售其产品。

（2）旅行社在主要客源地区建立分支机构或销售网点，通过这些机构或网点向当地居民销售该旅行社的旅游产品。如我国的国旅、中旅等大的国际旅行社，在中国香港、中国澳门、日本、美国、德国、澳大利亚等国家和地区建立常驻机构，向当地居民出售自己的旅游产品。

2. 直接销售渠道的优点

(1) 简便、灵活。旅行社直接向旅游者销售其产品，手续简便；在销售过程中，旅行社可以随时根据旅游者的要求对产品适当的修改和补充，灵活性强。

(2) 及时。旅行社直接向旅游消费者提供其产品，减少了中间环节，使旅行社开发的新产品能及时送到旅游者面前，利于旅行社在竞争中尽早抢占市场。

(3) 附加值高。旅行社除了可直接向旅游者销售某项旅游产品，而且还可利用直接接触消费者的机会，随时向旅游者推荐旅行社的其他产品，如回程机票、车票等，增加附加销售的机会。

(4) 利润大。因为不通过中间环节，是旅行社对旅游者直接销售，节省了中间商的手续费，有利于旅行社降低价格，增加利润。

目前，我国绝大多数国内业务的旅行社主要采用直接销售渠道，当然，也有一些旅行社之间的合作与代理关系。在国外，直接销售渠道通常会有两种做法：一种是由批发商用大量刊登广告或邮寄产品目录的办法直接招揽旅游者。批发商通过多年经营，一般都积累起一份数量很大的潜在顾客名单，主要是由曾经购买过其产品的旅游者组成，名单储存在电脑中，定期增补剔除，这是旅行社的一份重要财富。有了新产品目录后就按此名单寄发，消费者受到广告或邮寄宣传材料的影响，如果对其产品有兴趣，可以通过免费电话或信函向批发商询问或定购。但是用这种办法推销，因为没有零售商的能动作用，有时成行率较低，但刊登广告和寄发宣传品的成本要比付给零售商的佣金便宜，因此可以把销售价格定得低一些以吸引顾客。另一种就是批发商雇用一批推销员直接上门推销。这种方法因为需要大批的推销员，所以成本较大，而每个推销员的推销面毕竟有限，一般是到有组团出游可能的工厂、企业、机关、团体等单位去推销，而不是找单个旅游者。

但是，直接销售的局限性也十分明显，因为任何旅行社无论实力多强，都不可能在所有旅游客源国的所有城市开设旅行社或销售网点。

(二) 间接销售渠道

1. 间接销售渠道

间接销售渠道是指旅行社通过组团旅游中间商，将旅行社产品销售给旅游者的途径。也就是说，旅行社产品的销售经过了其他中间环节的介入。间接销售渠道在我国国际旅行社的实际运用中，主要有两种情况：

(1) 通过代理商向旅游者出售旅游产品。通过代理商这种销售渠道销售的大多数是包价旅游产品，中间商有加价问题。旅游中间商一般用旅行社现成的产品，不做重新组合。

（2）先通过批发商，再通过代理商向旅游者销售旅游产品。旅行社向旅游批发商提供景点、交通等，由于旅游批发商实力雄厚，经营能力强并带有垄断性，因而他们将各景点、交通采购来重新组合，编排出新的产品。而旅游代理商实力较弱，规模较小，只能向批发商采购已编排好的产品，进而再销售给旅游者。

2. 间接销售渠道的优点

（1）间接销售渠道一般有较广泛的影响面。旅游中间商往往在客源地区拥有销售网络，并与当地旅游机构和居民有着广泛的联系，能够对广大潜在旅游者施加影响。

（2）间接销售渠道在产品销售中具有更强的针对性。由于旅游中间商熟悉当地旅游者的特点和需求，因此，能够有针对性地推销最适合旅游者口味的旅游产品。

（3）间接销售渠道的产品销售量较大。旅游中间商是作为企业来经营旅游产品，因此赢利是其主要目的，为了获利，中间商会通过较强的招徕能力，能够大批量地购买和销售旅行社的产品。

3. 间接销售渠道的缺点

间接销售渠道的主要缺点就是销售成本过高。因为旅游产品从旅行社至旅游消费者之间，每增加一个中间环节，其销售成本就增加一些，就会直接导致旅行社产品最终价格提高，这会对旅行社产品的销售带来不利影响。

在我国旅行社国际旅游业务的实际运作中，多采用间接销售渠道。一种是利用零售商或专业媒介者向外国旅游者销售产品。一般情况下，通过这种渠道的产品为包价旅游产品。另一种是通过批发商或经营商和零售商或专业媒介者向国外旅游者销售产品，虽介入了另一环节，但价格不一定比前一种方式高，因为经营商或批发商实力强，可以获得理想的批发价格。

二、旅行社销售渠道策略

在选择间接销售渠道时，根据中间渠道的多少以及和中间商的关系，通常分为广泛性和选择性两种销售渠道策略。同时，专营性销售、连锁销售近年来发展势头迅猛。

（一）广泛性销售渠道策略

广泛性销售渠道策略又称普通性销售渠道策略，是指通过旅游批发商把产品广泛分派到各个零售商，以满足旅游消费者需求的一种渠道策略。

旅行社采取广泛性销售渠道策略的目的是建立一个由大量旅游中间商组成的松散销售网络。旅行社与各中间商达成协议，由旅游中间商向旅行社提供客源，旅行社根据中间商提供客源的销售额，给予中间商一定的报酬。对于经营国际旅游业务的旅行社来说，广泛性销售渠道策略是指通过旅游批发商把产品广泛分配到各个零售商以便及时满足旅游者需求的一种渠道策略。对于经营国内旅游业务的旅行社来说，广泛性销售渠道就是指广泛委托各地旅行社销售产品、招揽客源的一种渠道策略。

1. 广泛性销售渠道策略的优点

（1）销售范围广。旅行社由于通过较多的旅游中间商推销其产品，有利于扩大旅游产品的销售范围。

（2）联系面宽。因为众多的旅游中间商与当地旅游机构和居民有着广泛的联系，有利于通过联系面广泛的中间商在当地逐步树立起旅行社在该市场上的形象。

2. 广泛性销售渠道策略的缺点

（1）销售成本高。由于旅行社要与多个中间商联系，因此得花费大量的联络费用和其他销售费用，增加了旅游产品的销售成本。

（2）合作关系不稳定。因为广泛性销售渠道策略对旅行社和中间商均无严格的约束，旅行社可以接待由渠道以外的旅游中间商所招徕的旅游者，而渠道内的中间商也可以向旅行社的竞争对手提供客源。

广泛性销售渠道策略一般适用于旅行社刚刚进入市场或旅行社开辟新市场时期。

（二）选择性销售渠道策略

选择性销售渠道策略是指旅行社只在一定市场中选择少数几个中间商的渠道策略。

1. 选择性销售渠道策略的优点

（1）销售成本低。由于旅游中间商数量较少，同广泛性渠道相比，旅行社用于销售方面的成本较低。

（2）市场覆盖面宽。由于旅行社是在市场上经过选择确定的中间商，它们都有较强的推销能力，能够较好地覆盖当地市场。

（3）合作关系稳定。旅行社经过选择，挑选与自己对口的中间商，他们之间有共同的业务和经济利益，因而其合作关系较稳定。

2. 选择性销售渠道策略的缺点

（1）实行难度大。一般情况下，旅游中间商的谈判地位往往优于旅行社，更多的是中间商选择旅行社，而旅行社选择中间商的余地较小。

（2）具有一定的风险。如果选择中间商不利，会影响旅行社在相关市场的产品销售。

选择性销售渠道策略多适用于市场发展成熟之时。

另外，当前我国一些旅游网站积极开展网络营销，提高产品的服务品质，提倡自助选择旅游线路、自定价格的出游方式。随着我国旅游消费者逐渐向理性不断发展和网络时代的到来，旅行社要想在市场上占有一定的份额，只有充分掌握网络经营的主动权，才能在市场上占有一席之地。如在国内旅行社行业的老牌旅行社国、中、青等及一些后来居上的旅行社都建立了相当规模的网站。如今，这些网站都成为拉近旅游者与企业间的信息平台，客源增长的渠道。网络营销从某种程度上来看可以减少旅行社之间的恶性竞争，也增加了对外形象宣传的一个媒介。利用好互联网，为旅游者服

务，还需要旅行社做好以下几个方面的工作：

凭借网络对旅游市场进行调研，深入了解消费者对旅游产品的需求和喜好。

在定价之前，综合分析客源市场经济状况、竞争者价格水平等因素，充分估计目标顾客对某一旅游产品愿意支付的价格。

旅行社所依赖的网站必须要突出自身的风格和顾客的利益，因为消费者可以通过任何一个网络平台来购买旅游产品。

三、旅游中间商的选择与管理

（一）旅游中间商的选择

由于旅行社广泛采用间接销售渠道策略，就必然要涉及中间商的选择问题。因为，旅行社选择适当的旅游中间商作为经营合作伙伴，对旅行社产品的销售具有重要意义。所以，旅行社应该对中间商的情况进行详细的调查与分析，等到时机成熟后，再向中间商明确表明合作愿望。旅行社需要依照以下标准选择中间商：

1. 旅游中间商可能带来的经济效益

旅行社选择中间商的目的在于扩大销售旅游产品，增加收益，为此选择中间商要看其：

(1) 销售能力、所面对的客源层，估计可能带来的效益。

(2) 分析选择中间商可能带来的风险，要正确选择风险与利益的关系。

(3) 坚持长远观点，不为眼前利益所迷惑。

2. 信誉和能力

在旅行社业内，信誉是很重要的因素。中间商应该有良好的信誉和较高的声誉，并具有较高的推销和偿付能力。中间商的声誉将决定旅游者对它的信任程度，进而直接影响中间商的推销能力。中间商的偿付能力是双方合作的经济保障。

3. 市场的一致性

旅游中间商的目标群体必须与旅行社的目标市场相吻合，在地理位置上应接近旅行社客源较为集中的地区，这样便于旅行社充分利用中间商的优势进行产品推销。例如，美国是我国国际旅行社的主要目标市场之一，而美国只是一个大的地理概念，美国出国旅游市场并非均匀分布，而是相对集中地分布在有限的区域。据美国旅行与旅游局统计，美国出国旅游者的50%集中在加州、纽约、新泽西、佛罗里达、得克萨斯和伊利诺伊六个州。日本的出国旅游者相对集中在东京、大阪和东海三大城市圈比例高述68%。在德国，北威州的杜塞尔多夫、多特蒙德等城市，巴伐利亚州的省府冻尼泉和斯图加特，以及北部的汉诺威、不来梅等都是出国旅游较集中的地带，占英国出国旅游者的13%来自于伦敦，27%来自英格兰东南部，12%来自于英格兰西北部，亦即英格兰总量的52%。因此，旅行社选择的旅游中间商应在地理位置上接通这些客源相对集中的地区，并在此基础上考虑中间商的目标群体与旅行社的目标市场是否一致。

4. 数量与规模

旅行社在同一地区应当选择适当数量、适当规模的中间商，以避免造成广告和推销方面不必要的重复和浪费。中间商过多，会增加交易次数，也会增加产品的成本，而且中间商本身则会因市场竞争激烈而影响积极性，中间商过少则可能形成垄断性或销售不力的局面；中间商规模过大，实力强大，组团能力强，但也常常机构庞大，层次较多，而且容易形成垄断性局面；中间商规模太小，组团能力差，则不利于旅行社的产品推销。

5. 依赖性

中间商对旅行社的依赖程度可以决定它的努力程度。旅行社应依据实际情况，选择一定比例的具有较强程度依赖性的中间商。

6. 合作意向

旅行社应通过不同的渠道，了解中间商是否有意和旅行社合作，因为在旅行社选择中间商的同时，中间商也在选择旅行社，这是一个相互选择的过程。

当然，旅行社在选择自己的中间商之前，先要分析并明确自己的目标市场。建立销售网的目标，产品的种类、数量、质量，旅游市场需求状况和销售渠道策略，在此基础上才能有针对性地选择适合自己需要的中间商。旅行社可以通过有关专业出版物、参加国际游览博览会、派遣出访团、向潜在的中间商寄发信件资料或通过接团等方式发现中间商。

（二）旅游中间商的管理

旅行社通过认真选择，确定了合适的旅游中间商后，下一步就是要加强对旅游中间商的管理。旅行社主要是通过下列方式进行管理：

1. 建立中间商档案

建立业务档案是旅行社管理旅游中间商的一种重要办法。旅行社在业务档案中记录每一个旅游中间商的历史、现状、转送客源的数量、次数、档次、付款情况等。旅行社通过对上述信息的分析和研究，决定对他们分别采取相应对策。如对销售能力强、效果佳的中间商，旅行社应有特殊的条件和优惠；对一些中小中间商，如认为有发展前途的，就应重点扶持培养。

需要特别指出的是，个人交往是与中间商友好合作的一个重要因素，中间商档案应对中间商的个人资料有尽可能详细的记录，以便旅行社运用这些资料来发展与中间商的关系。

2. 及时沟通信息

及时向旅游中间商提供各种产品信息，有助于旅游中间商提高产品推销的效果。同时，旅行社及时从中间商提供的市场信息中及时调整和改进产品设计，可为旅行社开发出更多适销对路的产品提供依据。

3. 实行优惠和鼓励

这是旅行社以经济手段来鼓励旅游中间商输送客源、调节旅游中间商输送客源的时间，或鼓励旅游中间商及时向旅行社付款，以避免不良债权的重要方法。

旅行社常用的优惠和奖励形式包括免收预订金、组织奖励旅游、组织中间商考察旅行、实行领队优惠和联合促销等。另外，折扣策略也是旅行社常采用的鼓励和奖励旅行中间商的方法。折扣策略包括数量折扣策略、季节折扣策略和现金折扣策略三大类型。

(1) 数量折扣

数量折扣是根据旅游中间商经销数量的多少给予不同的折扣。它主要是鼓励中间商提供大批量客源。为了使折扣起到不同的鼓励作用，数量折扣还可以分为两类：

①非累进折扣

非累进折扣是指旅行社以低于产品基本价格的折扣价格向客户提供产品，即采取降低单位产品价格的办法。例如，某旅行社推出一条“北京—西安—重庆—南昌—武汉—桂林—广州”的团体包价入境旅游线路，基本价格为每人/天综合服务费130元。为了鼓励客户多输送客源，该旅行社向同他合作的某客户提出的综合服务费价格为每人/天120元，即降低单位产品售价8%。

非累进折扣是一种以低于产品基本价格的优惠价格为手段，鼓励客户大量销售旅行社产品的管理方法。非累进折扣主要适用于长期与旅行社合作、具有良好的信誉和较强的输送客源能力的客户。另外，旅行社也经常在购买数量较大的一次性交易中使用这种方法。

非累进折扣策略是旅行社在产品销售和客户管理中行之有效的管理方法，对于加强同客户的合作、刺激他们积极销售旅行社产品具有一定的作用。但是，非累进折扣没有将折扣优惠与客户产品销售量直接挂钩，因而对客户的刺激力度较小。

②累进折扣

累进折扣是指旅行社根据在一个时期内客户销售旅行社产品数量或销售额的大小决定应提供折扣价格比例的管理策略。实行累进折扣策略的旅行社通常针对客户的销售量或销售额规定出若干标准，每项标准都同折扣的比例挂钩，当客户的销售量或销售额达到第一级标准时，可以享受基础折扣价格；当销售量或销售额达到第二等级时，其享受的折扣价格比例高于第一等级的标准……依次类推。例如，某旅行社以输送旅游者人/天，作为计算折扣比例的标准，分别规定了1000人/天、2000人/天、3000人/天、4000人/天四级标准。当客户向旅行社输送的旅游者达到1000人/天时，可享受产品基本价格5%的折扣；当它输送的旅游者超过1000人/天而尚未达到2000人/天时，除了1000人/天仍然按照基本价格5%的比例计算价格折扣外，超过

1001 人/天以上的销售价格将按照基本价格 7%的比例计算折扣价格……依次类推。输送的旅游者越多，客户享受的折扣比例就越高。

累进折扣策略避免了非累进折扣策略与客户的销售数量没有直接挂钩的缺点，有利于调动客户向旅行社输送旅游者的积极性，并且有利于稳定客户，建立比较牢固的长期合作关系。累进折扣策略的缺点是随着折扣比例的提高，旅行社将蒙受较多的利润损失。

（2）季节折扣策略

季节折扣策略是旅行社针对旅游淡、旺季明显的特点，为了调节客户向旅行社输送旅游者的时间所采取的一种管理策略。由于客流量在不同季节的不均衡性和旅行社产品不可储存的性质，使得时高时低的客流量成为严重影响旅行社经济效益的一个不利因素。例如，在旅游旺季时，大量旅游者蜂拥而至，给旅行社的旅游接待、旅游服务采购等工作造成巨大压力。有的时候，旅行社为了确保旅游者能够在旅游旺季住上其所要求的饭店或乘坐旅游计划上所确定的交通工具，不得不以高价租房或购买飞机票、火车票等，给旅行社造成一定的经济损失。而到了旅游淡季前来的旅游者又寥寥无几，使旅行社的接待能力闲置，造成人力资源的浪费。

为了缓解旅游淡、旺季的矛盾，旅行社采用季节性折扣策略来调节旅游客户向旅行社输送旅游者的时间。当客户在旅游旺季向旅行社输送旅游者时，旅行社按照产品的基本价格或略高于基本价格的产品向客户收取旅游费用；当旅游客户在旅游淡季向旅行社输送客源时，则可以享受一定比例的价格折扣。通过这种方法，旅行社可以达到鼓励客户在旅游淡季多向旅行社输送客源、平衡旅行社全年旅游接待量的目的。

（3）现金折扣策略

现金折扣策略又称付款期折扣，是旅行社为了鼓励客户尽快向旅行社付款，避免或减少拖欠款、呆账等不良债权的管理措施。实行现金折扣策略的旅行社一般规定，如果客户能够在双方事先约定的付款期限之前偿付欠款，就可以享受一定比例的现金折扣优惠。例如，某旅行社规定，凡在旅游者离开本地 10 天之内付清旅游者接待费用的客户，可以享受销售额 2%的现金折扣，即客户只需将接待费用的 98%付给旅行社。剩下的 2%归客户所有。超过 10 天而能够在商定期限内付清接待费用的，则不能享受这种优惠。现金折扣一般应略高于客户所在地的银行利率，以刺激他们尽早付清所欠旅行社的各种费用。

现金折扣策略在旅行社管理客户拖欠款问题上发挥了重要的作用，是一种效果很好的管理方法，其不足之处是降低了旅行社的经营利润。

4. 适时调整中间商

旅行社应根据自身发展情况和中间商发展情况，适时调整中间商队伍。旅行社在下述情况下应做出调整客户的决策。

（1）旅游市场发生变化

旅行社应根据旅游市场的变化，及时调整与之合作的客户。例如，在旅游市场上，散客旅游发展迅速，成为一种主要的旅游客源。旅行社根据这一市场动态，选择那些具有一定经营实力并确有合作意向的专营或主营散客旅游业务的客户作为合作的伙伴。

（2）旅游客户发生变化

当目前同旅行社合作的客户发生变化时，旅行社应对其进行适当的调整。例如，某客户在同旅行社合作期间，出于其自身的原因长期拖欠应付的旅游接待费用。旅行社在发现这一情况后，可相应地采取减少接待该客户输送的旅游者、必要时停止与其合作等措施以避免更大的经济损失。又如，某旅游客户违反与本旅行社达成的谅解，擅自将大量旅游者输送给本旅行社的竞争对手，从而急剧地减少了为本旅行社输送的客源。旅行社应针对这一情况，及时采取应对措施，在该客户所在的旅游市场上积极寻找新的合作伙伴，以逐步取代该客户。

（3）旅行社自身发生变化

旅行社自身发生变化的主要原因有：旅行社产品的种类和档次发生变化；旅行社需扩大销售，旅行社要开辟新的市场；旅行社的客源结构发生变化。旅行社在自身发展变化并影响与客户的合作关系时，应适当调整客户。例如，由于旅游市场的变化，旅行社将其经营的产品种类从文化观光型的团体旅游产品为主转变为以度假型散客旅游产品为主。根据这一变化，旅行社应选择专营度假旅游产品或散客旅游产品的客户作为其新的合作伙伴，以逐步取代经营文化观光旅游产品或团体旅游产品的客户。

四、客户的维持巩固和发展策略

客户的发现、选择和培养，都不是容易的事情，需要外联部的经理和人员用心和依靠客户工作计划来完成。同样，客户的维持、巩固和发展，需要有完善的管理策略。

（一）客户分级制度策略

凡是与旅行社发生过业务往来的个人和组织都是旅行社的客户，根据他们对利润的贡献能力不同可将其分为不同的等级，给予不同的优惠政策。

（二）维持客户策略

1. 定期研究客户消费情况的变化

可以通过对客户满意情况的定期询问和了解旅游市场，以获得客户满意度的变化情况，掌握市场动态，及时对自身经营做出调整。这样可及时解决双方合作中的矛盾，消除隔阂，以巩固合作基础。

2. 分析客户变化的主客观原因

客户的忠诚度发生变化，主观方面是因为客户自身原因发生变化，如身体情况或组织内部管理机构发生变化；客观方面是因为其他旅行社企业竞争的加入或者潮流的影响。

3. 对流失客户再分析

外联人员对曾经与旅行社合作过的客户进行访谈，寻找其中的真正原因，是价格还是服务。应该看到客户流失通常代表顾客的满意度在下降，对流失客户除采取挽留措施外，还应当记录在案。以促进客户管理体系的不断完善。

4. 重要客户的培育

重要客户是旅行社的宝贵财富，除了给予一定的价格优惠，在服务水平和接待能力上也要充分重视，使客户有种受重视、受尊重的感觉。良好的关系是彼此双方在真诚、平等、互利的基础上所建立的，通过程序化的客户关系巩固，不仅可以使客户档案保持不断更新，对旅行社的经营起到一定的参考作用，与关系单位形成战略合作关系。

（1）及时回访客户

关系的巩固是建立在密切的联系和信息沟通的基础上，以电话沟通和上门恳谈、座谈等形式与客户加强联系，可以有效巩固客户关系。频繁的联系有时候会影响到客户正常的工作和生活，外联人员可以选择一些重要的节日，如客户生日、企业周年庆典等。

（2）通过邮寄印刷品保持客户关系

对于不断创新的旅行社产品，为了使客户可以常常在第一时间了解相关的信息，邮寄印刷品也是一种拉近与客户关系的常见方法。但在邮寄中应注意：

①客户单位名称与联系人或客户姓名、地址一定要书写正确。

②印刷品要精美，内容要简洁，附有一定的折扣或优惠信息。

③一次投递的数量不宜过多。

（3）组织联谊会或答谢会巩固客户关系

在一定时间选择一些 VIP 客户参加旅行社举办的答谢宴会可以增进彼此间的感情，了解对方的最新需求变化，有针对性地调整市场结构。在组织活动过程中，要有针对性地进行活动方案的制订，形式要不拘一格，争取多样化。

（4）设立年度奖励积分强化客户关系

在年终岁尾，对一年中为旅行社提供服务或购买旅行社产品达到一定金额的供应商和旅游者进行感恩回馈，可以通过返利或者免费享用某一固定行程旅游的方式来强化和维系客户关系。

第五节　旅行社的促销管理

在旅游市场营销组合的 4P 中，促销仍是营销策略中最能看得见的部分，这是因为广告和其他促销活动是在目标市场中和游客交流的最主要方式。

旅行社促销策略通过多种方式去告知并说服现有的和潜在的旅游者其旅游产品是符合他们需要的。这些交流工具主要包括广告、推销推广、直接营销、宣传册、公共关系、网络、促销活动等。促销要素的选择要依据具体的环境，特别是旅游需求的特点。由于在旅行社促销策略中促销具有催化作用，且旅游需求是一个最难以控制的力量，因此促销被用来转变旅游需求，促进旅游决策过程。促销的主要功能是刺激交易。一项成功的促销策略会实现原本不会发生的交易，因为促销通过促进信息的流动，说服旅游者作出购买决定。

一、促销策略的制订

一项整体的促销策略是由多种不同的促销方法组成的。在设计促销方法时，必须确信这些方法能让特定的目标市场接收到正确的信息。制订促销策略应该依据以下步骤进行：

（一）确定目标受众

目标受众是被挑选来接受信息的人群。应确定是否旅游中介（旅游批发商、代理商等）和游客都应接受所要传达的信息。

（二）确定促销目标和工作

促销目标包括要完成什么工作及预期的旅游者反应，促销工作就是围绕这上目标展开的。也就是说，促销的目标是预期的结果，促销工作必须指出如何实现这一结果；而促销组合则要说明使用什么促销工具。

（三）确定促销的费用

通常很难确定促销预算。虽然有很多方法可以帮助确定促销预算，但在旅游业中常用的方法有支付可能法、竞争对抗法和目标达成法。

1. 支付可能法

旅行社根据一个特定时期内自己的支付能力来确定促销费用。这种方法的缺点在于，导致了年度促销费用的不确定性，给长期营销规划的制订带来困难。

2. 竞争对抗法

这种方法是指旅行社参照竞争者的促销费用来决定自己的促销费用。实际上，许多人认为这种方法欠科学且效率较低，因为它假设竞争者的促销策略是有效率的。

3. 目标达成法

这种方法是确定旅行社促销预算的最适当的方法。这种方法要求旅行社尽可能详细和功能化地将促销目标描述清楚，实现目标的工作也必须确定下来，然后结算出完成这些工作所需要的成本。对于旅游业而言，这些工作是指各种促销手段的应用。一旦旅行社促销目标和所需的费用被清晰地确定下来，接下来就可以确定促销组合了。

（四）确定促销组合

就是要确定各种促销方法的运用程度。在某些情况下，各种促销方法是可以互换的，但无论如何，要对它们进行明智的组合。对旅游而言，广告是最有效的促销工具，因为它可以在一个较低的人均成本水平上传达给一个较大规模的目标市场，其他的各种方法也各有特点。为实现促销目标，各种不同的促销手段和工具应同步使用。

二、旅行社促销的方法

（一）广告

广告是一种高效的促销方法，可以将一个明确的信息传达给更多的人，但它是一个难以评价效果的促销方法。广告适于创造和建立一种对产品或品牌的意识，但不能同样促进销售。绝大部分的旅行社都能从广告宣传中得到好处，但为了避免精力和金钱的浪费，对广告的规划应比其他促销方法更为仔细。

1. 旅行社广告目标可分为通知、说服、提醒三大类

（1）通知性广告。主要用于旅行社新开业或推出产品，进行市场开拓的初期，让旅游消费者和旅游中间商对新旅行社或新产品的情况有一个基本认识，其效果是使旅行社在首次亮相时，就留给公众良好而深刻的第一印象。

（2）说服性广告。用于市场的竞争阶段，用来建立旅游消费者对旅行社的偏好，最终促使旅游者选择你的旅行社。这类广告一般通过宣传自己的特长，或与其他旅行社进行比较，从而达到说服目标的实现。

（3）提醒性广告。是旅行社达到一定知名度后，为保持旅游消费者对旅行社的不断记忆和印象，吸引众多回头客而推出的广告。这类广告的目的是使旅游消费者确信对旅行社的选择是正确的。

2. 按照宣传媒介的不同，旅行社广告可分为大众传播媒介广告和户外广告两大类

（1）大众传播媒介广告。大众传播媒介广告，是通过购买宣传媒介的版面或时间而进行的，它包括以下几种具体形式：报纸广告、杂志广告、电视广告、电台广告（见表5-1）。

（2）户外广告。户外广告，是通过户外的道路指示牌，建筑物、交通工具、海报等进行宣传。

表5-1 媒体广告优缺点

广告媒体	优点	缺点
电视	视听同步，图文并茂，富有感染力；传播范围广、速度快、效率高	费用高、时间短；干扰较大、观众选择性差；设计制作难度较大

续　表

广告媒体	优　点	缺　点
广播	信息传播及时、灵活；传播面广；广告费用较低	缺乏视觉吸引力，听众记忆起来相对较难
报纸	传播面广、可信度高、可选择性强；广告费用较低；读者可以反复查阅	内容较杂，易分散读者的注意力；彩色版面少，表现力较弱；浏览性读者多，广告不易被人记住
杂志	印刷精美，可图文并茂，适于形象广告；阅读率高，保存期长；便于针对阅读者的目标市场选择	广告周期长，发行量较少，价格偏高
户外广告	灵活、醒目；展示时间长	广告信息接收对象选择性差；内容局限性大
直邮广告	目标顾客针对性强、十分灵活，受时空条件限制最少	人员、时间、经济投入相对较高，使用不当可能会引起收件人反感

3. 广告媒体的选择技巧

(1) 旅行社营销目标与媒体的选择

若旅行社营销目标是扩大销售额，这就要求广告能促使旅游消费者马上将欲望付之行动，缩短其决策过程。这就需要电台、电视台、邮寄广告等有较强影响力和感染力的媒介；若旅行社的营销目标在于提高旅行社的知名度，其广告应着眼于未来，使旅游消费者树立对旅行社的信任感是其主要目的，因此，需要媒介有保持较长时间和容易接近的特点，较理想的媒介有户外广告、车身广告、礼品广告等。

(2) 目标市场与媒体的选择

一般说来，旅行社目标市场可以按地理因素和非地理因素划分两种。在以地理因素来划分的目标市场中，应选择成本低、广告暴露量能覆盖该地理区域的媒体，如报纸杂志、电台等都较理想；针对人数、性别、社会等诸多非地理性因素而划分的目标市场，旅行社可采取将广告集中投入到最有可能成为旅游消费的公众中去。所以媒介一定要有针对性。

4. 各种旅行社广告的实施方案

(1) 拓展型方案。旅行社为了扩大市场占有率，提高旅行社的知名度，以期在同类旅行社中独占鳌头，往往采用这种方案。这是一种积极进取的广告方案。

(2) 稳定型方案。这类方案在广告宣传上处于守势，旅行社每年保持一定数量的广告投入，只求已取得的市场占有率和旅行社知名度的保持，没有大的发展潜力。

(3) 保守型方案。采取此方案的旅行社常认为广告可有可无，只在经营受挫时才会匆忙想做广告，一旦经营好转时就马上停止。

（4）联合型方案。对于资金缺乏的单个旅行社，可以寻求与其他旅行社、旅游中间商联合，共同开拓市场。此外，旅行社还可与饭店、旅游点、交通、娱乐和旅游管理当局等联合进行广告促销，增加对旅游者的吸引力。

（二）公关促销

旅行社公共关系，是指旅行社与公众之间的关系。是指旅行社面向社会广大公众的一切宣传联系活动。它是旅行社营销人员所采用的营销工具之一，也是一种促销手段。

旅行社公众是指现在或将来对旅行社经营声誉具有影响和作用的个人或团体。它包括现实旅游者或潜在旅游者、旅游中间商、金融保险机构、宣传机构、其他社会团体等。旅行社开展公共关系的主要目的在于公众对旅行社的支持，提高旅行社和旅行社产品的社会声誉，为旅行社创造良好的外部环境，从而有利于旅行社的不断发展。而营销公关的一切活动都是以具体的产品品牌为中心进行的，如借助媒介传播产品信息、以品牌形式赞助公益活动等。

1. 旅行社公共关系特点

旅行社设计组合旅游产品需要依靠多方面的合作，所以旅行社的公共关系和一般的企业不大相同。一般来说，它具有以下特点。

（1）涉及范围广泛。旅行社的产品设计要涉及多方面的协调与合作，所以它需要在很广泛的范围内开展公关活动。旅行社需要通过电视、广播和报刊等媒体，在社会公众中寻找客源市场，推销产品。同时，旅行社还需要根据食、住、行、游、购、娱六大要素保持与饭店、餐厅、交通运输、商场、旅游景点以及娱乐场所等的密切合作，以保证整体旅游产品的质量。

（2）社会关系繁杂。因为旅行社是一个高关联度的行业，它基本会涉及社会的各行各业，而且整个旅游活动又是一环扣一环，哪一个环节出了问题，都会影响到整个活动，所以旅行社的社会高关联性决定了其公关活动的复杂性。

（3）活动内容繁多。旅行社所组织的旅游活动内容广泛，要使每一项工作都有条不紊地进行，需要各个方面的协调。而且，旅游者的旅游时间、旅游需求、旅游方式也都是各式各样的，随时都会出现形形色色的问题。因此，旅行社公关活动的内容繁多。

（4）旅游目的地形象的塑造。旅行社在注重自身形象的塑造时，还必须积极树立和推销旅游目的地的形象，因为，旅游者选择他们的旅游目的地，最根本来说还是因为目的地本身具有很大的吸引力。旅行社设计的旅游产品也是以旅游目的地为依托的。如果没有一个理想的目的地形象，即使其他服务再优质，也不会吸引太多的旅游者。因此，从吸引旅游者的角度来看，对旅游目的地形象的塑造比对旅行社自身形象的宣传更重要。

(5) 全体公关。旅行社作为服务行业需要与旅游者面对面地进行接触，所以旅行社的每一个员工都将是整个企业形象的代言人，旅行社的形象都将通过他们的实际服务得到体现，他们的一举一动都会影响到企业的形象。

2. 公关广告与促销广告的区别

旅行社公关广告不在于对旅行社某一旅游产品的推销，而是整体形象的促销。旅行社的公关广告应坚持长期不懈。旅行社公关广告的形式丰富多彩，如礼品广告、车身广告、招贴广告、霓虹灯广告、报刊、电视、参加公益活动、举办会议等。促销广告与公关广告相反，只注重对旅行社内某一旅游产品的宣传，以达到在短期内促进销售的目的。促销广告的主题只有一个，促销广告的持续时间短，通过重复出现的频率以不断刺激旅游消费者对内容的认识。

（三）直接营销

直接营销包括人员推销、直接邮寄广告和电话营销三种主要形式。

1. 人员推销

人员推销又称派员推销，它既是一种传统的销售方式，又是现代产品销售的一种重要形式。它是由旅行社选派推销人员，直接向旅游消费者或旅游中间商推销旅游产品。人员推销具有以下特点：

(1) 针对性。旅行社推销人员与旅游消费者进行直接联系，可以根据各类旅游消费者的欲望、需求、动机和行为，有针对性地进行推销宣传，介绍产品的质量、内容和价值，还可以用图片、电视等示范，以消除人们由于对产品不够了解而产生的各种疑虑，诱发其购买欲望，促成购买。

(2) 成功率高。人员推销可事先对未来潜在的旅游消费者研究，以便在实际推销时有所准备，易获成功。

(3) 了解市场动态。推销人员除了做推销工作以外，还可同时兼做服务，了解市场动态，收集市场情报和旅游消费者的意见，反馈市场信息等工作。

2. 直接邮寄广告

直接邮寄广告是一种通过旅行社商业性信件、宣传小册子、旅行社新闻信、明信片等作为宣传的广告。

3. 电话营销

可采用800免费电话来吸引消费者，同时适时致电给以前的顾客向其推销新的旅行社产品。

（四）营业推广

营业推广又称特种推销，销售推广。包括面向中间商的销售推广和面向消费者的销售推广两类，在旅游业中以前者较为普遍。面向中间商的销售推广活动包括熟悉业务旅行、旅游博览会、交易折扣、联合广告、销售竞赛与奖励和提供宣传品等众多不同的方式。

中间商考察旅行是比较常用的一种方式。即组织中间商来旅游目的地进行考察，向他们介绍旅游路线和活动，特别是介绍旅行社新的产品，使他们通过实地考察，了解旅行社的产品和旅游目的地的情况，产生来本地旅游的愿望。这种方式成本较高，但效果较好。采用这种方式要注意正确选择中间商、考察规模适中以及合理安排旅行计划等问题。

（五）网络

作为一种影响日渐广泛的信息沟通手段，互联网在现代信息传递中起着越来越重要的作用。互联网已经渗透到人们的生产和生活各个领域，以信息沟通为核心内容的旅游促销活动也不例外。旅行社应该充分利用互联网的优势开展促销活动。与传统的印刷媒体不同的是，互联网可以使用户连续不断地获取信息，无论从信息量还是从信息传递速度上讲，互联网都远远超过传统印刷媒体。旅行社可以建立一个自己的网点，使用户可以直接获取有关其旅游产品的信息。

三、旅行社促销策略

（一）推的策略

推的策略是旅行社主要运用人员推广或其他营业推广手段，把旅游产品推向市场。实行推的策略，要求旅行社的推销人员针对不同的旅游产品，不同的旅游消费者采取不同的推销方法。推的策略不一定是以最终旅游消费者为目的，它可以从生产旅游产品的旅行社推向旅游中间商。

（二）拉的策略

拉的策略，主要是旅行社将大量费用用于广告和其他宣传措施上，激发旅游消费者对某种旅游产品产生兴趣，从而产生需求并加速购买。

上述两种策略，在实际促销活动中，常常是兼用的。

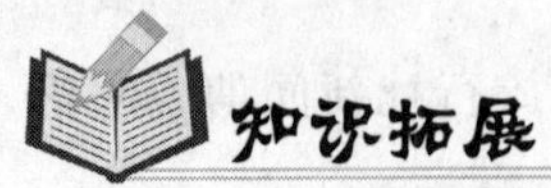

电话销售技巧与注意事项

通过电话营销的好处比较多，能在最短的时间内有效接触到最大范围的目标客户，节省时间，并且更了解客户的需求，并与客户建立长期的信任关系，降低销售成本，提高销售效率收集外部信息。电话销售在整个销售活动中分为两大类别：一种是先通过拨打陌生拜访电话进行约访，再登门拜访、协商，最后签单。另一种是直接通过陌

生拜访电话进行销售，了解客户需求，而且追踪直至成交均是通过电话实现。电话营销技巧有以下几个方面。

1. 树立信心

打电话进行销售，遭遇的拒绝非常多，有些甚至很没有礼貌，所以导致电话销售人员有强烈的挫折感，使他不愿意继续打电话。所以作为一个销售人员在打电话前必须建立自信心。大家都应该知道，一个人的声音、语气、语调都会传达自己的心理状况，如果你是愉快的，你的声音也会愉快，如果你是忧郁的，你的声音也会忧郁，如果你是自信的，那么你的声音也会让对方觉得你非常自信。自信对一个业务员来说是非常重要的，试想，如果我们对自己所说的话没有自信的，那又怎样去打动客户。我们只有用自信的言语才能感染客户，让他对我们的旅游产品产生兴趣。

2. 开门见山

拨通客户的电话后，首先要设法找到你要找的人。例如，电话接通后，电访员可以问道："您好！我是美丽假期旅行社的小陈，请问黄经理在吗?"若是客户自己接电话，电访员就可以顺势步入正题。接通电话的最初15秒是最重要的，电访员应以最有效的方式迅速打动客户，引起客户的兴趣，并继续这个谈话。假如准客户提出有旅游的计划，销售人员必须要向客户了解四方面的情况：一是参加旅游的人数；二是选择出游时间；三是前往旅游的目的地；四是参加对象。在通话过程中，不要太操之过急，要扬长避短，比如说，客户问到去汤岗子温泉二日游多少钱，假如销售人员当时记不起是多少钱的话，可以这样说："因为汤岗子温泉是一个去的人比较多的温泉，不知道你订的时间是否有房，要不先向温泉了解一下是否有房，假如有房再给您报价行吗?"这样挂了电话后，作为不熟识这条线路的销售人员就可以通过挂了客户电话后再向经理了解关于汤岗子温泉的概况及周边的景点特色。这样会令自己本身不专业而在客户面前是一个专业的旅游销售人员。

3. 找到准客户的关键人

拨打出陌生拜访电话后，成功的第一步骤就是找对人。俗话说：找对人，做对事。如果连有权做决定的人都无法找到，电话里销售技巧再好也是白费周折。因此电话销售员在第一次打出陌生电话的最初关键步骤就是要确认与你通话的人就是你要找的关键人。一般公司公布的咨询电话大都是总机或前台，那么怎么让接到你电话的人帮你把电话转给你要找的企业负责人呢？这一点很重要，在这一部分作为一个销售人员需要作自我介绍、电话缘由、初步探听主管及负责人。找出能绕过前台总机障碍的电话缘由，可以找一些有力的借口，如说已和负责人联系过、是对方要求今天这个时候再联系的；或者以免费试用服务的说辞来吸引对方等。需要注意的是：电话缘由不要花太长的时间，主要目的是为了找到决策者，同时初步了解客户的情况。

4. 打电话前的准备工作

电话销售最为重要的是做好准备工作。电话销售的销售过程短暂，充分的准备才能抓住难得的机会。比如拨通客户电话前需要准备的：公司的产品资料及报价单、笔记本、笔；在通话过程中一定要做好笔录：一方面做好业务跟踪；另一方面做好沟通技巧的总结，找出问题所在。每打一个电话，技巧都要有提高。

5. 争取预约

电话拜访能取得预约是成功的一半，假如客户是有计划但不想应约，要求销售人员发传真过去参考，作为销售人员应以诚恳的态度、负责任的行动打动客户，比如说，我们假如能为贵公司服务是一种荣幸，但假如有这样的机会，我一定尽我所能做好，也希望你对我社有更深的了解，同时深入了解贵公司要去的地方，我这里有一些关于贵公司要去的景点图片，但资料是彩色的，发传真不清楚 。况且我们为客户做的计划都很细，也比较多，要传真的资料太多了，还是我过来一趟当面讲讲吧，这样更清楚，花不了多少时间，希望能给您及贵公司选出一个如意称心的行程。假如客户拒绝，并说公司目前没有旅游的计划，但作为一个出色的销售人员要正确面对拒绝，有许多业务员在遭到一次拒绝以后就对这个客户放弃了，但请大家记住一个成功的销售人员必须能够在遭到客户拒绝后，仍然要保持与客户的联系，并持之以恒。通常与一个客户要保持至少五次联系，客户拒绝你，很多时候并不是因为拒绝产品，而是当时他的确没有这方面的需求，但当有一天他觉得需要时，他一定会来找你，因为在这么长的时间里一直是你在联系他，因为你的诚意已经打动了他。

6. 把握好打电话的时间

凌晨、半夜、中午12:30—14:30分打电话给对方，通常都不受欢迎。还有，上午八时到九时左右（尤其在星期一）的时段，是上班族最忙的时候，打电话最好错开这个时段。以免引起对方的困扰或是反感。

失败的营销个案——“告别三峡游”

1997年，海外旅行商为了在已经经过1992年、1996年两次炒作后的轰动效应之后再添一把火，推出了“告别三峡游”的促销主题。作为一种市场销售主题它在当时的情况下提出，虽然存在着极大的不科学性，但从商业炒作的角度看，确实起到了很好的促销效果。但在大江已经截流的今天看，它不可避免地产生了一系列负面效应：一方面人们对“告别游”产生了歧义的理解，以为大江截流后三峡就没有什么可看的了。导致长江三峡旅游业出现了大幅度整体下滑，旅游景点门可罗雀，90%的游船待泊港中。之后的几年，这种观点的影响仍然存在。另一方面，爆发性的轰动效应给长江三峡沿线的接待能力以突然袭击，最终损害了游客的利益和长江三峡的整体形象。

要点分析

成功的旅游促销案例大致可分为以下几种。

1. 借事件之势

借事件之势就是借助某一事件的影响进行旅游策划。我们身边每时每刻都在发生着各种不同的事件，这些事件起因各异，表现形式各异，结果各异，但有一个共同点，就是这些事件犹如大海中大大小小的浪花，总会波及一定的区域，总会使一些人不可避免地受到影响，因此，也总会被人们所关注。有心人往往可以从中发现契机，顺势而为，从而策划出一些活动或发展项目。德国旅游业成为2006年世界杯足球赛真正的大赢家。世界杯期间游客数量较预测翻了一番，达到了200万人次，直接为德国带来了30亿～35亿欧元消费额。这一切的取得似乎出人意料，但又在情理之中。多年来，德国植根于世界各地的旅游推广体系，加上"世界杯"事件，诉诸整合营销手段，德国旅游井喷时刻的到来自是水到渠成。事件旅游，一直是旅游目的地营销的重要手段。目的地的重大活动，就如同一趟可以搭乘的快车，机会绝对不容错过，尤其是像世界杯这样的体育盛事，"全球事件"，未来十年德国都不会再碰到。紧抓这一机遇，创造性地"借题发挥"，并以整合营销活动加以推广，令旅游目的地德国迅速"走红"。由于世界杯的效应，德累斯顿银行专家指出，德国旅游今年全年的收入将增加7%，达250亿欧元。更难能可贵的是，91%的游客表示愿意向朋友推荐德国作为旅游目的地，此举将令德国的旅游业长期受益。

2. 借决策之势

借决策之势，也可称为借政策之势，主要是指借助各级政府的重大旅游决策而进行旅游策划。政府的决策对旅游业的发展至关重要。政府决策一般是针对全行业而言的，但精明的策划人总是可以从中发现商机，抢得先机，趁势而为，取得佳绩。2004年，国家旅游局决定将红色旅游作为一个重点来发展，决策一出，湖南、江西等省便率先行动，启动了红色旅游。湖南省人民政府联合国家旅游局、团中央在韶山组织了声势浩大的"中国红色之旅、百万青少年湘潭韶山行"大型主题活动；江西组织了"新世纪、新长征、新旅游——2004中国红色之旅万里行"活动，由10多台专车组成的车队从瑞金出发，沿途穿越15个省（市、自治区），历时两个月，行程3万余千米，这都是借决策之势的典范之作。

3. 借时间之势

借时间之势就是借助某一特殊的、有重大纪念意义的时间进行旅游策划，以达到自己的目的。比如说青少年夏令营，如果在学生上课时举行，就得不偿失。但是如果将其放到寒暑假举行，就会起到事半功倍的效果。又比如各种类型的龙舟比赛，如果在端午节举行，就显得意义重大了。2000年时，著名策划家，人称“创意九段”的陈放先生早在1993年就敏感地意识到了千禧年的商机，策划出了几百套方案，其中包括泰山点千年圣火、钱塘观千年大潮等。后来，这些方案大部分都实施了，陈放先生的这种敏感性就是借时间之势进行旅游策划的经典。此外，政府或企业举办的重大庆典活动也可成为旅游策划的“引线”，如三峡工程的竣工庆典等，都是策划旅游活动的良机。

4. 借人物之势

借人物之势就是指借助于某一名人的影响，策划出相应的活动或开发项目。借人物来策划旅游的事例数不胜数。从借古人来说，不但中国古代的皇帝、大臣、皇后、贵妃、文人墨客、能工巧匠的故居、陵墓现在大多已经成为旅游景点了，而且，古代神话传说中孙悟空、猪八戒、七仙女、嫦娥等人物也都成了重要的旅游资源。山东的孔子国际文化节，湖南的蔡伦科技发明节等都是借名人造势的典范。借今人造势的例子更多，许多名人的故居，现在都成了著名的旅游目的地。金庸先生是著名的武侠小说大师，他的一部作品中有一个关于“五岳联盟”的故事，说的是东岳、西岳、南岳、北岳、中岳五大名山的掌门人共同结盟，组成了一大帮派。2003年，南岳“假戏真做”，联合其他四岳成立了一个现代旅游营销意义上的“五岳联盟”，引起了旅游界、新闻界的轰动。

5. 借山水之势

山有山的走势，水有水的走势，借山水之势，就是利用自然界山水的大致走势，稍加点缀，营造新的景点，策划大的活动。对于旅游策划者来说，山水是永远也做不完的大文章。做山水的文章要善于从常人眼里的沟沟坎坎中去发现不同寻常的东西，寻找山水的卖点。近年来，关于利用山水而成就的旅游策划数不胜数，张家界的飞机穿越天门洞，就是利用了天门山顶的那个天然山洞。那山洞如果没有那一次穿越，也许永远只是一个任人评点的山洞，可是，那一次穿越之后，那个山洞便与挑战和冒险连在一起了，成了大自然留给人类的一道战书。阿迪力南岳走钢丝，猛洞河国际漂流节，这些同样是利用山水大做文章。四川乐山大佛是个著名的景点，乐山大佛所在的那座山的山势被人发现也像一尊卧佛之后，经媒体的炒作，卧佛又成了新的景点，可谓借势成景的典范。

6. 借建筑之势

借建筑之势就是指利用古代或现代的建筑物而策划出来的活动或景区（景点）项目。建筑是人类文化的立体体现。我国是一个有五千多年文明史的文明古国，自古以来，我国人民创造了十分丰富而又独特的建筑文化。做建筑的文章首先是要做好古建筑的文章。如现存的古代书院、寺庙、民居、官殿都是我们策划景观景点的好原料。平遥古城、凤凰古城、湘西的王村、岳阳的张谷英村都是利用古建筑策划出来的景点。

北京的故宫、长城，西安的华清池、碑林更是利用古建筑促进旅游发展的典范之作。现代建筑也可以将其策划成为好的景观景点，如上海的东方明珠电视塔，北京的人民大会堂、毛泽东纪念馆等。

7. 借特产之势

利用一地的特产策划出旅游活动或旅游产品开发项目、旅游景区（景点）建设项目，促进旅游业的发展，这便是借特产之势。我国各地的物产千差万别。如椰子就只能产在南方而不可能产在北方，哈密瓜只能产在北方而不可能产在南方。由于各地的经济条件、民间习俗不同，还形成了一系列具有浓厚地方特色的加工产品，如东北的皮革、大连的服装等。利用特产策划大的旅游项目和旅游节会活动已经成为近年来旅游策划的一种时尚。如吐鲁番的葡萄节，海南的椰子节，大连的服装节，湖南常德桃花源的桃花节、石门的柑橘节等就已经成为有一定影响的、以特产为基础的旅游节会活动。

8. 借民俗之势

借民俗之势就是指借助一地的民风民俗，策划出旅游活动项目或旅游产品开发项目、旅游景区（景点）建设项目，促进旅游业的发展。民俗也是一种重要的旅游文化资源。我国有56个民族，各民族都有自己独特的民俗风情，如苗族和土家族的摆手舞、哭嫁等风俗，蒙古族的摔跤风俗等，这些民间风俗习惯只要稍加整合，就可以成为独具魅力的景观和旅游节会活动。如张家界的土家族民族风情园，就是将土家族的民风民俗及建筑集中到一处进行展示；又如云南等地的火把节、蒙古族的摔跤节等也都是利用民风民俗而策划的节日。

思考题

1. 分析并指出大众传播媒体性广告中的电视、报纸、杂志和广播电台的适用目标市场特点。

2. 仔细阅读报纸上刊登的旅行社广告，分析其中哪些是按照撇脂定价法制定的价格，哪些是采用渗透定价法制定的价格，哪些是利用心理定价法制定的价格以及它们各自的促销对象是哪些旅游消费者群体。

第六章　旅行社接待服务管理

本章导读

旅行社的接待服务管理就是对旅行社在对客服务方面进行综合管理的过程，其主要宗旨是保证向游客提供高质量的服务。旅行社的服务管理也是整个旅行社管理体系的核心内容之一。旅行社的服务管理是经营管理的重要组成部分，也对客服务的重要环节，更是整个旅行社进行旅游产品销售的主要内容 。旅行社的接待工作直接关系到旅游者的切身利益，同时也关系旅行社的社会效益和经济效益。因此，在接待的过程中要严格按照规定程序进行操作，维护好旅游者、旅行社和旅游工作人员三方面的利益。

本章难点

1. 团体旅游的接待过程管理
2. 旅行社的门市部业务
3. 散客旅游业务的特点

第一节　旅行社接待服务

旅行社的接待服务主要包括出入境旅游服务和国内接待旅游服务，其管理的程序与方法大体相同，不同之处在于是否跨越国界。

一、接待服务管理的程序

接待服务管理的程序，主要由服务前准备管理、实际服务管理和服务善后总结管理三大环节组成。

（一）服务前准备阶段管理

为了做好服务工作，旅行社必须做好充分的服务前的准备管理工作。具体地讲，旅行社应做好以下几个方面：

1. 制订接待计划

旅行社必须根据旅游团队的基本情况和旅游者的具体要求，制订出具有针对性的接待计划。接待计划的内容由该旅游团的基本情况和要求、日程安排、团队成员名单几部分组成。基本情况和要求，主要包括团队名称（编号），境内外组团社名称，旅游团人数（注明男、女、儿童人数）、各地所下榻的饭店、有何具体要求、结算方式、旅行团的等级（如参观团、考察团、专业冈、重点团、豪华团、经济团等），订票情况，全陪或领队姓名等内容；日程安排主要包括旅游团出入境日期、航班（车次）、抵离各城市所乘坐的交通工具，接待车辆，用餐标准，各地主要参观游览项目，定点购物商场，特殊要求等；成员名单主要包括旅游者的姓名、性别、年龄、职业、证件号码等内容。另外，重要人物还必须注明其身份。

2. 配备合格的导游

旅行社应根据旅游团队的具体特点和要求，配备合适的导游人员。为此，旅行社必须掌握每个导游人员的特点和专长。如接学生团，应配备一名与学生们年龄相仿、有共同的爱好和共同语言的导游；接老年团，应配备一名性格温和、耐心细致、懂得生活和医学常识的导游。

3. 具体的准备工作

主要包括领取参观券、行李单、全陪签单、费用报销单、情况汇报单、借款及团队离境交通票等。接团社当天还必须进一步确认团队抵达的具体事宜。如所乘坐的交通工具、抵达时间有无变化等。

4. 检查服务的准备情况，并提出具体的服务要求

旅行社应按时检查或抽查导游员的服务准备工作和旅游团队活动日程的具体内容及落实情况。如果发现问题，应马上纠正。对缺乏接待经验的导游，应给予必要的培训和指导。除此之外，旅行社还须向导游提出具体的服务要求，强调严格按规范和标准接待，对特殊团体还应当提出特别的接待要求。

（二）实际服务阶段的管理

实际服务阶段的管理工作是旅行社接待管理的重要环节，也是薄弱环节。因为旅行社对每一个导游人员的服务过程，难以采取有效的控制，而许多突发性问题及事故又集中发生在这个阶段，所以旅行社必须加强对这个阶段的管理工作，以确保旅游团队的接待质量。具体地说，旅行社必须建立严格的请示、汇报制度，进行必要的现场检查、监督，同时，要做好后勤保障工作。

1. 建立请示、汇报制度

旅游服务工作具有很强的独立性，因此导游人员必须具有一定的自主性，具备较强的协调组织能力、应变能力。但同时为了加强对服务的管理，必须建立严格的请示、

汇报制度，如果发生重大变化和问题，必须及时请示旅行社有关部门，以得到必要的指示和帮助，避免因处理不当而导致旅游者不满。在建立请示、汇报制度时，旅行社可根据实际情况，在给予导游人员一定的自主性的同时规定请示、汇报的范围，使之对实际工作更具有指导意义。

2. 现场检查、监督

现场检查、监督是旅行社获得有关实际服务方面信息，掌握导游员服务态度、服务水平、各环节服务情况的有效途径。据此，旅行社可以客观评价导游人员的服务质量和旅游者对服务的满意度，从而加强今后的服务管理。具体做法是：

（1）突击检查，即由旅行社接待部门经理和相关管理人员，在事先不打招呼的情况下，亲自跟团检查或在游览景点、饭店、餐馆等场合进行现场检查。

（2）成立专门的质量稽查、监督部门，有选择性地走访一些旅游团的全陪、领队和客人，了解他们对服务质量的亲身感受和对服务的具体要求，把检查结果与导游员的切身利益挂钩，以此督促导游人员提高服务质量和自身素质。

（3）后勤保障工作。为保证旅游团队的服务质量，旅行社后勤部门必须认真地落实旅游团队的后勤保障工作，如该团交通票据、用车、住房、用餐、参观单位和文娱节目等。及时处理旅游团队的变更函件，并转发给有关部门，通知导游人员，随时掌握旅游团的活动日程。热心地为导游人员服务，做好导游人员所委托的有关旅游接待的各项委托代办工作，并将办理结果及时反馈给导游人员。

（三）服务善后总结阶段的管理

服务善后总结阶段的管理，目的就是总结对旅游服务过程中的经验教训，处理旅游者的表扬和投诉，以此提高服务人员的思想认识、认识水平和业务能力，从而完善旅行社各个服务环节的工作。

1. 建立接待总结制度

建立接待总结制度是旅行社提高工作效率和服务质量的重要途径。旅行社的具体做法是：规定导游人员上岗后，必须写陪同日志；导游人员对接待过程中发生的重大问题与事故，必须写书面报告：旅行社要听取导游人员的当面汇报；定期组织导游彼此交流工作，提高导游人员的整体服务水平。

2. 处理旅游者的表扬和投诉

处理旅游者对导游人员接待工作的表扬和投诉，是服务善后总结阶段的另一个重要内容。一方面，旅行社应当对优秀的服务人员加以表扬，并给予必要的物质奖励，以此为其他服务人员树立榜样；另一方面，旅行社要及时通过处理旅游者投诉，对相关服务人员给予必要的处罚，以避免今后工作中出现类似问题。

二、出境旅游服务管理

出境旅游服务管理的程序，也是由服务前准备阶段的管理、接待阶段的管理和善

后阶段的管理三大环节组成。

（一）服务前准备阶段的管理

服务前准备阶段的管理对于出境旅游团来说尤其重要，因为旅行社对于接待过程中出现的问题一般鞭长莫及。这一阶段的管理工作主要包括以下几个方面：

1. 制订接待计划

旅行社应根据与旅游团的协议（合同）和有关资料，制订周详的接待计划，具体内容包括：

（1）旅游团的基本情况。在旅游计划内应写明团名（编号）、人数（说明男、女、儿童的人数）、客源地区及构成、旅游线路、各国（地区）接待旅行社名称及联系方式、出境日期、入境日期、出境口岸、领队姓名、团队的特殊要求、重点人物等基本情况。

（2）日程安排。出境旅游团的日程安排应当包括以下内容：抵离城市（地区）、抵离日期、所乘的交通工具抵离班次（船次）及时刻、抵离时间、所下榻的饭店；各城市（地区）游览活动内容；每日用餐安排情况；出发当天旅游团集合时间、地点；注明境外行程内容以日程表为依据，但游览次序可能出现变动。

（3）团队名单。出境旅游团使用由国家旅游局统一印制、编号的《中国公民自费出国旅游团队名单表》（以下简称《名单表》）。组团社如实填写并经国家旅游局或省级旅游行政管理部门审验合格后，加盖审验单《名单表》一式三联，出境时第一联和第二联交边防检查站检查，对没有《名单表》或实际出境人员与《名单表》登记情况不符的边防将不予放行。边检站在《名单表》上注明实际出入境人数并加盖验讫章后，留存第一联，第二联暂由领队保管，在团队入境时交给边检站检查收存，第三联由组团社在团队回国后交负责审验的旅游行政管理部门备案。出境前，必须对《名单表》认真核对，核对名单表上的姓名、护照号码、出生日期、出生地、护照签发地点和签发日期，做到名单表内容与护照内容一致。

2. 选派领队

旅行社还须根据团队性质和特点，选派工作责任心强、业务熟悉、外语熟练、知识丰富的领队。

3. 选择合适的境外接待旅行社

一个经营出境旅游业务的旅行社，通常与海外各国（地区）的几家信誉较好的接待社建立长期合作关系。但是每个旅游团的性质和特点不同，所以还必须有针对性地从中选择符合团队特点，价格合理、服务质量好的接待社。必要时旅行社可以派人到国外实地考察接待社的情况。

4. 落实交通票据

落实每一转乘环节的交通票据，并帮助领队确认交通票据。

5. 与国外接待社确认活动日程

活动日程的确认起合同（协议）的作用，一经确认，双方必须遵守。接待大型旅游团，组团社可先派人员实地考察后再确认。

6. 成立专门的工作组

接待大型旅游团体，为确保旅游计划顺利完成和保证接待质量，须确定境内外工作组。工作组成员的主要任务是确保旅游团的交通、食宿各环节的衔接。

7. 督促领队做好其他行前准备工作，进行必要的指导

旅行社应督促领队做好行前准备工作，提示对旅游团接待的要求。对于业务不十分熟悉的领队还必须进行必要的指导。

另外要拟订旅游者行前须知、旅游目的地国家（地区）简介及注意事项，以及检查领队对证照、表单、交通票据的核对情况。

（二）接待阶段的管理

1. 建立请示、汇报制度

旅行社应给予领队一定的境外活动自主权，但是对领队在境外带团过程中的权限必须做出明确的界定。

2. 建立质量反馈制度

旅行社应给每个旅游团分发“团体接待质量反馈表”，并及时回收，以此对领队的服务工作进行监督和反馈。

3. 对小费支付方式做出明确规定

在国外，大多数国家和地区都有支付小费的习惯，如果领队对境外有关服务人员不支付合理的小费，也将影响服务质量。

另外要与境外接待社沟通信息并制订合理的报酬制度。

（三）善后阶段的管理

1. 建立接待总结制度

旅行社应建立接待总结制度，要求每个领队在每一个团队活动结束后，写出领队小结，并定期开会总结领队工作，对操作过程中出现的问题应进行分析，避免今后出现类似问题。

2. 建立回访制度

旅行社应当在团队活动结束后，进行必要的回访（电话、信函方式），并将回访情况归类建档，以掌握领队的实际服务情况。

3. 处理好表扬和投诉

领队接团后会有“接待质量反馈单”，其中有对领队工作和接待工作的评价。对工作好的受到表扬的领队要给予相应的经济和物质的奖励，对于工作不认真受到投诉的领队要给予相应的处罚，以避免以后的工作中再出现此类问题。

三、散客旅游服务规范

（一）预订

散客旅游者为了实现自己的旅游目的，首先要进行预订。对旅游者本人的询问，业务员在作业中必须了解客人的国籍、人数和性别；需要提供何种方式的服务；有何特殊要求。在接到委托后，从询问线路、价格开始要认真做好记录，每份传真和电话记录必须注明日期和受理人姓名，注明客人的要求，包括行程、出入境时间、旅游项目等。

（二）设计旅游线路

根据旅游者逗留时间精心设计旅游项目，安排旅游者参加半日游、一日游或多日游。对旅游产品的设计，要求将最有代表性的精品线路呈现给旅游者。

（三）报价及费用结算方式

设计出旅游线路以后，就要进行相应的报价，填写"报价表"时要注意数字准确、内容完整。报价时，一定要说明费用包括哪些内容，不包括哪些内容。散客报价旅游费用结算方式有两种：一是预付；二是现付。

（四）旅行社加强散客服务的措施

旅行社加强散客旅游服务应做好以下几个方面。

（1）在当地机场、车站、码头、各大旅游饭店及市中心地区设立销售点或委托代理点为散客提供服务。

（2）与其他城市的旅行社、饭店建立相互代理关系，代销对方的服务项目，如订房、订车票等，相互输送客源。

（3）与海外经营出境散客旅游的旅行社建立代理关系，委托它们销售自己的服务并输送客源。

（4）和当地的交通部门、饭店、餐馆、文娱场所等建立代理关系，代销它们的产品。建立以计算机和网络技术为基础的网络化预订系统，保证散客能迅速及时地进行旅游预订和委托。

第二节　旅行社接待管理

一、旅行社的旅游服务准备

（一）整理原始资料

首先要参照旅游合同的条款，然后查阅原始资料，整理汇总该团的往来传真、电话记录、函件、电传等，了解旅游团（旅游者）的特点以及游览参观、生活起居和专业活动等方面的特殊要求，并将各项要求反映在计划中。

（二）落实交通事宜

应当认真查阅民航、铁路、轮船、长途汽车等交通部门印制和发行的最新一期的时刻表，并对航班、车次、船次以及飞机机型、列车座卧铺、轮船舱位、汽车车型等情况进行核对。如果所安排的航班、车次、船次与对客户的承诺有差别，应当及时通知对方。在计划中，应尽量避免安排机型小、航次不多的航班和长途或过路的列车。在落实票务方面，应遵循一定的业务流程。

1. 预订

认真填写订票单，在交通部门规定的日期内将订票单送至售票处。如果交通部门不能满足计划要求，造成旅游团（旅游者）航班（车次、船次）、日期、席位等级的变化，应及时与相关部门联系，经过协商后根据实际情况订票。

2. 出票

出票前应认真核对日期、航班（车次、船次）、时间以及旅游团（旅游者）名单、人数是否与计划相符，并仔细计算票款金额，注意有无优惠或折扣。出好的票应及时交给有关部门。

3. 变更

在按各交通部门规定的呈送订票单日期之后，如果又有新的团队计划，计调人员应及时与各交通部门的售票处联系，将联系结果告知有关部门，经协商后根据实际情况订票。出票后，如果因计划变更而造成旅游团（旅游者）人数增减，应立即增购或退票，并发出变更通知，调整计划。

4. 退票

购票后，因为变更造成旅游团（旅游者）取消或人数减少，计调人员应当及时办理退票。如果是转账退票，应当在退票单上注明旅游团（旅游者）名称，并交财务部门登记；如果是现金退票，应当将退票款交财务部门，并妥善保存财务收据。

（三）落实住宿事宜

旅行社要根据旅游团（旅游者）的不同要求、不同档次与等级合理安排住房。当前旅行社订房通常有以下两种做法。

1. 委托代订房

委托代订房是指国内组团社在接待计划中注明旅游团（旅游者）要求下榻某饭店，然后由地方接待社去向该饭店订房。

计调人员应根据组团社要求及时向饭店办理订房及安排生活委托。办理委托一定要以书面形式进行，填写好委托书后，用传真发给饭店，原件存档备案。

一般来说，饭店销售部（订房部）在收到订房委托书后三天内予以确认（或不予确认），并将确认单发回给委托人。计调人员在收到饭店的确认单后，要仔细核对饭店确认的入住时间、天数、客房间数和餐饮标准等。如果有误差应及时与饭店联系，予以更正。确认单应妥善保管，并在接待计划上注明该团的住房确认情况。如果发出订房委托书三天后仍未收到饭店的确认单，旅行社应及时与饭店取得联系，查询该团的住房落实情况。能确认的，应催发确认单；不能确认的，也要发出书面通知单，征得同意后及时调整住房。在旅游旺季，某些旅游热点城市会出现订房紧张的情况。对此，旅行社应当及时了解各饭店每天的客流量，掌握各饭店的空房数，合理进行安排。一般情况下，首先应该保证重点团队的住房，对无法安排计划指定饭店的团队，应主动征求组团社的意见，按照国际惯例在同等级的饭店内进行调整，并将调整后的情况通报给相关部门和人员。

2. 自订房

自订房是指海外客户或国内组团社直接向饭店订房，无须委托地方接待社再向饭店订房。在接待计划中应当注明旅游团（旅游者）下榻饭店的名称，并注明由某某旅行社自订。

对于自订房的团队，计调人员也应当向饭店发出生活委托，其目的：一是通过办理生活委托向饭店核实旅游团（旅游者）的自订房情况，保障接待社的接待质量；二是向饭店办理生活委托，落实旅游团（旅游者）具体抵离的航班、时间、订餐标准和其他特殊要求，因为海外客户或国内组团社在向饭店预订饭店时，往往只是订了客房间数、入住时间、天数和早餐，其余的生活委托仍要接待社去办理。

在旅游旺季，有些热点城市的饭店客房早已全部预订完，但饭店并未向海外客户或国内组团社通报这一情况，或者是将其列入候补名单。通过计调人员的核实，就可以及时了解旅游团（旅游者）自订房的落实情况。如果自订房经过核实且尚未确认的，旅行社应主动转告海外客户或国内组团社，让其再与饭店协商确认，并请其将饭店最后落实的情况告诉接待社。在实践中经常会出现以下情况：接待社计调人员在收到组团社发来的接待计划后，一看是自订房就不再与饭店进行核实。这种做法对接待工作极为不利，会造成接待质量的下降，乃至影响到我国旅游业的声誉。

（四）落实其他接待项目

旅行社在制订接待计划时，应再一次向各地接待社通报旅游团（旅游者）的人数和特殊要求等情况，并落实在各地的餐饮、游览、文娱活动等方面的接待项目。重点团还应派人打前站，亲临现场落实，确保团队运行顺利。

（五）落实旅游保险

旅游保险是旅游活动得到可靠社会保障不可忽视的重要因素，是指对旅游团（旅游者）在旅游活动过程中因发生各种意外事故造成经济损失或人身伤害之时给予经济补偿的一种制度。旅游保险不仅有利于保护旅游者和旅行社的合法权益，而且有利于旅行社减少因事故、灾害所造成的损失。它对旅行社的发展具有重要意义，同时也为旅行社和保险公司提供了合作的前提和基础。组团社在对外报价时已经包含了旅游保险费，而且是一次付清，因此地方接待社不再收取此笔款项。

（六）向客户落实计划

旅行社在完成以上步骤后，还应再一次向客户落实最后确认一遍各项细节。

二、旅行社接待管理原则

（一）标准化

(1) 实行“三定”，即要求旅行社安排旅游者到定点的饭店住宿、到定点的餐厅用餐、到定点的商场购物，以确保为旅游团提供合同标准规定的服务。

(2) 旅行社采取必要的措施确保旅游者人身、财产安全；完善行李交接手续，确保行李运输安全和准确无误。

(3) 旅行社委派的导游人员必须持有国家旅游局颁发的导游证书上岗，并在接团前做好一切准备工作。

(4) 旅行社应妥善安排旅游者的文娱活动，将文娱活动作为固定节目安排。

(5) 对所有旅游者要一视同仁，热情接待。

上述这些基本标准为标准接待旅游团提供了粗略的框架，各旅行社依据此标准，结合自己旅行社的实际再具体规定自己的服务标准，标准化管理对提高服务质量具有突出的作用。

（二）程序化

团体旅游接待服务的程序化，是指旅行社根据接待服务的特点，对接待服务的每一个环节和每道程序都做出详细规定，并据此向旅游团提供接待服务。也就是旅行社把一具体工作分解成若干个要点，再定具体工作，对可能疏忽的地方，进行强调，可避免失误。

国家旅游局制定有《导游服务质量》的行业标准。确定有全陪、地陪的工作细则，各有自己的工作程序，对每种工作做了分解，按照程序化办事会减少事故。

（三）个性化原则

旅行社接待的团体旅游一般分为入境团体旅游、出境团体旅游和国内团体旅游。这些团体旅游的接待工作既有相同的地方，也有不同的地方，旅行社接待不同类型的团体时，应注意研究不同类型团体旅游的个性特点，以便提供有针对性的服务。

1. 入境团体旅游接待

入境团体旅游是指由旅行社通过海外旅游中间商招徕和组织海外旅游团队到中国大陆旅行游览的活动。其主要特点是：①停留时间长；②外籍人员多；③预订期长；④落实环节多；⑤活动日程变化多。

2. 出境旅游团体接待

出境旅游团体的接待业务是指经营中国公民自费出国旅游业务的国际旅行社所组织的中国公民出境旅游团体的接待业务。出境旅游团的主要特点是：①活动日程稳定；②消费水平高；③出境旅游者外语水平比较低。

3. 国内旅游团体接待

国内旅游团队的类型比较多，包括旅游客源地的周末旅游，省内的短途旅游和跨省省际旅游，国内旅游的接待业务具有以下特点：①准备时间短；②日程变化小；③消费水平差别大；④讲解难度小。

总之，旅行社应根据不同类型的旅游团队：根据来自不同国家、地区，有着不同的生活习惯、文化背景、宗教信仰、价值观念和个人爱好的旅游者的特点，在坚持规范化原则的同时，在力所能及的范围内充分照顾到旅游者的个性化要求，提供富有个性化和人性化的服务，使游客们感到温馨愉快。

三、旅行社后勤服务管理

（一）旅行社后勤工作的特点

1. 联系的广泛性

由于旅行社后勤工作的范围涉及面极广，就决定了后勤工作联系的广泛性。后勤工作人员每天都要与导游接待人员、饭店、餐馆、交通部门、商场、娱乐场所、参观单位、游览区（点）车队等部门进行联系，这就要求后勤工作人员具备极强的协作意识，认真负责的态度，一丝不苟的精神，以确保各项事宜的顺利落实，保证接待工作的完成。

2. 工作的烦琐性

旅行社的后勤工作大多是细致而繁杂的工作，如预订票务，接收、发送变更通知，核实旅游团人数、核实所需客房，掌握参观、游览景点的作息时间等，这些工作虽然细小、琐碎，但是件件都关系到接待工作是否顺利。因此，要求后勤人员应具有高度认真负责的态度和细致周到的作风。

3. 服务强度大

为了保证各项业务的顺利进行，后勤服务人员必须对外采购旅行社所需要的各项旅游服务产品，为接待部门提供及时的后勤联络，对内提供计划、统计、信息咨询等服务，由于旅游服务的特殊性，他们的工作日通常以旅游团的活动时间为限，在旅游团活动期间他们一天 24 小时必须处于工作状态，而且要及时处理各种突发事件，工作强度一般比较大。

（二）对后勤人员的服务管理

旅行社的后勤人员虽然与旅客不直接接触，但其工作是不可缺少的，如票据、客房的预定，行李的搬运，值班工作等。后勤工作的及时、准确是旅游接待工作顺利进行的保证，后勤人员工作的失误或不负责任，都会给导游人员的工作带来极大的困难，会使其工作前功尽弃，甚至根本无法开展工作，对旅行社的声誉造成极大的负面影响。

1. 旅行社后勤工作的范围

（1）制订和落实接待计划。

（2）收集信息，了解掌握旅游团的动态。

（3）做好与导游接待人员的配合与协调工作。

（4）密切与旅游团领队以及有关部门的联系。

（5）妥善处理旅游团的合理要求和发生的问题。

2. 行李服务

旅行社的行李服务就是指旅行社在旅游团乘坐长途交通工具进行长途旅行时，代替游客办理行李托运等一系列手续的业务。这是旅行社后勤服务重要的一环，也是提高旅行社接待工作质量的一个重要方面。

行李差错主要有行李丢失、行李漏接或错送、行李破损三种形式。

（1）行李丢失的处理。行李丢失就是旅行社托运的行李在运输途中或交接过程中出现丢失的现象。行李丢失的主要原因是：

①在运输途中，航空公司、铁路、公路、水运等部门未能及时将行李送到目的地或在运输途中将行李丢失。

②旅行社行李员在运输途中将行李丢失。

③饭店行李员将行李丢失。

上述三种情况中，第二种情况属于旅行社方面的责任，假如行李无法及时找回，旅行社应负责赔偿。第一、第三种情况虽然不属于旅行社方面的直接责任，但是旅行社有义务协助旅游者向有关部门查找或索赔。

（2）行李漏接或错送的处理。出现这种情况的原因有以下几种：

①旅行社行李员工作失误，未能及时接送行李或不能按有关规定交接行李而造成行李漏接或错送。

②因航班、车次等变化而造成漏接。

③行李车发生事故而造成行李漏接。

无论发生哪种情况，旅行社的行李员都应积极设法找回行李，并向旅游者道歉。

（3）行李破损的处理。在交接或运送行李的过程中，如果发现行李破损，应马上设法解决。如果是交通运输部门的责任或饭店在托运及搬运行李的过程中发生行李破损，旅行社行李员应协助导游和旅游者同有关部门交涉，索取赔偿。如果是由于旅行社方面在行李运送过程中的失误造成行李破损，则应向旅游者道歉并给予相应赔偿。

（三）后勤人员工作管理

1. 应从提高后勤工作人员的素质入手

旅行社的后勤工作人员虽然不直接与客人打交道，但是，他们的素质高低对旅行社的接待工作起着重要的作用。例如，旅行社的行李员，许多旅行社不重视行李工作，认为行李员只要有力气、能干就行，根本不重视其素质的高低。然而，实际工作中，既要求行李员有一定的体力，又需要有文化知识，而且外文也要懂得一些，因为很多行李标签是用外文标示的。因此，要想及时、准确地完成行李的接、送工作，需要有一定素质、文化水平和有高度责任感和细致性格的后勤人员。

2. 针对后勤工作的特点，制订严格的规章制度和工作程序

后勤人员除了要有较高的素质外，还须对自己的工作十分内行，作为旅行社就要制订科学的规章制度和工作程序。因为这是做好后勤工作的保证，是后勤工作人员遵循的工作标准。而工作程序是经过长期工作确定下来的，是按照科学方法制订的，可以减少工作中的事故。

3. 明确内部环节的责任制

要使后勤工作完成好，必须把工作分工明确，责任到位。杜绝工作中的推诿现象，做到谁的工作谁负责，责任明确，优奖劣罚，也有利于调动后勤工作人员的积极性。

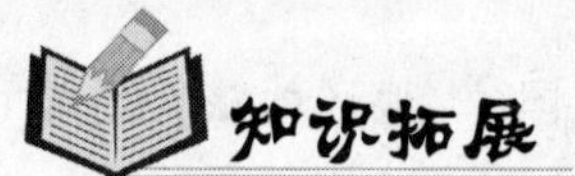

知识拓展

旅行社服务通则

1　范围

本标准确立了旅行社在提供旅游服务的一般原则，并提出了旅行社服务中应具备的通用管理要求。

本标准适用于中华人民共和国境内旅行社提供的全部旅游业务。

2　规范性引用文件

下列文件中的条款通过本标准的引用而成为本标准的条款。凡是注明日期的引用文件，其随后的所有修改单（不包括勘误的内容）或修订版均不适用于本标准，然而，鼓励根据本标准达成协议的各方研究是否可使用这些文件的最新版本。凡不注明日期的引用文件，其最新版本适用于本标准。

GB/T 19001　质量管理体系要求

GB/T 16766　旅游业基础术语

GB/T 15971　导游服务规范

GB/T ××××　旅行社出境旅游服务规范

GB/T ×××× 旅游客车设施与服务规范

3 术语和定义

GB/T 16766 确立的以及下列术语和定义适用于本标准。

3.1 旅游活动 tour

旅游者离开经常居住地，暂时前往一个旅游目的地并逗留在该地的，以异地性、暂时性和享受性为主要特点的各种活动。

3.2 旅行社 travel service

为旅游者提供相关旅游服务，开展国内旅游业务、入境旅游业务或者出境旅游业务，并实行独立核算的企业。

3.3 旅游者 tourist

旅游产品的需求者和接受者。

3.4 旅游产品 tour product

旅行社向旅游者销售的以旅游吸引物、旅游设施和策划安排为主要构成的旅游线路或项目，以及附着其上的配套服务。

3.5 国内旅游 domestic tour

旅行社组织的在中华人民共和国境内进行的旅游活动。

3.6 出境旅游 outbound tour

旅行社组织的以团队旅游方式，前往中国公布的旅游目的地国家/地区的旅行游览活动。

3.7 入境旅游 inbound tour

旅行社招徕或接待境外旅游者在中华人民共和国境内进行的旅游活动。

3.8 旅游合同 tour contract

旅行社与旅游者（团）双方共同签署并遵守、约定双方权利和义务的合同。

注：当事人宜使用旅游行政管理部门和工商行政管理部门联合推行的示范文本。

3.9 导游员 tour guide

符合上岗资格的法定要求，接受旅行社委派，直接为旅游团（者）提供向导、讲解及相关旅游服务的人员。导游员包括全程陪同导游员和地方陪同导游员。

3.10 出境旅游领队 tour escort

依法取得从业资格，受出境游组团旅行社委派，全权代表组团社带领旅游团出境旅游，监督境外接待旅行社和导游人员等执行旅游计划，并为旅游者提供出入境等相关服务的工作人员。

3.11 预制旅游产品 prefabricated tour product

由旅行社设计提供，事先制订的确定计划人数、出发日期、线路行程及价格等，并用广告或其他方法招徕旅行者而实施的旅游产品。旅游者可以整体购买该产品。

3.12 **定制旅游产品 customized tour product**

旅行社接受旅游者的委托，根据旅游者的需求，单独设计行程、报价并提供服务的专项产品及服务，包括单项旅游服务、会议旅游服务、奖励旅游服务、特种旅游服务等。

3.13 **门市部 sales department**

门市部即营业部，旅行社为提供旅游咨询和销售旅游产品而专门设立的营业场所。

3.14 **服务供方 service supplier**

在旅游服务过程中各项具体服务的提供单位，包括但不限于接待旅行社、旅游区(点)、酒店、餐馆、商店、铁路、汽车公司、船运公司、航空公司等相关接待单位。

4 总要求

旅行社提供服务时应遵循自愿、平等、公平、诚实信用的原则，遵守有关的法律法规和社会公德。

旅行社服务的基本环节宜包括旅游产品设计阶段和销售阶段、接待服务提供阶段及售后服务阶段。

旅行社应在受控条件下按照业务流程提供旅游服务，以确保服务过程准确无误。

旅行社应按照GB/T 19001的要求建立旅游服务质量管理体系，确保旅游服务达到质量标准，并使服务质量得到持续改进。

5 旅游产品

5.1 **基本分类**

按照旅行社提供服务方式的不同，旅游服务产品包括预制旅游产品和定制旅游产品。

5.2 **新产品开发**

旅行社应根据市场和旅游者的不同需求，适时制订新产品开发计划，不断开发满足旅游者需求的创新产品。

新产品投入销售前应组织内部评审，必要时应听取销售人员、旅游者的意见。

5.3 **产品要求**

5.3.1 产品说明书

旅行社在向旅游者或零售商发布产品时应提供产品说明书，详细说明产品应具备的要素。产品说明书应包括：

a）线路行程；

b）所采用的交通工具及标准；

c）住宿、会议（如有）地点、规格及标准；

d）餐饮标准及次数；

e）娱乐安排以及自费项目；

f）购物安排、具体次数及每次停留时间；

g）产品价格、价格包含及不包含的内容、产品价格的限制条件（如报价的有效时段、人数限制、成人价、儿童价等）；

h）游览时间及季节差异；

i）旅游目的地资讯介绍及注意事项；

j）针对高风险旅游项目的安全保障措施；

k）投诉电话。

5.3.2　产品说明书的不确定要素

对于产品发布时尚不能确定的要素应按照本标准第 7.2.2 条的要求于出发前以行程须知的方式告知旅游者。不能确定的要素应限于：

a）具体航班信息；

b）酒店具体名称、地址及联系方式；

c）紧急情况联络方式；

d）目的地有特别注意事项应做特别说明。

5.3.3　入境旅游产品信息

旅行社开展入境旅游业务，应根据境外旅行社的需求，适时向境外旅行社提供适当的旅游产品信息。

5.4　设计要求

旅游服务产品设计应符合以下要求：

a）符合国家法律法规、部门规章、国家或行业标准要求；

b）具备可操作性；

c）具有安全保障；

d）具备突发事件应急预案；

e）产品能满足特定旅游者需求；

f）产品明码标价，质价相符，不断推出创新产品。

6　产品销售

6.1　门市部营业环境

门市部营业环境应：

a）整洁、明亮；

b）有能满足与旅游者交流要求的营业空间；

c）有醒目、准确、美观的业务分类标志；

d）提供各旅游线路的信息资料；

e）在醒目处张贴服务监督热线电话和旅游紧急救援电话号码。

6.2　营业销售人员

营业销售人员应：

a）遵守旅游职业道德和岗位规范；

b）佩戴服务标识，服饰整洁；

c）熟悉所推销的旅游产品和业务操作程序；

d）积极热情，微笑服务；

e）主动推介旅游线路，百问不厌；

f）认真细致，避免错漏。

6.3　产品销售的基本原则

旅行社在旅游产品销售时应遵循协力基本原则：

a）发布的广告和宣传材料应真实、客观、准确；

b）依据《产品说明书》推介旅游产品，不进行超范围的宣传；

c）双方就旅游服务产品达成一致后，旅行社应按照本标准6.5的要求与旅游者办理相关手续。

6.4　旅游产品销售方法

旅行社宜采取不同方式向旅游者推介旅游产品，不断创新旅游产品销售方式，包括但不限于门市销售、电话销售、网络销售、同业销售等。

预制旅游产品多采用门市销售方式。旅行社应在合法设立的门市部提供旅游咨询和销售旅游产品。门市部的服务环境应符合GB/T ××××（《旅行社出境旅游服务规范》）中的要求。

定制旅游产品多采用上门销售方式。在旅游者的要求下，旅行社可以指定销售人员前往旅游者的住所或经营场所提供销售服务。

倡导旅行社在销售过程中逐步建立批发零售代理体系，通过合法旅行社代理销售旅游产品。旅行社应向零售商提供符合本标准第5章要求的产品，并提供符合本标准要求的旅游服务，零售商应提供符合本章要求的销售服务。

6.5　与旅游者办理相关手续

无论采取何种销售方式，销售完成后，旅行社均应：

a）与旅游者签署正式旅游合同，并提供《产品说明书》作为旅游服务合同的附件；

b）向旅游者开具发票；

c）建议旅游者购买旅游意外保险，并有书面提示；

d）妥善保管旅游者在报名时提交的各项资料，并办理交接手续；

e）出境旅游、入境旅游根据服务约定，提供必要的出入境手续服务或提示。

6.6　入境旅游销售的特别要求

组团社与境外旅行社建立业务关系时，应与境外组团社签署书面协议，确定提供的服务类型（系列团、非系列团、商务团等）、具体服务项目、服务标准及价格、付款方式、币种、违约责任等条款。

旅行社向入境旅游散客销售旅游服务产品，应遵从本条的其他规定。

7　旅游服务实现

7.1　旅游服务实现的具体环节

旅行社旅游服务的提供包括向旅游者提供服务、服务供方管理、领队和导游管理、突发事件处理等环节。

7.2　向旅游者提供服务

7.2.1　旅游者提供资料的审核

旅行社对旅游者提供的资料应在形式上进行审核，以保证其符合办理旅游意外保险及在出境旅游服务中办理签证的相关形式要求。

7.2.2　行前告知与安全提示

旅行社在团队出发前应向旅游者发放《行程须知》，列明《产品说明书》中尚未明确的要素。对无全陪的团体或散客须告知旅游目的地的具体接洽办法和应急措施。

出境团队出发前应召开出团说明会。

7.2.3　严格履行合同约定

旅行社应严格履行与旅游者签署的旅游合同，并提供符合约定的旅游服务。

如因客观原因，旅行社需变更合同内容的，应与旅游者基本协商一致并签署书面变更协议或取得旅游者书面确认。

7.2.4　发生争议时的处理

团队进行过程中，如旅行社与旅游者间发生争议，双方应协商解决、妥善处理。如暂时无法达成协议的，旅行社应与消费者签署事件备忘录，对争议的产生、双方确定及未确定的事宜进行描述，并约定后续处理时间。避免旅游者因为争议而滞留或拒绝后续服务。

旅行社导游、领队不应以任何借口脱离团队，中断提供旅游服务，损害旅游者权益。

7.3　服务供方管理

旅行社应做到：

a）选择具备合法资质的接待单位作为服务供方，确保服务供方能够提供符合约定的服务。旅行社在国内选择的提供服务的车辆应符合 GB/T ××××（《旅游客车设施与服务规范》）的要求。

b）与服务供方间签署合作协议，并对服务要素及质量进行明确约定。

c）保留与服务供方间确认采购服务要素的质量、价格及相关说明的往来书面记录并留存业务档案。

d）旅行社应建立服务供方的信誉档案，每年进行服务供方质量评估工作，并与服务供方建立质量沟通机制。对于不符合质量要求的服务供方应及时沟通，要求其改进服务质量，拒不改正的，应及时予以淘汰。

7.4 导游与领队的管理

导游的基本素质及服务应符合 GB/T 15971（《导游服务规范》）的要求。

领队的基本素质及服务应符合 GB/T ××××（《旅行社出境旅游服务规范》）的要求。

旅行社应对领队、导游进行培训和考核，引导其切实履行职责、严格纪律，并提高其应急处理能力。

7.5 突发事件处理

旅行社应建立健全突发事件应急处理机制，当发生突发事件或紧急情况时可以妥善解决问题。

旅行社对旅游者在旅游过程出现的特殊情况，如事故死亡、行程受阻、财物丢失、被抢被盗、疾病救护等，应积极进行有效处理，维护旅游者的合法权益。

8 旅游服务质量管理

8.1 质量管理体系

旅行社应按照本标准的要求及 GB/T 19001 的要求建立旅游服务质量管理体系，在质量控制、质量监督及改进和质量效果评价等方面进行质量管理。

8.2 质量控制

旅行社应做到：

a）制订符合自身特点并满足旅游者需求的详细的质量管理规定，如各岗位职责、操作规程等，并组织实施。

b）健全内部管理机制，具备人力资源管理、财务管理、营销管理、客户服务、质检和安全管理的机构、人员及管理制度。

c）制订并执行业务培训制度以及管理培训制度，且有固定的培训经费预算保证。

d）购买旅行社责任险，并确保及时续保。

e）实行标准化管理，有组织地实施行业服务标准。

8.3 质量监督及持续改进

旅行社应做到：

a）对旅游服务质量信息收集、反馈及处理制度化。

b）建立健全旅游者信息管理制度及售后服务制度。旅行社应收集由旅游者填写的《游客旅游服务评价表》，对旅游者进行回访，主动征求旅游者旅行意见及建议。

c）建立质量投诉管理制度，并设立专门质量投诉管理机构、投诉电话并向旅游者公布。

d）快速有效地处理投诉，并建立投诉档案，保存旅游者的反馈信息和处理结果等记录。

e）定期对旅游者投诉原因及薄弱环节进行分析，找出发生或潜在质量问题的根本原因，采取纠正或预防措施以消除该根本原因，同时对改进情况进行跟踪。

8.4　质量效果评价

旅行社质量管理效果通过行业主管部门评价及社会评价两方面反映。

旅行社经营中应避免出现重大安全责任事故和造成恶劣社会影响的群体性纠纷。

旅行社经营应诚实守信，建立良好的商业信誉及社会声誉。

（资料来源：丽江国际旅行社网）

超级旅行团，旅行真是难

四川ZL旅行社承办的由成都发往昆明的“蓝叶号旅游专列五日游”，组团人数逾千人，是旅行团里的“巨无霸”，但缺点却无处不在，致使游客怨声载道。首先，无端耗费时间。由于此团是一个超级旅行团，抵达昆明后，来火车站接客的大客车就多达二十多辆，还要求统一行动，因交通拥挤不堪，光编队过程便多耗费了一个多小时。而且，大型车队行驶起来并不快，比正常行车多花半个小时，导致游览景点的时间大大缩短。其次，吃饭也成了大问题。在“七彩云南”吃自助餐时，因人太多分两轮就餐，由于旅行社负责人安排不当，吃饭场面混乱，浪费惊人，气氛紧张，以致最后一批客人吃饭时无碗可拿、无饭可吃、无菜可夹，只有乱哄哄地胡抢。最后，组织工作漏洞大。团队下榻滇池边的福保文化城时，居然有二三百人安排不上铺位，第二天又因双方接待单位闹矛盾，大队人马被迫搬出福保文化城，被安置在荒郊野外并非二星级标准的疗养院。在“世博会”吉鑫园大宴会厅里集体进餐时，组织方竟要求游客以不进餐方式向接待方施压，游客成了双方纠纷的筹码。而且，因人太多导游已形同虚设，几乎见不到导游的身影了。

要点分析

1. 服务超级旅行团要慎之又慎。超级旅行团声势浩大，规模庞大，具有很好的市场轰动效应，对于宣传旅游，树立企业形象，推出旅游产品都颇具优势。但营销这种“巨无霸”有许许多多难以想象的困难。在我国现阶段的基础设施条件下，千余人的吃

住行要整齐划一，还要快速优质，相当困难；大部分景点还不适宜于千余人同时到达、迅速散开、同步离去的要求；再加上部分地区管理的低效率，可以说是雪上加霜，极有可能乱成一锅粥。如本例所述，“编队过程便多耗费了游客一个多小时”、“行车多花半个小时”、吃饭“乱哄哄地胡抢”、住宿“二三百人安排不上铺位”以及“导游已形同虚设”等，均属团队规模过大，要求机械呆板，管理效率不高所导致的直接结果。除此之外，人多则易乱，乱则易躁，躁则多纠纷。因而违背了我们组织超级旅行团的目的，容易由此砸旅游企业的牌子，砸旅游产品的牌子。

2. 超级旅行团的内容可有所选择。我们认为：如果接待能力有限，旅游景点容量不大，则不妨在超级旅行团的旅游主题及内容安排上有所选择，选择那些气氛喧闹热烈、旅游容量高的项目，如庙会，庆典，草原采风，某些文艺、体育项目等。

3. 在接待方式上可以有分有合，以分为主。接待超级旅行团，可由数家甚至十数家旅行社接待，或分为数个甚至十数个小团队接待。在总体安排上，不必强调整齐划一、统一行动，可安排1～2个集体项目以示隆重并烘托气氛，主要活动分散进行、穿插安排。通过这种统一规划之下的有分有合，取超级旅行团之长，避接待安排能力之短，效果也许会好。

4. 超级旅行团列车之上的安排应有所强化；组成“旅游专列”之后，列车上的长途旅行为旅行社展示自己的能力与才华提供了空间，也是游客取得良好旅游体验的重要组成部分。旅行社应根据列车的特点和途经路线，利用列车广播、各车厢列车员、导游等，积极组织有分有合、相互呼应的娱乐项目，以凝聚游客，活跃气氛。

思考题

1. 团体旅游接待服务中的接待程序是什么？
2. 分析当前我国散客业务的现状及其发展趋势。
3. 分析门市部的布局对旅游者购买决策产生的影响。

第七章　旅行社的人力资源管理

本章导读

旅行社管理的范围很广，有人事管理、组织管理、财务管理、接待管理、质量管理等，而旅行社的各种管理都是通过人的活动来实现的。旅行社是人才智力密集型企业，市场经济条件下的企业竞争，说到底是人才竞争。旅行社是人力、智力密集型行业，人力资源是最活跃、最有创造性的资源。因此，人力资源管理已经成为旅行社生产力的重要因素。只有通过有效的人力资源管理和鲜明的企业文化来激励人才、尊重人才、关心人才，才能保证旅行社经营管理活动的有序、高效、顺利进行。本章主要介绍了旅行社人力资源管理的特点、过程及重点岗位的人力资源管理等内容。

本章难点

1. 旅行社的员工选择与聘用
2. 旅行社人力资源的内涵与过程
3. 旅行社人力资源的绩效评估与激励方式

第一节　旅行社人力资源概述

旅行社经营目标的实现，离不开有效的管理。人力资源是旅行社最为宝贵的资源，旅行社人力资源开发与管理的水平，直接关系到旅行社的生存与发展。合理地配置与管理人力资源，是旅行社人力资源管理的一项重要工作。

一、旅行社人力资源管理的含义

随着中国加入 WTO 后外资旅行社在华开设旅行社和全球经济一体化进程的不断提高，旅行社企业面临的生存和发展的难度日益增大。为了迎接竞争和挑战，旅行社

迫切地希望通过资源的整合来建立企业的竞争优势。从一般意义上讲，一个企业的竞争优势主要来源于4种资源：财务资本、物资资本、人力资本和组织能力。而其中人力资本是最可能对企业的竞争发展产生独特影响的方面。因此，旅行社应加强对人力资源的管理，并在动态环境中，既重视人事管理实务，确保人与工作的最佳组合，更要重视员工的社会心理，通过各种手段，有效地激发员工的积极性和创造性，发挥员工的潜能。

什么是人力资源呢？对于旅行社来说；人力资源是指能够推动企业的发展，有利于企业实现其预期经营目标的员工的各种能力的总和。人力资源管理是指在人力资源的获取、开发、培养、保持和使用等方面所进行的计划、组织、控制和协调的活动。旅行社对人力资源进行管理，就是要有效地选聘员工（管理人员和普通员工），合理地配置员工，系统地对员工进行培训，最大限度地调动员工积极性与创造性。旅行社人力资源管理的内涵相当丰富，范围也极其广泛。目前，我国旅行社人力资源管理概括起来主要是4部分内容：人事、工资、安全和培训管理。

（一）人事管理

其业务主要包括工作分析、工作设计、劳动组织、定额定员、工作纪律，员工的招聘、录用、调配、考核、档案等管理工作。

（二）工资管理

其内容主要包括工资、奖金、津贴、福利和劳动保险等方面工作。

（三）安全管理

其业务范围包括旅游者的管理、旅行社内部的治安保卫工作、国家安全工作和保密工作。

（四）培训管理

其内容包括制订培训计划，确定培训内容，落实经费、师资、场地，编印或购买教材，组织导游人员及其他员工的培训考核等工作。

二、旅行社人力资源管理的特征

从旅行社本身的工作性质和工作内容出发，我们可以发现旅行社人力资源管理工作的特点，它集中体现在分散性、独立性、经济性、专业性和协调性。

（一）分散性

旅行社是以从事接待的导游人员为基本工作人员，他们每天工作流动性大，工作内容变化大，带一个团的时间不等，上、下班时间不规律。因此，旅行社控制和管理他们较难，这也就要求旅行社的人力资源管理部门要将管理工作“分散”做，以适应企业的特点。

（二）独立性

旅行社工作的流动性大，旅行社的工作特点，尤其是导游接待人员往往独立带团，独立思考、独立开展工作，作为人事管理部门如何了解他们的表现，怎样评价他们的工作业绩，如何充分发挥他们的才干，是旅行社人力资源管理面临的一个难题。

(三) 经济性

旅行社工作人员独当一面，又远离组织，与金钱以及社会上各种人打交道。为了使旅行社员工自觉抵制各种反面诱惑，就必须制订严格的规章制度，并进一步从检查、督促上下功夫。

(四) 专业性

人事培训工作的专业性很强，人力资源管理部门工作人员不多，但每个人都要掌握自己所管理的工作的专业知识和专业技能，如工作分析、劳动工资、人事调配、人才激励等工作都要有相当的专业性，不经训练，不能掌握。

(五) 协调性

人事管理单靠人事部门本身是不够的，在人员安排、使用上各部门应以旅行社大局为重，协调关系，使每个人都有所用，才有所展。

三、我国旅行社人力资源存在的现状

(一) 企业规模普遍偏小，一人从事多项人力资源管理工作

在中国现阶段，中小旅行社占行业的绝大多数，企业规模偏小，导致人员分工不够明晰，员工往往需要一专多能，并在不同情况下从事不同工作。比如既做计调又带团做导游这种情况，从某种意义上讲，节约了一定的人力成本，但由于分工的不明确，人员归属的不确定，使各部门的管理往往难以奏效，增加了人力资源管理的难度。

(二) 工作内容较灵活，绩效考核难度大

旅行社的业务涉及方方面面，旅行社的员工的工作性质也比较灵活，尤其是导游人员，经常在外面带团，在社里时间少，管理者很难了解员工工作的全过程；同时，旅行社对旅游者提供的是无形服务，对其服务质量的评价标准很大程度上来自于旅游者的感受，不像有形产品一样易于按照明确的标准来考核。这就增加了旅行社人力资源管理部门对员工绩效考核的难度。

(三) 员工流动性太大，招募、培训任务比较重

旅行社是一个人员流动性极大的行业，企业间、行业间的人员流动现象都很突出。这样，旅行社的人力资源管理部门就要经常性地招募新员工补充到员工队伍中；同时，各行业、各企业的操作规范、企业文化都有区别，旅行社管理者还必须对新加盟的员工进行必要的培训。

四、旅行社重点岗位的人力资源管理

(一) 旅行社的人员构成

旅行社人员主要由管理人员、财务人员、市场营销人员、翻译导游人员和其他后

勤人员构成。

1. 管理人员

旅行社管理人员是指旅行社中层以上的管理人员。人事部门有责任协助总经理做好管理人员的选择、培养、使用和向总经理推荐优秀人才。

管理人员应当具备较好的政治素质，坚持四项基本原则，贯彻执行党和国家的路线、方针、政策和坚定性；诚实、公正、廉明的品德；果断、务实、民主的作风；沉着冷静的大将风度；过硬的业务技术；强烈的服务意识、商品意识和效率意识。

2. 财务人员

旅行社的财务人员担负着当家理财的重任。因此，旅行社人事部门应尽力把财务部门的人员选择、设置好。按照《旅行社管理条例》的规定，国际旅行社必须具有取得会计师职称的财务人员，国内旅行社必须具有取得助理会计师职称以上的财务人员。他们必须熟悉国家有关的政策和规定，熟悉整个旅行社业务运转过程和旅行团的运转规律，具有良好的业务素质、认真负责的工作态度，坚持原则、敢于承担责任，能为企业的经营管理出谋划策。

3. 市场销售人员

市场销售人员担负着旅行社对外销售、增加客源的工作。旅行社的生存依赖于客源市场，旅行社的发展也有赖于客源市场。因此，旅行社管理的宗旨是如何满足市场的需求，只有在此前提下，旅行社才能进一步树立社会形象并取得经济效益。市场销售的作用在于旅行社销售人员通过与客人的交流，沟通旅行社和市场的供求关系，因而销售旅行社产品应是旅行社管理的核心。旅行社管理从计划、组织、指挥、协调到控制等内容都将在营销这条主线上展开。而掌握营销工作的销售人员从某种意义上说，应该是整个旅行社旅游业务活动的精英。因此，人事部门应十分重视市场销售人才的挑选。

市场销售人员应该具备强烈的推销意识，有较强的交际能力和良好的人际关系，在旅行社行业有多年的实际工作经验，既懂接待业务，又了解采购和财务知识，还具备一定的报价、核算、谈判等方面的能力，并有较好的外语水平，极强的工作责任心和较高的办事效率。如计调、业务员、票务员等。

4. 翻译导游人员

翻译导游人员是旅行社的主要构成人员，他的职责是接受旅行社的委派，为旅游者提供向导、讲解及相关旅游服务。导游人员要求有良好的思想品德、高尚的情操，遵纪守法；有渊博的知识，包括语言知识、史地文化知识、政策法规知识、心理学和美学知识、政治经济社会知识、旅行知识和国际知识；较强的独立工作能力和创新精神，善于和各种人打交道，较强的组织协调能力；独立分析、解决问题、处理事故的能力；较高的导游技能，竞争意识和进取精神；身心健康；良好得体的仪容、仪表、仪态。

（1）按照导游人员业务范围的不同，可将导游人员分为海外领队、全程陪同导游人员、地方陪同导游人员和景点景区导游人员。

①海外领队。海外领队是指经国家旅游行政主管部门批准，受可以经营出境旅游业务的旅行社的委派，全权代表旅行社带领旅游团从事旅游活动的工作人员。

②全程陪同导游人员。全程陪同导游人员，简称全陪，是指受组团社的委派，作为组团社的代表，为旅游团（者）提供全程陪同服务，负责旅游团（者）移动中各环节的衔接，监督接待计划的实施，协调领队、地陪、司机等接待人员的协作关系的导游服务人员。

③地方陪同导游人员。地方陪同导游人员，简称地陪，是指受接待旅行社的委派，代表接待社实施接待计划，为旅游（者）提供当地旅游活动安排、讲解、翻译等服务的工作人员。

④景点景区导游人员。景点景区导游人员又称讲解员或定点导游，是指在旅游景点景区，如自然保护区、博物馆等为游客进行定点导游讲解的工作人员。

（2）按照导游人员职业性质的不同，可分为专职导游人员和兼职导游人员。

①专职导游人员。专职导游人员是指在一定时期内以导游工作为其主要职业的导游人员。

②兼职导游人员。兼职导游人员又称业余导游人员，其不将导游工作作为其主要职业，而利用业余时间从事导游工作的人员。

（3）按照导游使用语言的不同，可将导游人员分为中文导游人员和外文导游人员。

①中文导游人员。是指能够使用汉语普通话、地方话或少数民族语言从事导游业务的人员。

②外文导游人员。是指能够运用外国语从事导游业务的人员。

（4）按照技术等级划分，导游人员分为初级、中级、高级和特级导游人员。

①初级导游人员。根据国家旅游局颁布的《导游员职业等级标准（试用）》的规定：初级导游人员是指取得导游员资格证书后工作满一年，能独立完成导游接待工作，就技能、业绩、知识要求和资历对其进行考核，合格者自动成为初级导游人员。

②中级导游人员。中级导游人员是指取得初级导游员资格 2 年以上，工作业绩明显，经考核、考试合格者可晋升为中级导游员。

③高级导游人员。高级导游人员是指取得中级导游员资格 4 年以上，工作业绩突出，有一定的业务研究能力，在国内外同行和旅游中间商中有一定影响，经考核、考试合格者可晋升为高级导游人员。

④特级导游人员。特级导游人员是指取得高级导游员资格 5 年以上，业绩优异，有突出贡献，在某一业务领域有较深的造诣，在国内外同行和旅游中间商中有较大的

影响，经考核、考试合格者可晋升为特级导游人员。

翻译导游人员工作的流动性和独立性较大，需要有较强的独立工作能力。它又是一种脑力和体力劳动密切结合的工作，既需要较高的文化业务本质，又需要健康的体魄。在当今旅行社业竞争激烈的条件下，导游员素质的高低，他们服务质量的好坏，对旅行社影响极大。因此，旅行社人事部门要认真抓好翻译导游队伍的建设。

5. 其他后勤人员

其他后勤人员是指旅行社的办公室人员、行政人员、行李员、司机和其他勤杂人员。旅行社就像一台大型机器，各部门的工作虽然有“一线”和后勤之分，但是，缺少任何部分旅行社这台机器将不能正常运转。因此，旅行社人事部门不能忽视这些人员的挑选，没有后勤人员的辛勤工作和后备保障，一线的接待人员也不能顺利地完成工作。

旅行社后勤部门的工作繁杂、细致，专业性较强，有一定的技术要求。人事部门选择后勤人员既要考虑其专业技术，也要重视他们的文化水平、综合素质。

（二）旅行社重点岗位的人力资源管理

1. 对职业经理人的管理

由于旅行社投资主体的复杂性，多数投资人（组织）没有精力或能力亲自（或派组织内部人员）管理旅行社，因此对职业经理人的需求就应运而生了。旅行社职业经理人分为高级职业经理人和职业经理人，旅行社高级职业经理人是指拥有较高的理论知识和实践能力，以自己的管理才能为业主服务，能够在业主授权范围内从事高层次战略管理和整体运作的旅行社经营管理人员，在现实中表现为旅行社总经理、副总经理以及不设副总经理的旅行社总监级管理岗位，旅行社职业经理人是指具有一定的理论知识和实践能力，以自己的管理才能协助旅行社高级职业经理人员为业主资产的保值、增值服务，能够从事旅行社某一部门或某一职能的管理工作的经营管理人员，在现实中表现为旅行社部门经理、副经理、经理助理以及大型旅行社主管级管理岗位。旅行社职业经理人与旅行社规模、所有制性质等外在因素无关。现代旅行社的管理者应该成为旅行社职业经理人。虽然目前中国旅行社的很多管理者达不到这一标准，但随着时代的进步、行业的发展成熟以及中国加入世界贸易组织之后对旅行社业造成的强烈观念冲击，未来的旅行社管理者必然是与国际惯例接轨的职业经理人。

职业经理人要以对投资人负责的态度、高度的敬业精神，保证投资人的资产保值、增值；职业经理人要具备丰富的知识和出色的管理能力，能够通过科学管理，实现企业的经营目标；职业经理人要善于协调投资人、员工、旅游产品供应商、旅游者之间的复杂关系；在对不同旅行社管理过程中；职业经理人要以自己的经营管理业绩得到他人的认可或排斥，影响投资人对其信任程度，失败者会被淘汰出职业经理人市场，而成功者将获得相应收益。

2. 对导游人员的管理

导游人员是旅行社中与旅游者直接接触最多的人员，往往代表了企业形象。导游工作的特点使得旅行社很难全面掌握导游人员的工作情况。因此，对导游人员的管理可以说是旅行社人力资源管理工作的难点和重点。

对导游人员的管理首先要强调职业道德教育。导游的职业特点决定了他们有很多时候面临各种诱惑，而他们一旦抵挡不住物质的诱惑，就会损害旅游者的利益和旅行社的声誉。要求采取措施对导游服务过程加以监控，对那些索要小费、回扣的恶性行为，要严惩不贷。其次，要加强对导游的培训。导游工作中经常会出现一些突发事件，这就要求从业人员具有相关知识，并能够随机应变处理问题。介绍一些先进的经验可以帮助导游提高业务素质。

现在社会上成立了一些专门的导游公司，专门为旅行社提供导游服务。于是有一些旅行社自己不再配备导游，或是只有少数导游，有了团队就到导游公司去聘请导游。这样做节约了一些人力成本，但不易控制服务质量。但由于这一趋势体现了专业分工，也为旅行社提供了方便，将来还会有很多的旅行社乐于采用这一做法。导游公司生存的关键在于服务质量。

3. 对于一般业务人员的管理

旅行社的一般业务人员，指的是外联、采购等部门的员工。相对于导游人员，他们不直接对旅游者提供服务，属于旅行社的二线员工。但是，他们的工作也是至关重要的。他们的工作直接影响到旅行社的销售业绩，也是导游顺利接待游客的后勤保障。对这类人员，要充分认识到他们工作的重要性，树立他们的敬业精神。同时，要加强流程管理，分清责任，层层把关，步步负责，提高工作效率。作为管理者，要协调导游与一般业务人员的矛盾，有条件的情况下，尽量让各部门人员有机会轮岗，促进他们互相理解，以利于更好地开展工作。

第二节　旅行社员工的招聘、培训与考核

一、旅行社劳动定额和编制定员

劳动定额是旅行社管理中一项重要的基础性工作，是合理组织劳动的中心内容之一，是编制劳动工资计划、调配人力资源的重要依据，是提高劳动效率的重要措施。也就是说，劳动定额实际上也是人力配备的量化管理。

（一）劳动定额的概念

劳动定额是在一定的生产条件下，预先规定劳动者生产合格产品或完成某项工作的必

要劳动消耗量的标准，即劳动者在单位时间内完成的工作量，用货币量或实物量来表示。

旅行社是一个经营服务的企业，工作的对象主要是人，在进行劳动定额管理时有一定的难度。尤其导游接待人员的接待日和接待量，由于旅游业季节性和地域性的特点，使旅行社难以用一个统一的标准来制订定额。加之每家旅行社都有自己的特点，制订统一的劳动定额既不可能，也无必要，在这里只能提供一些概念和思路。

（二）制订劳动定额的依据

旅行社制订劳动定额应该把接待旅游者的批量和人数作为主要依据。旅行社可根据本社的实际情况，制订出适合本社的劳动定额，规定翻译导游接待人员的年接待日和接待量。劳动定额确定后，旅行社要与各主要业务部门签订承包合同，把接待人数、创利和奖金及其他分配挂钩，既有一定的指标，又留有必要的余地，以充分调动大家的积极性。

鉴于旅行社行业的特殊性，越来越多的旅行社更多地招聘和利用素质高、经验丰富的兼职导游人员来承担旅行社的接待工作，这样可以解决旅游旺季人手不够、淡季人员过多的矛盾。

市场销售人员的劳动定额，主要是参照旅行社当前的客源情况，对组团数和人数确定必要的指标，还要考虑开发新客源市场的因素等。

（三）旅行社编制定员

旅行社编制定员，是根据旅行社经营方向、规模、服务内容、接待服务以及员工的思想和文化素质，本着节约用人、精简机构、提高劳动效率的精神，在建立岗位责任制的基础上，规定其必须具备的各类人员数量。定员是一种科学的用人标准，是旅行社在人员配备上的数量界限和依据。

人事部门在研究和安排本旅行社的定员时，应该从定员的核心问题——人出发，从本旅行社的业务经营范围、业务运转的环节和操作方法的合理性出发，研究和考虑如何合理使用编制、合理配备人员，充分使用人力资源。

旅行社很难按一般企业标准安排定员，因为旅行社的工作本身有它特殊的规律。必须充分地考虑到客源的淡、旺季这两个因素对旅行社编制定员的影响。因此，旅行社应从实际出发，既考虑到常规定员方法，又考虑到非常时期的因素。总的说来，只能参照平季的工作量来进行定员。另外，旅行社还要充分考虑人员的最佳组合，如年龄方面注重老、中、青结合，知识结构合理。

二、旅行社员工的选聘

要造就一支优秀的员工队伍，就必须严格把好员工的招收、聘用关，以奠定良好的塑造基础。

（一）制订招聘计划

旅行社的人力资源管理部门首先要根据旅行社的经营目标确定现在及未来对员工

数量与质量的需求，并据此制订详尽的计划。管理人员根据企业目标设定部门、细分岗位以后，对每个职务都要进行职务分析，确定该职务的工作目的、职责、工作内容、工作环境、所需要具备的知识与技能要求等。制订人力资源计划可以使旅行社的人力资源配置更加合理，避免无谓的浪费。

1. 职务分析

职务分析是指旅行社人力资源开发部门依据旅行社的总体发展目标和经营管理活动的需要，对旅行社各个岗位的任务、责任、性质及任职人员应具备的条件进行认真的分析研究，并做出明确的规定。

2. 岗位要求

旅行社人力资源开发部门应在职务分析的基础上，用书面形式详细规定每个岗位的工作内容、职责、要求及其特性，并且明确规定各个岗位的操作规程、标准和具体要求。

（二）确定招聘方式

旅行社员工的招聘方式有两种形式：内部提拔和外部招聘。内部提拔的来源是旅行社内部的员工；外部招聘的来源是旅行社的外部人员。旅行社的内外部招聘各有其利弊。内部提升可以提高被提升者的士气，调动员工的积极性，节约有关招聘的费用和成本，而且旅行社对员工的判断也比较准确。但是这种招聘方式可能会导致旅行社内部“近亲繁殖”和未被提升者的士气低落，还有的人甚至会为了提升而相互钩心斗角。外部招聘可以引进外部的“新鲜血液”，节省企业自身的人力资源开发费用。但是有时会挫伤本企业员工的积极性，同时旅行社对应聘者也没有全面的了解。

（三）选择与录用员工

在员工选择与录用阶段，最重要的就是要看应聘者是否符合职务要求。旅行社可以通过填申请表、面试、知识或技能测试、核实材料、体格检查等环节来确认应聘者的任职资格。在选拔环节应当坚持以下原则：第一，有些素质极高的应聘者，如果不能适应岗位要求，也要勇于割舍。第二，要注意旅行社各部门的整体年龄、性别比例。第三，对特殊岗位一定突出强调应聘者是否能够经常出差等具体条件。此外，由于旅行社的员工经常要与各方面打交道，人员必须具备比较开朗健康的心态，同时具有较强的与人打交道的能力。对于这一点，在选拔员工时要特别注意。旅行社招聘员工的具体标准有以下几个方面。

1. 政治标准

要成为旅行社的员工，必须坚持四项基本原则，热爱旅游事业，作风正派，遵纪守法，并有一定的道德标准。

2. 文化程度

旅行社员工一般应具有大专以上的文化程度，某些特殊工种还应具备国家认可的有效证书。同其他行业相比，旅行社人力资源中智力密集度高。具备良好的知识结构，

是旅行社从业人员的基本素质要求。旅行社招聘过程中，既要重视人员的学历和专业知识水平，又要重视其专业服务能力、丰富的经验。

3. 合作能力

由于旅行社工作特点决定了旅行社接待服务工作需要旅行社内部，如外联、采购、接待等部门的密切配合才能为旅游者提供优质的服务；同时，旅行社还必须把处理好与相关行业和部门，如交通、饭店、餐厅、旅游景点的关系放在首位，这就要求旅行社专业服务人员有极强的协调、沟通能力。因此，旅行社招聘员工时，应重视应聘者的公关能力、互助精神和合作能力，能与各类人士建立良好的合作关系。

4. 对企业的忠诚感

随着旅游业的迅速发展，人才市场的竞争也日益激烈，旅游从业人员的流动率很高。旅行社在招聘员工时，应重视应聘苦吃苦耐劳、乐于奉献的精神，而对于只讲待遇、不求奉献、金钱至上的求职人员，旅行社不应聘用。因为一旦其他旅行社有更优厚的待遇，这些人便可能跳槽，给旅行社造成损失。招聘、培养对旅行社有忠诚感的优秀人才，才是旅行社企业长期发展的基础。

5. 身体条件

旅行社在招聘员工时应进行体格检查。因为旅行社工作的特殊性，尤其是一线接待人员，需要充沛的精力、健康的体魄。因此，招收员工年龄不宜太大，要身体健康，能走路会爬山，能连续不间断地工作。

三、旅行社员工的培训

旅行社业是劳动密集型的服务性行业，旅行社的产品是旅行社为满足旅游者旅游过程中的需要而向旅游者提供的各种有偿服务，它是以服务为基本特征的组合配套。旅行社的服务质量完全依赖于旅行社员工的主观能动性、创造性和工作热情，是以旅行社工作人员的服务意识和服务技巧为基础的。因此，培养员工良好的服务意识、熟练的工作技能和技巧显得十分重要。只有不断加强培训，提高员工素质，旅行社才能在激烈的市场竞争中处于不败之地。

（一）培训的目的与意义

培训的直接目的就是使员工迅速适应岗位工作，实现旅行社和员工本人的同步发展。培训本身是提高员工素质的重要手段，也是提高企业管理水平、培养员工的适应能力、挖掘员工的潜在能力和增强旅行社的核心竞争力的根本措施。现阶段旅行社业的竞争主要是人才，只有不断加强员工培训，提高员工素质，旅行社才能不断在激烈的市场竞争中处于不败之地。

（二）培训的内容

1. 职业道德培训

职业道德培训是旅行社人力资源培训的一项重要内容，包括使员工了解国家发展旅游业的意义和旅行社在旅游业中的作用，帮助员工树立主人翁意识、职业自豪感和荣誉感；使员工了解本旅行社的经营目标、经营理念，自觉维护企业形象；培养员工正确的劳动态度和敬业精神，树立良好的服务意识，增强职业责任感，自觉养成良好的职业道德；增强员工的团队意识与合作精神，培养精益求精的工作作风；提高员工的遵纪守法意识和道德水准，自觉地遵守国家的法律法规，遵守旅行社行业的规章和本旅行社的各种规章制度，坚持诚信原则，树立正确的价值观，培养高尚的道德情操。

2. 知识培训

旅行社经营应顺应时代，适应宏观和微观经营环境的变化，通过培训使员工掌握工作所必需的大量知识，实现旅行社人力资源的现代化和知识化。知识培训的主要内容包括专业知识、旅游理论知识、旅游法规知识和相关学科知识等。

3. 能力培训

旅行社通过能力培训，使员工掌握完成本职工作所必须具备的各种能力，这种能力包括业务能力、管理能力、经营能力和学习能力等。

（三）培训的方式

在旅行社中，大量的是在岗培训。在岗培训可以利用工余时间、晚上或节假日时间进行，有示范、指导、岗位轮换等多种方式。脱产培训则可以采用课堂教学、多媒体教学、模拟训练、角色扮演、案例分析等多种方式。

1. 岗前培训

岗前培训，是提高旅行社员工素质的重要措施。根据国家旅游局提出的在旅游行业中实行“先培训后上岗”的制度，新员工在进入旅行社之后，应接受岗前培训。岗前培训的内容有旅行社介绍、敬业精神、服务观念、操作规范、业务知识、导游知识、规章制度等。

2. 在职培训

在职培训，是指对具有一定业务知识和操作实践经验的职工进行有组织的集中教育，不脱产或短期脱产的培训。培训的内容基本上贯穿于整个旅行社工作的全过程。开展在职培训能提高现有员工的业务素质，不断提高业务水平。

3. 脱产培训

脱产培训是指旅行社的员工离开工作岗位到有关院校或培训机构接受比较系统的专业教育。学习的内容包括语言、政策法规、导游知识、管理知识、旅游心理学等知识。其特点是学习的知识比较系统、全面，对于文化层次比较低或希望提高自己学历的员工较为适合。

4. 适应性培训

适应性培训，又称应用性培训，是指旅行社针对一些员工因工作需要，从一个岗位转向另一个岗位，为使转岗的员工在短时间内掌握新的工作知识和技能，而对他们进行的培训。培训的方法可采用请专家上门讲课、现场观摩等。

5. 专题性培训

指旅行社针对员工在某些知识领域的需求，聘请有关专家或社内工作经验丰富的人员就某一个专题进行培训。培训的内容包括外语知识、客源国的相关知识等。

（四）培训的程序

（1）制订培训计划，确定培训需求。旅行社的培训工作必须具有目的性和针对性，因此制订合理的培训计划是十分必要的。旅行社应当通过培训计划确定培训需求。为此，旅行社必须对岗位进行检查以确定完整地、有针对性的培训和发展需求；进行工作分析，确定某一岗位所包含的任务以及完成这些任务所需要的知识、技能；对员工进行初步的考评，以确定员工的不足并明确培训重点。

（2）确定培训目标。培训目标就是培训所要达到的效果。一般来说，培训目标主要是根据任务要求、技能、知识和态度来确定的。

（3）选择培训方式。根据旅行社及员工的现有情况选择合适的培训方式。

（4）实施培训计划进行相关的培训。选择恰当的培训方式后，对培训计划进行进一步的核实、实施。

（5）培训考评。在实施培训以后，旅行社还必须进行培训考评，以检验培训的效果，查找培训工作中的不足。

（五）常用培训方法

旅行社培训的方式多种多样，需视培训目的与需求、培训内容与教材、员工层次与水平、训练时间、场地与人数等因素的考虑而选用。采用合适的培训方法，会受到受训者的欢迎和兴趣，并会取得最佳的培训效果。旅行社经常采用的培训方法有：

1. 课堂讲授法

课堂讲授法是传统模式的培训方法，也称课堂演讲法。基本上是老师讲，学员听，受训人员参与讨论的机会少，培训者也较难听到培训效果的反馈、针对性差。这种讲授方法比较适用于向大群学员介绍或传授某一课题内容。

如果旅行社采用了这种培训方法，培训者应该做好以下几方面工作。

（1）培训者在课前应有充分的准备，教学大纲、设备、进度要做到位。

（2）培训者应保留适当的时间与学员进行沟通，相互交换意见，鼓励学员提出问题。

（3）为增强受训学员对课程内容的理解深度，应采用各种辅助方式，如录像、幻灯等补充扩展教学内容。

2. 会议研讨法

会议研讨法是由培训人员领导讨论某一专题问题。其目的是为了解决某些复杂的问题，或通过讨论的形式，使众多受训员工就某个主题进行意见的沟通，谋求观念看法的一致。

这种培训方式的特点是信息交流为多向传递，参与性高，适用于巩固知识，训练受训人员分析问题、解决问题的能力以及与人交往的能力。

3. 案例研讨法

案例研讨法是一种应用集体讨论方式进行培训的方法，它与会议讨论法不同的是，通过企业成功经验或失败教训进行讨论，不仅为了解决问题，而侧重于培养受训学员对问题的判断能力及解决能力，鼓励受训人员思考。

这种培训方式学员的参与程度较高，能有效地提高受训学员的分析、决策能力，帮助他们学习如何在紧急状况下处理事件。

4. 角色扮演法

角色扮演法又称职位扮演法，模拟训练方法。这种方法通常用于情景培训中，培训学员创造模拟一种实际情景，让学员在其中扮演各种不同的角色，使学员真正体验到所扮演角色的感受与行为，以发现和改进自己原先职位上的工作态度与行为表现。此种培训方法多用于改善人际关系的训练中。

5. 操作示范法

操作示范法培训是旅行社在职前实务训练中，或适用于工作流程的改进、引进新设备等而广泛采用的一种方法。为了使受训员工了解和掌握新的工作程序和新技术的操作方式，培训人员在工作现场利用实际设备采用边演示、边操作、边讲解的方法进行培训，学员反复模仿实习，经过一段时间的训练，使操作逐渐熟练直至符合规范程序与要求，达到运用自如的程度。目前，各大旅行社在兴建网站的过程中，为了让学员熟悉网站的建设、维护和网页的更新设计，通常采用操作示范方式进行现场培训。

6. 视听法

视听法培训指使用电视机、录像机、影碟机、幻灯机、投影仪、录放机、电影放映机等视听教学设备为主要培训手段进行培训的方法。如外语培训、操作规范程序、礼貌礼节要求等都可以采用此方法，教学内容可以由旅行社运用摄像机自行摄制培训录像带。

7. 利用互联网进行培训

旅行社可以充分利用互联网这一新的快捷的培训方式，可以及时、迅速地更新网页，互联网可以持续提供最新的培训资料，这样就使培训的循环和更新变得方便、容易、简单，而且可以为旅行社节省成本。互联网需要用户善于在大量的信息中收集、比较，找出自己需要的信息。开展这种培训方式的前提是旅行社的员工经常上网冲浪。

四、旅行社员工绩效的考评

旅行社员工绩效考评是指对个人和群体的工作表现和工作业绩进行考核和分析，以改善员工在组织中的工作行为，充分发挥旅行社员工的潜能和积极性，更好地实现旅行社的各项目标。旅行社管理者对员工的评价应全面和客观。应该看到，绩效考评并非是一次性的考核行为，而是一个全面的、连续的循环过程，它不是仅仅强调事后的评价，而是更注重事前做计划、事中有指导和事后有管理。

（一）绩效评估概述

1. 绩效评估的目的及作用

绩效评估既是一种正式的员工评估制度，也是管理者与员工之间的一项管理沟通活动。旅行社按照科学的绩效评估原理，通过系统的绩效评估方法，考核员工在岗位上的工作行为和工作效果，作为决定其工资级别、奖金数额和职务升降的直接依据。旅行社绩效评估的最终目的，是通过改善员工的工作表现，实现企业的经营目标，并提高员工对工作岗位和旅行社的满意度和职业成就感。

绩效评估对旅行社的管理具有重要的作用，主要体现在：是薪酬调整和奖金发放的依据；是调整职务和岗位的依据；是管理者和员工之间进行正式沟通的机会；是获得员工信息的有利渠道。旅行社实施绩效评估，不仅有利于企业的管理，而且有利于对员工的激励。主要表现在了解企业对于员工的评价；了解企业对员工的期望。

2. 绩效评估的原则及内容

（1）公开性原则。表现在事前公开考评的目的、标准、程序及方法；考评过程公开，不搞暗箱操作；考评的结果公开，使每人都知道自己和他人的业绩评价信息。此项原则会使员工对绩效评估的工作和结果产生信任感，并且能够确保评估的权威性。

（2）客观性原则。旅行社在评估员工的绩效时，只要员工的工作表现和结果达到了旅行社规定的标准，就可以认为他是一名合格的员工。那种置评估标准于不顾，在员工之间进行比较，搞“末位淘汰”式评估的旅行社，只能是哗众取宠于一时，最终会导致员工离心离德的恶果。

（3）直接性原则。在绩效评估时，员工的直接上级应该负责评估其工作绩效。因为直接上级最了解员工的实际工作，也最有可能反映真实情况。由员工的直接上级进行评估，不仅能够明确评估的职责，而且能够将评估工作与日常管理有机地结合起来，有利于对员工的管理。

（4）多层次、全方位评价原则。员工在不同的时空条件下往往有不同的表现。为了使评价更真实，应建立起多层次、多渠道、全方位的评价体系，包括员工自评；上级、同级、下级的评价；服务对象和业务协作单位的评价等。

（5）经常化、制度化原则。绩效考评应作为一项长期化、制度化的管理工作来抓，并和其他日常职能管理工作相结合，形成一种科学、有效的人事管理机制。

3. 绩效评估的内容

绩效评估主要考核员工德、能、勤、绩等四个方面，具体包括：

(1) 职务评估。包括考察员工对本职工作的熟练程度和考察员工的工作能力和适应性，以决定是否需要调动其工作或调整其职务。

(2) 奖金评估。是旅行社为了决定员工应获得的奖金数额，而对其工作成绩和超额劳动进行的客观评价。

(3) 提薪评估。是以员工过去的工作成绩和今后可能发挥的作用为依据进行的绩效评价，其目的是决定被评估者未来相应的工资水平。

(4) 晋升评估。以提升员工的职务或工资级别为目的，对其绩效进行的综合性评估。晋升评估以旅行社平时积累的评估资料为基本依据，全面考察被评估者的职业道德、知识水平和工作能力，以决定是否应给予被评估者以相应的职务晋升或工资级别提升。

绩效评估应作为一项长期化、制度化的管理工作来抓，并和其他日常职能管理工作相结合，形成一种科学、有效的人事管理机制。

4. 绩效管理的方法

绩效评估常用的方法是分类评估法。这种方法首先明确考核要素，如工作态度、出勤情况、专业知识、服务对象反映等，然后，依据各要素的重要性设定每一要素在这个评估中所占权重。之后逐项打分，各项加总后得到总分。

(二) 旅行社员工的激励

合理的激励措施能够充分调动员工的积极性，而且有利于吸引人才、留住人才。讲到激励，比较容易让人联想到工资和福利待遇。的确，制订合理的工资与福利待遇是保证员工积极性的基础。但人的心理需求是多样化的，替员工设计一个比较明确的职业轨迹、给予员工到外地或出国深造培训的机会、提供奖励旅游等，都可以激励员工。在坚决贯彻多劳多得原则的前提下，旅行社管理者必须重视员工的心理感受，这样才能使员工得到更高层次上的、全面的心理满足，也才能真正留住人才。

1. 旅行社员工激励的概念与作用

旅行社员工激励指创设满足员工各种需要的条件，激发员工的动机，使之产生实现旅行社目标的特定行为过程。它是一种精神力量或状态，通常分为物质激励和精神激励两大方面。其作用体现在以下几个方面。

(1) 吸引优秀人才。不仅旅行社业，在发达国家的许多企业中，特别是那些竞争力强、实力雄厚的企业，通过各种优惠政策、丰厚的福利待遇、快捷的晋升途径来吸引企业需要的人才。

(2) 开发员工的潜在能力。美国哈佛大学的詹姆士教授在对员工激励的研究中发现，按时计酬的分配制度仅能让员工发挥20%～30%的能力，如果受到充分激励的话，员工的能力可以发挥出80%～90%，两种情况之间60%的差距就是有效激励的结果。

(3) 留住优秀人才。德鲁克认为，每一个组织都需要三个方面的绩效：直接的成果、价值的实现和未来的人力发展。缺少任何一方面的绩效，组织注定不能长远发展。因此，每一位管理者都必须在这三个方面均有贡献。在三方面的贡献中，对“未来的人力发展”的贡献就是来自激励工作。

(4) 造就良性的竞争环境。科学的激励制度包含有一种竞争精神，它的运行能够创造出一种良性的竞争环境，进而形成良性的竞争机制。在具有竞争性的环境中，组织成员就会受到环境的压力，这种压力将转变为员工努力工作的动力。正如麦格雷戈所说：“个人与个人之间的竞争，才是激励的主要来源之一。”

2. 旅行社员工激励的方法

(1) 工资。是体现每个职工收入分配的结果，是按劳分配的主要形式。随着社会主义市场经济的实现，企业的现行工资制度也进行了改革。国家仅制定最低工资保障线。由于旅行社之间经营效果和创收效益不同，各个旅行社员工的收入也不同。当前旅行社采用的工资形式主要是计时工资。计时工资指直接以劳动时间、工龄长短与既定工资等级的高低，来计算职工的报酬。

(2) 奖金。是工资分配的补充。要使一个企业活起来，除了思想建设上不断有措施外，奖金要体现每个人的实际工作效益和能力，在奖金分配中拉开距离，以鼓励先进，促进后进。奖金紧密结合企业生产经营和职工劳动的特点，对于弥补计时工资不足，调动员工生产经营积极性，增加社会财富，改善员工生活，具有显著的作用。旅行社工作人员的工作分工不一，带队在外，线路有长有短，日期也有长有短，质量有好有坏，对于这些，一般在奖励中应有所体现。在使用奖金时应遵循以下原则：奖金量要与员工提供的超额劳动量相一致；奖金的考核、发放要紧密结合旅游的工作特点，避免平均主义和重复奖励；按员工过去实绩考核发放奖金。

(3) 津贴。是为了弥补旅行社第一线的员工，在特殊条件下远离家庭工作而支出的额外劳动消耗和多开支的生活费用，是对员工长年累月在劳动条件较为艰苦或特殊的环境下工作，多付出一部分体力和脑力消耗的补充。而目前的奖励制度不能完全体现这种差别，因而通过津贴的形式予以适当的弥补。旅行社的津贴一般由职务津贴、交通津贴、上团津贴及跨地区的路途津贴组成。当旅行社发展到集团规模时，集团总经理要委派一同志到分社任经理职务。该同志远离家庭到一个人生地不熟的环境中，工作要独当一面，克服许许多多困难，从而完成由总社指定的承包合同指标。因此，适当的职务津贴和路途津贴是必要的，这对于鼓励在分社工作的职工安心工作、创造经济效益、调动积极性，将起到润滑剂的作用。

(4) 股金、职工分房。有一些旅行社正在探索、寻求一套科学的企业管理办法，实行旅行社的资产由职工参股，旅行社的员工拥有的股份多少与他们的贡献大小，与他们对旅行社建设功绩大小，有直接的密不可分的关系，同时也是职工参与旅行社建设工作时间长短的直接反映。有些旅行社股金操作的基本方法是，从每个员工的个人奖金中提出15%，然后由旅行社基金中再贴进15%，即个人和旅行社各产生15%，两者相加占员工奖金30%成为股金总额。这样，奖金的多少，也涉及股金的多少。每到年底，职工分股息，员工每人持一股金卡。届时扣去多少，旅行社贴进多少，能分多少股息，员工们心里一目了然。职工分房也是激励机制的一个方面，因此，在旅行社工作的员工，房子的分配也涉及个人对旅行社的贡献大小。按家庭人口居住面积的比例因素考虑是很少的，而是按对旅行社贡献大小进行分配。这样，对稳定员工队伍、稳定骨干，增强员工的竞争意识，都有很大的好处。

（5）其他福利。旅行社的集体福利项目主要有：各种保险金（如养老保险、医疗保险、失业保险等）、各种基金（如住房公基金等）、带薪假期（如婚假、探亲假等）、额定报销费用（如培训费、书报费等）、免费后勤服务（工作服、工作餐等）。

（6）重视员工心理感受。制订合理的工资、奖励与福利待遇等是保证员工积极性的基础，但人的心理需求是多样化的，替员工设计一个比较明确的职业轨迹、给予员工到外地或出国深造培训的计划、提供奖励旅游等，都可以激励员工。在坚决贯彻多劳多得原则的前提下，旅行社管理者必须重视员工的心理感受，这样才能使员工得到更高层次上的、全面的心理满足，也才能真正留住人才。

第三节　旅行社的企业文化建设

一、旅行社企业文化内涵及特征

（一）企业文化的内涵

“企业文化”这一概念，源于美国。在企产生、发展、成熟的同时，各行业的企业文化逐步发展起来。旅行社企业文化是和旅行社同时产生的，没有旅行社，就不可能有“旅行社企业文化”。旅行社企业文化目前无统一的定义，大致可以描述为：旅行社在长期经营管理活动中，由主要领导者提倡并垂范、全体员工自觉恪守并实践，从而获得生存和发展条件为核心内容的团体精神形态的运行方式。

（二）旅行社企业文化的特征

1. 无形性和有形性的交叉

旅行社的企业文化所包含的信念因素、道德因素、心理因素、精神因素和智能因素等，是作为一种文化心态和氛围弥散于旅行社企业员工之中。因而，它是无形的。但是，作为反映和表现企业文化的外部标志却不难识别，如中国国际旅行社总社的“地球”“CITS”和“国旅”，是作为企业文化的载体，是实实在在以物质形态展现在我们面前的。无形的文化正是通过有形的载体（人、设施、产品等）映现出来的。

2. 非强制性和强制性的结合

价值观与行为规范是旅行社企业文化的深层内涵，它们对旅行社员工的行为规定了价值取向和行为准则，是对员工们的行为产生最持久和最深刻影响力的因素。这种影响是借助旅行社内部气氛的熏陶，集体精神的感染去暗示，非强制性的潜移默化来影响和控制员工的行为模式。可是，企业文化造成的行为准则、共同目标又是强制性的，任何人无法抗拒。人们在非强制性和强制性的因素影响和制约下，接受企业文化，并自觉地按共同的行为准则行事。

3. 时代性与历史继承性的统一

旅行社的企业文化存在于社会物质文化生活环境之中，必然体现时代的要求，反映时代的风貌，与时代的发展保持同步性。旅行社的企业文化并不提凭空产生的，它是对传统的价值观念、行为规范的继承和发展而来的，被后继员工所接受，并一代代地传下去，所以，旅行社企业文化是时代性与历史继承性的统一。

4. 独特性与民族性统一

旅行社企业文化作为企业“人格化的性格”，源于企业传统的员工队伍和企业宗旨，体现企业的风貌。大多优秀的旅行社企业文化都有其鲜明个性。不同民族具有不同文化传统，不同民族的企业具有不同的文化特征，而旅行社企业文化是独特性与民族性的统一。

（三）旅行社企业文化建设的作用

1. 自我内聚作用

企业文化通过培育企业成员的认同感和归属感，建立起企业之间的相互依存关系，使个人的行为、思想、感情、信念、习惯与整个企业有机地统一起来，形成相对稳固的文化氛围，凝聚成一种无形的合力和整体趋向，以此激发出企业成员的主观能动性，朝着企业共同目标而努力。正是企业文化这种自我凝聚、自我向心、自我激励的作用，才构成企业生存发展的基础和不断成功的动力。从这个意义上来说，任何企业如果想取得成功，其背后都有强大的企业文化为后盾。但是，需要指出的是，这种内聚力量不是盲目的、无原则的、完全牺牲个人一切的绝对服从，而是在充分尊重个人价值、承认个人利益、有利于发挥个人才干的基础上而凝聚的群体意识。

2. 自我改造作用

企业文化可以从根本土改变员工的价值观念，建立起新的价值观念，使之适应企业正常实践活动的需要。尤其对于刚刚进入企业的员工来说，为了减少他们个人带有的家庭、学校、社会所养成的心理习惯、思维方式、行为方式与整个企业的不和谐或者矛盾冲突，就必须接受企业文化的改造、教化和约束，使自己的行为趋向与企业一致。一旦企业文化所提倡的价值观念和行为规范被全体员工所接受，就会在不知不觉中作出符合企业要求的行为选择，倘若违反了企业规范，就会感到内疚、不安或自责，就会主动修正自己的行为。在这个意义上，企业文化具有某种程度的强制性和改造性。

3. 自我调控作用

企业文化作为企业所共有的价值观，并不对企业成员具有明文规定的硬性要求，而只是一种软性的理智约束，它通过企业的共同价值观不断地向个人价值观渗透和内化，使企业自动地生成一套自我调控机制，以“看不见的手”操纵企业管理行为和实务活动。这种以尊重个人思想、感情为基础的无形的非正式控制，会使企业目标自动地转化为员工自觉的行动，达到个人目标与企业目标的高度统一。企业文化具有的软性约束和自我协调的控制机制，往往比正式的硬性规定有更强的控制力和持久力，因为主动的行为比被动的适应有着无法比拟的作用。

4. 自我完善作用

企业在不断的发展过程中所形成的文化沉淀，通过无数次的辐射、反馈和强化，会不断地随着实践的发展而不断地更好地更新和优化，推动企业文化从一个高度向另一个高度迈进。也就是说，企业文化不断地深化和完善，一旦形成良性循环，就会持续地推动企业本身的上升发展；反过来，企业的进步和提高又会促进企业文化的丰富、完善和升华。国内外成功企业的事实表明，企业的兴旺发达总是与企业文化的自我完善不可分割的。

5. 自我延续功能

企业文化的形成是一个复杂的过程，往往会受到社会的、人文的和自然环境等多种因素的影响。因此，它的形成和塑造不是一朝一夕就能完成的，必须经过长期的发展，以及不断地实践、总结、提炼、修改、充实、提高和升华。同时，正如任何文化都有历史继承性一样，企业文化一经固化形成以后，也会具有自己的历史延续性而持久不断地起着应有的作用，并且不会因为企业领导层的人事变动而立即消失。

二、旅行社企业文化的构成要素

旅行社企业文化由内层（精神文化层）、中层（行为文化层）和外层（物质文化层）三部分构成。

（一）精神文化层

1. 企业哲学

旅行社的企业哲学，是指旅行社的经营哲学，是对旅行社全部行为的一种根本指导。旅行社企业哲学的根本问题是旅行社人与物、人与经济规律的关系问题。

2. 企业价值观

旅行社的企业价值观，是旅行社企业文化的核心，为旅行社的生存与发展提供了基本方向和行动指南。在全体员工中培养和树立正确的价值观，对于统一员工的思想和增强企业的凝聚力具有积极的意义。

3. 企业道德

企业道德，是指员工在工作过程中，调整内外关系的特定职业行为规范的总和。它是一种内在的价值观念和企业意识。旅行社作为服务性企业，要特别注意在员工中提倡职业道德，以维护企业的声誉和旅游者的权益。

4. 企业精神

企业精神，即为职工群众所认同并努力付诸实践的道德观、价值观和行为准则，它以人为载体。如果说实体构成企业表象硬件系统的话，那么精神则是企业形象的软件系统。首先，企业精神是企业文化的精髓，是旅行社企业的内核，是企业员工的思维能动性和行动能量，是企业的内在素质，是价值取向的外在表现，也是凝聚职工力量、鼓舞激励职工奋发向上的驱动器。内核被激活了，企业就拥有了越来越强大的推进力量。其次，企业精神也是企业赖以生存的基础。企业要生存，就得提高知名度，增强竞争力，提高整体素质。要倡导与企业同呼吸共命运的主人翁精神，不计报酬的奉献精神，上下一致的团结协作精神，精打细算的勤俭创业精神，从而提高企业的群体素质。

（二）行为文化层

1. 企业目标

目标对人的行为具有导向、激励的功能，现代企业管理学强调通过目标的设置来激发动机，引导行为，使员工的个人目标与企业目标结合，以激励员工、调动员工的积极性。旅行社可以制订在一定时期内能够达到的、具体的、明确的目标，来提高员工的信心，进而调动员工的积极性。

2. 企业民主

企业民主的核心是“以人为本”的价值观和行为规范。它作为旅行社制度的一个方面，包括员工的民主意识、民主权利、民主义务等一系列参与企业经营管理的措施和活动。我国《企业法》规定，员工有参加企业民主管理的权利，职工代表大会是实行民主管理的基本形式。旅行社应该通过发扬民主和民主管理，调动员工的积极性，提高旅行社的经营管理水平。

3. 企业制度

企业制度是指旅行社的行为规范，是保证旅行社正常运转所必不可少的重要因素。具体包括管理体制、组织机构、社规社纪、习惯方式、道德规范等内容。

4. 企业文化活动

企业文化活动，是旅行社企业文化的基本要素之一。包括文娱活动、福利活动、技术活动及思想活动等内容。

5. 企业人际关系

企业人际关系是指人们在企业活动中发生的交往关系，体现了双方的互动行为。旅行社的企业人际关系包括纵向的上下级关系和横向的同级关系两种。

(三) 物质文化层

1. 企业环境

企业环境是旅行社企业文化的外在表征，体现了旅行社企业文化的个性特点。具体包括：①工作环境。旅行社的工作环境，使之为员工创造的工作氛围，体现了旅行社对员工情绪、需求、激励的重视程度。②生活环境。旅行社的生活环境包括旅行社为员工提供的居住、休息、娱乐等生活服务设施和为员工及其子女提供的学习条件。因此，旅行社应努力创造条件，改善职工工作环境和生活环境，激发职工对企业的忠诚和工作热情。

2. 企业形象

企业形象是指旅行社及其行为在人们心目中所留下的印象和获得的评价。旅行社的形象表现在五个方面：①领导者形象，领导者的形象具有无形价值与感召力，这不是权力所带来的，它来源于企业家自身的文化素养和精神境界；领导的文化形象是企业最具代表性的魅力所在。②服务形象，如经营能力、服务质量、工作效率等方面的印象。③从业人员的形象，旅游从业人员的形象是旅行社整体形象的一个缩影，代表着一个企业。④环境形象，如企业的办公楼、营业厅和社区环境等，它反映了企业的管理水平、经济实力和精神风貌。⑤社会形象，是指企业对公众负责和社会贡献的表现。

三、建立旅行社企业文化的途径

(一) 选择价值标准

由于企业价值观是整个组织文化的核心和灵魂，因此，选择正确的企业价值观是塑造企业文化的首要战略问题。选择企业价值观有两个前提：

第一个前提是立足于本企业的具体特点，选择适合自身发展的企业文化模式，否则就不会得到广大员工和社会公众的认同和理解。

第二个前提是把握住企业价值观与企业文化要素之间的相互协调，因为各要素只有经过科学的组合与匹配才能实现系统整体优化。

(二) 强化员工认同

一旦选择和确立企业价值观和企业文化模式以后，就应把基本认可的方案通过一定的强化灌输方法使其深入人心，具体做法包括：

1. 宣传与推广

充分利用一切宣传工具和手段，大力宣传企业文化的内容和要求，使之深入人心，以创造浓厚的环境氛围。

2. 树立典型榜样

典型榜样是企业精神和企业文化的人格化身与形象缩影，能够以其特有的感染力、影响力和号召力为企业成员提供可以仿效的具体榜样，而企业成员也正是从典型榜样的精神风貌、价值追求、工作态度和言行表现之中深刻理解到企业文化的实质和意义。

3. 培训和教育

有目的的培训和教育，能够使企业成员系统地接受和强化认同企业所倡导的企业精神和企业文化。

（三）提炼定格

1. 精心分析

在经过群众性的初步认同实践之后，应将反馈回来的意见加以剖析和评价，详细分析和仔细比较实践结果与规划方案的差距，必要时可吸收有关专家和员工的合理化意见。

2. 全面归纳

在系统分析的基础上，进行综合的整理、归纳、总结和反思，采取去粗取精、由此及彼、由表及里的方式，删除那些落后的、不被员工所认可的内容和形式，保留那些进步的、卓有成效的、为广大员工所接受的形式与内容。

3. 精练定格

把经过科学论证的和实践检验的企业精神、企业价值观、企业文化予以条理化、完善化、格式化，并加以必要的理论加工和文字处理，用精练的语言表达出来。

（四）巩固落实

1. 必要的制度保证

在企业文化演变为全体员工的习惯行为之前，要使每一位成员都能自觉主动地按照企业文化和企业精神的标准去行事是几乎不可能的。即使在企业文化已成熟的企业中，个别成员背离企业宗旨的行为也是经常发生的。因此，建立某种奖优罚劣的规章制度还是有一定的必要的。

2. 领导的表率作用

领导的表率作用在塑造企业文化的过程中起着决定性的作用，领导者本人的模范行为就是一种无声的号召和导向，对广大员工会产生强大的示范效应。所以任何一个企业如果没有企业领导者的以身作则，要想培育和巩固优秀的企业文化都是非常困难的。

（五）不断发展

任何一种企业文化都是特定历史的产物，当企业的内外条件发生变化时，不失时机地调整、更新、丰富和发展企业文化的内容和形式总会经常摆上议事日程。这既是

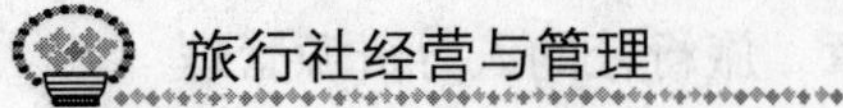

一个不断淘汰旧文化特质和不断生成新文化特质的过程，也是一个认识与实践不断深化的过程，企业文化由此经过不断更新而更具有生命力。

现代企业人力资源管理注意事项

1. 抓好时间管理与有效授权——在同样多的时间里完成更多的工作。授权给高效率的人员。

2. 搞好企业内部效率与效力的关系——效力指企业内部每个员工个人目标实现程度；效率是衡量企业组织目标实现的多寡的尺度。要充分注意到员工的需求，调节好管理效率与员工感情之间的关系。

3. 贯彻多劳多得，按贡献定奖励——制订合理的工资比率，最佳员工报酬分配标准＝工资/附加值×100%，比值在40%左右为宜。

4. 尽可能创造再就业选择机会——多种经营减轻员工的后顾之忧，提高凝聚力。

5. 大力提倡团队精神，树立“细节不是小节”思想，注重企业文化建设。

【案例1】

旅行社员工跳槽事件

1995年7～8月，中国青年旅行社总社欧美部的10余名业务骨干，未经批准即办理相关手续，集体跳槽加入中国旅行社总社，并将其在工作中使用、保管的大部分青旅客户档案带走。与此同时，中旅用这些人组建了中旅欧美二部，致使青旅的国外客户在一月的时间内纷纷以种种理由取消了原定于1995年8～12月的旅游团队151个，占原订团队总数的2/3。此举使青旅减少计划收入2000多万元，并损失经营利润300多万元。1996年，继青旅和中旅产生纠纷以后，又相继发生了中旅人员跳槽到民间、国旅人员跳槽到青旅的事件。在旅行社行业中，此类集体或重要员工跳槽事件时有发生，许多旅行社因此遭受严重损失。

要点分析

组织的工作是靠人来完成的，企业管理很重要的一点就是“通过人把事情做成”，通过人的合力来实现企业目标，企业目标的实现是建立在充分尊重人、研究人、理解人的基础之上的。而人是最具有能动性的。跳槽分几种：①对公司工作环境和晋升机

会不满；②对收益不满；③对公司的发展方向不能认同。员工最需要的是自己的工作保障。做好人员的个人所得的分配比例，给予相应的晋升机会，留给员工更大的发挥空间，在员工能够自己赚到钱的基础上才能给公司产生更大的利润空间，但这些都需要有一个科学合理的激励机制来实现人力资源管理的良性发展。

【案例2】

美国罗森布鲁斯旅行社的企业文化

美国罗森布鲁斯旅行社（Rosenbluth Travel）的企业文化由表层、里层、深层三部分组成。

1. 大马哈鱼（salmon）——罗森企业文化的表层部分

企业文化的第一个层次是指可见之于形、闻之于声、触之有觉的物质文化，如旅行社的社歌、社旗、员工的制服等。罗森企业文化的第一个层次大马哈鱼的特点是逆流而上，不跟随潮流，不跟在别人后面亦步亦趋。罗森以吉祥物鼓励员工在创新中不要怕犯错误，而要善于从错误中学习，不犯同样的错误；鼓励员工不能仅停留在为顾客服务的层次，要事事为客人提前设想，主动去了解每位客人的需要。

2. 顾客第二——罗森公司的制度文化

企业文化的里层是制度文化，即企业文化的领导体制、组织结构、规章制度等反映出来的指导思想。罗森的制度文化集中体现在罗森现任老板 Hal Rosenbluth 写的一本书中，书名为《顾客第二》（*The Customer Comes Second*）。其基本思想是：公司仅仅强调为顾客服务是不够的，因为没有幸福的员工，就很难有快乐的顾客。只有当公司将员工置于首位，员工才会将顾客置于首位。罗森的制度文化包括以下政策。

（1）严厉的爱（tough love）。罗森一旦发现所雇用的员工不称职，就尽快解雇，认为不解雇是对顾客以及其他员工的不负责任。罗森认为，我们不可能培训人们怎样心地善良，但我们可以选择心地善良的人。罗森把人品放在一个很重要的位置上。

（2）门户开放政策（open-door policy）。当员工与上级主管再三商量主管听不进时，员工可直接找主管的上一级，并且每一名员工都可以直接开门找总经理。

（3）注重团队精神、团队荣誉。“罗森分布在世界各地的员工们都有集体主义精神，彼此配合默契，工作协调，像在一个大家庭里工作，环境充满乐趣……”罗森强调每一位员工都重视团体荣誉，敬业、爱业，绝不可以以一己不当行为而使集体受损。

“我们对员工今天的投资就是对企业未来的投资。”罗森十分注重对员工的培训、对员工素质的提高。比如，每一位新员工都要到费城总部接受为期3天的培训，接受企业的哲学、价值观以及服务思想。3天中有一项安排，老板亲自为新员工倒下午茶，使员工感到自己是主人翁且首先从老板那里学到了敬业、服务的精神。罗森对员工的重视使得罗森在旅游业员工流动率平均高达50%的情况下，除第一年外，其他年份都只有6%。“正因为我们强调要使员工生活在一个满意的、使人积极上进的环境里；反过来，他们也同样时时为客户着想。”

3. 领先群体，不断超越自我——罗森文化的深层部分

企业文化的核心是深层文化。深层是指沉淀于心灵的意识形态，即精神文化，它包括理想信念、价值取向、经营哲学、行为准则等，是企业的灵魂，支配着企业及其员工的行为取向。罗森的精神文化是：求新、求变、求精，创造需求，永远保持领先。

罗森创造需求的含义是一直走在市场前列的。罗森认为，麦当劳进入中国之前，吃汉堡包的人寥寥无几；而麦当劳进入中国后，有很多人在吃汉堡包。所以需求有时候也是可以创造出来的。麦当劳的成功经验是：引入当地缺乏的制度、管理、品质控制，在掺入当地特色。罗森也本着这种精神，在罗森成立的100多年里，依靠员工的创造力，把变化看作机遇，先后开发出几十种产品和服务项目，使罗森一直是旅游界有创建的带头人。而每一种创新，都代表着旅游产业的新思路，都使客户从这些成果中受益并改写着“旅游管理”这个名词的含义。罗森管理的独到之处是，“优秀服务，公司素质，技术水平，客户至上，全球实力”。

要点分析

企业文化是企业的灵魂和精神支柱，指导和规范着企业一切活动；企业文化包括企业物质、制度和企业精神三大要素，直接指导企业物质文明建设、制度文明建设和精神文明建设。企业文化的本质就是企业价值观。在企业文化演变为全体员工的习惯行为之前，要使每一位成员都能自觉主动地按照企业文化和企业精神的标准去行事是几乎不可能的。即使在企业文化已成熟的企业中，个别成员背离企业宗旨的行为也是经常发生的。因此，建立某种奖优罚劣的规章制度还是有一定的必要的。

思考题

1. 分析旅行社人力资源的特点。
2. 分析影响旅行社选择员工的因素。
3. 思考绩效评估在人力资源管理中的作用。

第八章 旅行社财务管理

本章导读

旅行社财务管理是旅行社经营管理的重要组成部分，在旅行社经营活动中处于理财的重要地位，是改善经营管理水平的重要途径。财务管理是指对企业的资金运动进行决策、计划、组织、监督和控制，是企业管理的重要组成部分。旅行社财务管理，就是利用货币的形式对旅行社经营活动进行的全面管理。在市场经济体制下，财务管理的职能越来越突出。这必然要求旅行社加强财务管理。首先要明确旅行社财务管理的基本内容、目标和原则，熟悉旅行社资金管理的有关问题；弄清旅行社成本费用、营业收入与利润及结算管理方法。

本章难点

1. 旅行社财务管理的内容、目标和原则
2. 旅行社财务分析
3. 成本费用的分析与控制
4. 掌握旅行社成本费用、营业收入与利润及结算管理方法

第一节 旅行社财务管理概述

一、旅行社财务管理职能与内容

（一）旅行社财务管理职能

旅行社的财务管理，就是利用货币形式对旅行社经营活动进行全过程的管理。财务是价值增值过程中的经济行为，财务管理是指对企业的资金运动进行决策、计划、组织、监督和控制，是企业管理的重要组成部分。目前旅游市场竞争空前激烈，企业财务活动十分活跃。这种趋势要求企业必须加强财务管理，必须明确财务管理在企业

中的地位，理顺财务管理与其他管理之间的关系，以便建立科学的财务管理体制和财务信息运行系统，保证财务活动顺利进行。其职能为：

(1) 积极筹措资金，保证企业正常生产经营。

(2) 进行成本效益管理，实现企业利润最大化。

(3) 提供财务监督，确保企业合法经营。

(4) 分配利润，协调各方利益关系。

(二) 旅行社财务管理内容

旅行社财务管理的内容可以概括为两个方面内容，一方面是旅行社财务活动的管理，另一方面是旅行社财务关系的管理。

1. 旅行社财务活动的管理

旅行社财务活动就是资金的筹集、资金的投放与回收及收益分配等的一系列财务行为。旅行社财务活动的管理就是有关财务行为的管理工作，包括四个方面。

(1) 旅行社筹资管理。简单地讲就是在满足生产经营需要的情况下，不断降低资金成本和财务风险。要求旅行社在筹资时不仅要考虑数量上满足生产经营的需要，而且要考虑各种筹资方式给旅行社带来的资金成本的高低，财务风险的大小，以便选择最佳筹资方。

(2) 旅行社投资管理。简单地讲就是认真进行投资项目的可行性研究，力求提高投资报酬，降低投资风险。要求在投资时必须认真分析影响投资决策的各种因素，科学地进行可行性研究。一方面要考虑要投资报酬，另一方面也要考虑投资风险，对风险与报酬进行权衡，进而使旅行社价值不断提高。

(3) 旅行社营运资金管理。简单地讲就是合理使用资金，加速资金周转，不断提高资金的利用效果。旅行社的营运资金，是为满足旅行社日常营业活动的要求而垫支的资金，营运资金的周转，与生产周期具有一致性。在一定时期内资金周转越快，就意味着相同数量的资金，生产出更多的产品，取得更多的收入，获得更多的报酬。因此，加速资金周转，是提高资金利用效果的重要措施。

(4) 旅行社利润管理。简单地讲就是采取各种措施，努力提高旅行社利润水平，合理分配旅行社利润。要求旅行社财务活动管理必须努力挖掘旅行社潜力，促使旅行社合理使用人力和物力，以尽可能少的耗费取得尽可能多的经营成果，增加旅行社赢利，实现的利润，要合理进行分配。

2. 旅行社财务关系的管理

旅行社财务关系是指旅行社组织财务活动过程中与有关各方面发生的经济利益关系。旅行社财务关系的管理是指如何更好地处理各种经济利益关系的工作。重点体现在四个方面的关系。

(1) 旅行社与国家、地方税务机关之间的财务关系。旅行社应按国家税法规定缴

纳相应税种，并保证及时交付。

(2) 旅行社与投资者之间的财务关系。旅行社应自觉遵守有关法律法规和协议章程，确保投资者相关权利的不受侵害。

(3) 旅行社与内部各单位、各部门之间的财务关系。旅行社应对与各单位、各部门发生的借款、报销及结算等有关资金结算关系，做好服务与协调，正确处理各单位、各部门之间的经济利益关系。

(4) 旅行社与内部职工之间的财务关系。旅行社应依据职工提供的劳务，按一定的标准向职工支付劳动报酬，并做好服务与协调，正确处理内部职工之间的利益关系。

二、财务管理的基本环节

财务管理环节是指财务管理工作的各个阶段，包括财务管理的各种业务手段。

(一) 进行财务预测

进行财务预测，即根据企业财务活动的历史资料，考虑现实的要求和条件，对企业未来的财务活动和财务成果做出科学的预计和预算。其主要工作内容包括：①明确对象和目的；②准备必要的资料；③确定合适的方法，利用模型进行预测；④确定最优值，提出最佳方案。

(二) 制订财务计划

制订财务计划，即运用科学技术手段和数学方法，对目标进行综合平衡，制订并协调主要计划指标，其主要工作内容包括：①全面安排计划；②落实增产节约措施；③协调各项指标。

(三) 实行财务控制

实行财务控制，即将企业各项财务收支控制在制度和计划规定的范围内，发现偏差；及时纠正。保证实现或超过预定的财务目标。其主要工作内容包括：①制订标准；②执行标准；③确定差异；④消除差异；⑤考核奖惩。

(四) 财务分析

财务分析，即以核算资料为依据，对企业财务活动的过程和结果进行分析。其一般程序是：①进行对比，做出评价；②因素分析，抓住关键；③提出措施，改进工作。

三、旅行社财务管理目标

旅行社财务管理是对资金运动进行决策计划、组织、监督和控制，是旅行社管理的重要组成部分，是现代旅行社经营管理的核心。旅行社财务管理的目标受旅行社目标的制约并服从于旅行社的经营管理目标。

(一) 旅行社经营管理目标

旅行社是以赢利为目的，按市场需求自主经营，自负盈亏的提供旅游服务的经济组织。其出发点和归宿都是赢利。市场经济条件下，旅行社一旦设立就面临竞争，在激烈的市场竞争中，旅行社始终处于发展与萎缩、生存与倒闭的矛盾之中。旅行社要生存就得赢利，要获得更大、更稳定的利润就得发展。因此，旅行社的基本目标可以概括为生存、发展、获利。

1. 生存

生存是获利的前提条件，旅行社只有生存才能获利。旅行社在市场中生存就必须做到两点：一是以收抵支；二是及时偿还到期债务。以收抵支是市场经济中旅行社获得生存的基本条件。及时偿还到期债务是旅行社获得生存的必要条件。因此，旅行社力求保持以收抵支和及时偿还到到期债务，减少破产解散的风险，使旅行社长期稳定地生存下去，是旅行社经营的目标，也是对财务管理提出的第一项要求。

2. 发展

旅行社是在发展中求生存的，发展是旅行社获利的保证。随着社会经济和技术条件的变革以及旅游业的不断发展，旅游者的旅游消费的经历和经验不断丰富，加之教育的发展和人们文化水平的提高，旅游者需求已趋向个性化、差异化和复杂化。在这样的情况下，就要求旅行社必须树立品牌、创新产品、提高服务质量上下功夫，才能在激烈的市场竞争中获得不败之地。这一切都需要资金支持。旅行社发展需要的资金，一是来自旅行社内部的积累；二是来自外部资金的筹集。如何有效地积累旅行社资金和有效地筹措外部资金，以及高效率地运用资金，是对旅行社财务管理提出的又一项要求。

3. 获利

旅行社只有获利才有存在的价值，获利是旅行社的根本目的，也是旅行社生存和发展的保证。利润是旅行社收入扣除各种生产耗费的差额，属于旅行社新创造的价值，旅行社只有不断获得利润，才能保证国家财政收入的稳定增长，保证股东投放资金的保值增值，保证旅行社有充足发展基金，保证旅行社经营者和员工收入不断提高，最终实现旅行社的价值。因此如何更有效地运用旅行社资金获取更大的利润，更有效地提高旅行社的价值，是对旅行社财务管理提出的第三项要求。

综上所述旅行社经营管理的目标可以表述为力求收支相抵和偿还到期债务，减少破产风险，使旅行社能够长期、稳定地生存下去。在此基础上再求获取更多的利润和更大的发展。

（二）旅行社财务管理目标

旅行社财务管理目标，又称理财目标，是指旅行社在国家法规政策指导下，通过科学地组织财务活动，正确地处理财务关系，以尽可能少的资金运用与耗费，努力追求经济效益最大化。经济利益最大化也就成为旅行社财务管理的目标，决定旅行社财务管理的基本方向。关于企业财务目标的综合表达，有以下三种主要观点。

1. 利润最大化

这种观点认为：利润代表了企业新创造的财富，利润越多则说明企业的财富增加得越多，越接近企业的目标。利润是增加旅行社投资收益、提高旅行社员工劳动报酬的来源，也是旅行社补充资本公积、扩大经营规模的源泉。但在财务决策上容易引起短期化行为。这种观点的缺陷有以下几个方面。

（1）没有考虑利润取得的时间

例如，今年获利 100 万元和明年获利 100 万元，哪一个更符合企业的目标？若不考虑货币的时间价值，就难以做出正确判断。

（2）没有考虑所获利润和投入资本额的关系

例如，同样获得 100 万元利润，一个企业投入资本 500 万元，另一个企业投入 600 万元，哪一个企业更符合企业的目标？若不与投入的资本额联系起来，就难以作出正确的判断。不考虑利润和投入资本的关系，也会使财务决策优先选择高投入的项目，而不利于高效率项目的选择。

（3）没有考虑获取利润和所承担风险的关系

例如，同样投入 500 万元，本年获利 100 万元，一个企业获利已全部转化为现金，另一个企业获利则全是应收账款，并可能发生坏账损失，哪一个更符合企业的目标？若不考虑风险大小，就难以做出正确判断。不考虑风险，会使财务决策优先选择高风险的项目，一旦不利的事实出现，企业将陷入困境，甚至可能破产。

2. 股东财富最大化

这种观点认为：股东财富最大化或企业价值最大化是财务管理的目标。

股东创办企业的目的是扩大财富，他们是企业的所有者，企业价值最大化就是股东财富最大化。企业价值，在于它能给所有者带来未来报酬，包括获得股利和出售其股权换取现金。如同商品的价值一样，企业的价值只有投入市场才能通过价格表现出来。资本利润率和每股收益是旅行社两个最重要的投入产出比率。资本利润率是旅行社税后利润与资本额的比率，是反映旅行社股东投入资本获利能力大小的指标。每股收益是旅行社税后利润与发行普通股总数的比率，该指标是反映股份有限公司股东投入资本获利能力大小的指标。将资本利润率最大化或每股收益最大化作为旅行社财务目标同利润最大化有许多相似之处，其优点是克服了前者没有考虑投入产出比率的缺陷，但仍然存在利润最大化目标的其他不足和缺陷。

3. 旅行社价值最大化

旅行社价值最大化又称为股东财富最大化。旅行社价值通俗地说，是指旅行社本身值多少钱。旅行社创造财富的能力，不仅表现为当前取得利润的多少，更表现为存在市场风险的条件下，长期创造社会财富和获取利润的能力。财富最大化是旅行社通过合理经营，采用最优的财务政策，在考虑资金的时间价值和风险报酬的情况下，不断增加旅行社的财富，是旅行社的资产总值达到最大，也就是旅行社资产的价值最大限度地增值。只有旅行社资产价值增多了，生产能力强大了，旅行社才会具有持久的赢利能力，并会有雄厚的抗御风险的能力。

这种计算办法考虑了资金的时间价值和风险问题。旅行社所得的收益越多，实现的收益的时间越近，应得的报酬越是确定，旅行社的价值或股东财富就越大。以旅行社价值最大化作为财务管理的目标优点有：

（1）旅行社价值最大化目标考虑了未来收益的现值，体现了运用资金时间价值原理进行的科学计量，即考虑了资金的时间价值。

（2）旅行社价值最大化目标考虑了风险和报酬之间的联系，能有效地克服旅行社财务人员不顾风险的大小，片面追求利润的错误倾向。

（3）旅行社价值最大化目标有利于旅行社财务管理人员的决策更着眼于长远利益的最大化，进而克服旅行社的短期化行为。

上述三种财务目标各有优缺点，前两种财务目标尽管存在不足，但由于意义直观、方便计算、便于考核，因而被实务界青睐。第三种财务目标尽管理论上完美，但由于其计算过程上各种影响因素难以准确界定，所以，目前理论界、实务界仍在研究和探索。

四、旅行社的资金管理

（一）旅行社资金的构成

旅行社的资金是由固定资金和流动资金组成的，旅行社为了维持正常的经营活动，必须具有一定的资金，它包括固定资金和流动资金。

1. 旅行社的固定资金

旅行社的固定资金是指由旅行社的建筑物、机器设备、交通运输、家具设备等劳动资料所占用的资金。这些固定资金是以实物形态表现的，因而又称固定资产。

2. 旅行社的流动资金

旅行社的流动资金是旅行社为了确保经营活动的正常进行，根据旅行社经营业务的特点，需要配备一定数量的流动资金。这些流动资金一方面要支付或垫付旅游团（者）的房费、餐饮费、交通费、文娱活动费等；另一方面还要支付旅行社员工的工资和其他的管理费用。

（二）旅行社资金流动的特点

（1）现阶段旅行社固定资金占旅行社资金总额的比重小，而流动资金所占比重大。旅行社是一个劳动密集型的企业，就旅行社行业的整体而言，其固定资金要小于流动资金。

（2）随着旅行社业的发展，未来的趋势是固定资金占资金总额的比重将逐步上升，而流动资金将在资金总额中所占比重逐渐下降。其原因为：①大量的团队旅游逐渐减

少而散客旅游将占客源的主流，旅行社需要开设、增建更多新的机构，如门市柜台等扩大营业网点，因此，需要增加固定资金的占用；②随着科技水平的提高，旅行社趋向于自动化的管理，旅行社需要投入较大的资金购买昂贵的设备。

（三）流动资金运动的特点

1. 组团旅行社流动资金流动的形态

组团社是指接受旅游团（者）或海外旅行社预订，制订和下达接待计划，并可提供全程陪同导游服务的旅行社。

组团社流动资金的流动形态是：旅行社先从旅游团（者）那儿收取旅游费用，即预付款，然后按地区和标准拨给接团社，以支付旅游者在该地区的各种费用，如客房费、景点门票和交通等费用。

2. 接团社流动资金流动形态

接团社是指接受组团社的委托，按照接待计划委派地方陪同导游人员，负责组织安排旅游团（者）在当地参观游览等活动的旅行社。

接团社流动资金流动形态为：接团社先垫付旅游者的实际费用支出，然后按旅游活动内容和标准向组团社索取接待费用。

从组团社和接团社流动资金流动形态可以看出：组团社的货币组成主要是预付款，而接团社的货币组成则主要是自有流动资金。所以，表面上看组团旅行社的流动资金量比接团社大，但实际上，接团社的流动资产往往大于组团社，因为接团社无法向旅游团（者）收取预付款，又需要垫付很多费用。

这些流动资金周而复始地循环，形成了资金的周转。由于固定资产的逐渐损耗，其价值的转移与实际支付费用总和形成了旅行社的经营成本，所收入的资金除了补偿经营过程中的全部耗费外，形成了利润。由此看出，组团社的利润形成在先，而接团社的利润形成在后。

五、经济效益分析

经济效益是指生产和再生产过程中，劳动耗费与劳动成果的比较或投入产出的比较，也可以成为“所费”与“所得”的比较。

下面从获利能力、流动能力、负债能力几大方面，通过具体比率指标，来分析旅行社的经济能力及效益。

（一）获利能力

1. 主营业务利润率

主营业务利润率，通过利润与营业收入的对比，来衡量销售利润率，可以与过去同期相比较，来确定其发展趋势。

主营业务利润率＝总利润/营业收入净额×100％

2. 毛利率

毛利率，用营业收入减去营业成本（游客的房、餐、车、交通等代办费）后的利润与营业收入相比，来衡量团队的获利利率。

毛利率＝毛利/营业收入×100％＝（营业收入－营业成本）/营业收入×100％

3. 营业收入利税率

营业收入利税率，用来衡量企业营业收入效益水平。

营业收入利税率＝利税总额/营业收入×100％

4. 纯利润

纯利润，用总利润减去上交所得税后的净额，反映企业留利水平。

纯利润＝总利润－所得税收入

5. 净资产收益率

净资产收益率，反映企业投入所有资本获取净收益的能力。

净资产收益率＝净利润/平均净资产×100％

一般来说，赢利能力指标越大，说明其赢利能力越强。赢利利润率是全面衡量旅行社推销能力、控制成本费用能力的尺度。为了保证一定的赢利利润率，财务管理决策者一方面应加强推销、增加营业收入，同时又要切实控制成本费用，增加利润。企业应有营业利润率标准。如果实际的营业利润率达不到标准，应检查定价和成本费用控制情况。

（二）流动能力

1. 流动比率

流动比率，衡量流动资产在短期债务到期前可以变为现金并用于偿还流动负债的能力。

流动比率＝流动资产/流动负债×100％

流动比率的高低，反映旅行社短期偿债能力的强弱，比率越高，偿债能力越强；但比率过高，说明旅行社闲置资金越多，获利能力就受影响，所以一般认为旅行社流动比率在200％左右为佳。该旅行社流动比率为307.93％，显然偿债能力强，然而流动资产占用较多，将影响旅行社的资金利润率指标。

2. 速动比率

速动比率，衡量流动资产可以立即用于偿还流动负债的能力，也视作负债能力。

速动比率＝速动资产/流动负债×100％

＝（流动资产－存货－预付账款－1年内到期的非流动资产）/流动负债×100％

速动比率的大小，反映旅行社可以用立即变现的速动资产急需偿还流动负债的能力大小，一般认为旅行社速动比率为100％为佳。该旅行社速动比率为167.07％，说明它偿还短期负债的能力是好的，但也存在速动资产占用过多的问题。这些速动资产创利能力小，占用过多，对旅行社创利不利。

但是，如果旅行社的流动比率低于200%，或速动比率低于100%，是否财务状况就恶化呢？不一定。因为有的旅行社虽然流动比率不高或速动比率不高，但应收账款周转快，其财务状况仍然是好的。反之，有的旅行社流动比率或速动比率高，但应收账款周转慢，大量应收账款长期收不回来，或存货周转慢、销售慢，也会影响旅行社财务状况。

（三）负债能力

1. 资产负债率

资产负债率，衡量企业利用债权人提供资金进行活动的能力，也是反映债权人发放贷款的安全程度的比率。

资产负债率＝负债总额/流动资产×100%

资产负债率的大小，既衡量旅行社综合偿债能力的强弱，又反映债权人发放贷款的安全程度。比率越小，表明旅行社所有者的资产权益越大，偿债能力就越强，债权人的风险越小；反之，旅行社的财力就弱，债权人的风险就大。一般认为，旅行社的资产负债率控制在50%左右为宜。该旅行社资产负债率为37.22%，显然该旅行社的综合偿债能力强，债权人发放贷款的安全程度高、风险小。

但是，资产负债率又反映旅行社的举债能力。资产负债率低，反映旅行社举债能力弱。在举债经营中，借款资金成有低于旅行社资金利润率的情况下，当然举债越多对旅行社越有利。然而，举债越多，债权人的风险就越大，旅行社偿债能力就越小。

旅行社财务管理决策者必须同时满足业主和债权人的要求，既要最大限度增加业主投资利润，又不要过分地影响旅行社向债权人偿还债务的能力。

2. 产权比率

产权比率，是真正营业上的负债与所有者权益的比率关系，衡量负债的风险程度以及负债的偿付能力。

产权比率＝负债总额/净资产×100%

该旅行社产权比率为21.66%，符合一般标准（小于1）的要求。如果整个行业的平均产权比率为88.5%，说明该旅行社长期偿债能力高于全行业水平，如果举债，债权人就会有较之其他旅行社更大的安全感，因而愿意将资金借给该旅行社。

（四）经营能力

1. 资产周转率

资产周转率，衡量企业资金使用的效率，加速资金的周转，还可以节约资金的占有，提高资金报酬率水平。

资金周转率＝营业收入/资产总额×100%

2. 成本费用率

成本费用率＝（营业成本＋营业费用＋管理费用＋财务费用）/营业收入×100％

成本费用利润率是从旅行社的净收益和成本费用两个方面去反映旅行社的营运能力，也说明旅行社的赢利能力。成本费用利润率越高，说明旅行社营运能力越强。旅行社应有成本费用利润率标准，促使旅行社做好利润控制工作。

六、旅行社财务管理的原则

财务管理的原则是旅行社财务管理工作必须遵循的准则。一般包括如下原则。

（一）风险与收益均衡原则

在市场经济的激烈竞争中，进行财务活动不可避免地要遇到风险。财务活动中的风险是指获得预期财务成果的不确定性。旅行社要想获得收益，就不能回避风险。风险与收益均衡原则，要求旅行社在财务活动中不能只顾追求收益，不考虑发生损失的可能，应全面分析其收益性和安全性，按照风险和收益适当均衡的要求来决定采取何种行动方案，同时在实践中趋利避害，争取获得较多的收益。因此进行财务管理，应对风险和收益做出全面的分析和权衡，以便选择最有利的方案。特别是要注意把风险大、收益高的项目，与风险小、收益低的项目，适当地搭配起来，分散风险，使风险与收益平衡，做到既降低风险，又能得到较高的收益。同时还要尽可能回避风险，化风险为机遇，在危急中找对策，以提高旅行社经济效益。

（二）权利与责任均衡原则

旅行社财务管理在进行资本经营或组织资金运动中，必然要同旅行社的外部和内部发生密切的财务关系。正确处理旅行社与内外部当事人之间的关系是现代财务管理的必然要求，也是旅行社长期协调稳定发展的基础。要恰当地处理好财务关系旅行社应该坚持权利与责任均衡一致的原则，建立起以责任为中心、以权利为保证、以利益为手段的旅行社内部财务管理责任制。

（三）成本效益原则

成本效益原则通常是指在经济活动中应对其投入与产出进行分析比较，从而以尽可能少的投入，取得尽可能多的产出。旅行社财务管理中的成本效益原则，就是指在旅行社财务管理中，应将财务成本与财务收益相比较，权衡各种财务活动或方式的利弊得失，以尽可能低的财务管理成本，取得尽可能高的财务管理收益。

（四）收支时间均衡原则

收支时间均衡原则是指资金收支不仅在数量上保持平衡，而且在每一个时间点上达到动态的协调平衡。旅行社只有保持资金的收支时间均衡，才能实现协调稳定的发展。旅行社的资金支出，是资金运动的起点，经过购、产、销阶段，取得资金收入，完成资金的一次循环。因而收支时间均衡，就是要保证旅行社的购、产、销活动的均

衡。旅行社要对服务采购、产品组合以及产品销售活动都给予重视，使之互相衔接，保持均衡。并要采取积极措施解决资金运动中存在的矛盾，实现资金的收支均衡。

（五）资本周转效率原则

资本周转效率主要是指资本的周转速度。在资本收益（产出）一定的情况下，资本周转速度与资本的占用额成反比，即资本周转速度越快，需要的资本越少；资本周转速度越慢，需要资本越多。在资本占用一定情况下，资本周转速度越快，资本收益（产出）就越大；反之，资本周转速度越慢，则资本收益越小。财务管理的目标在于资本增值，而资本增值的关键在于净资产收益率的提高。净资产收益率的提高与资本周转速度的加快是直接正相关的，资本周转速度决定了资本的增值速度。因此，在财务管理中必须十分重视资本周转效率原则。

（六）资本合理配置原则

旅行社资本配置情况是通过资产结构和资本配置表现出来的。在资本运用方面，旅行社形成有对外投资和对内投资的构成比例，有固定资产和流动资产的构成比例，各种各样的资产结构；在资本来源方面，旅行社资本配置有借入（负债）资本和自有（主权）资本的构成比例，长期负债和短期负债的结构比例等。组成一个整体，具有系统的性质。这就要求从各组成部分的协调和统一出发，资本配置要合理，才能保证生产经营活动顺畅进行，并由此取得最佳的经济效益；否则就会危及购、产、销活动的协调，甚至影响旅行社的兴衰。因此，资本合理配置是旅行社持续、高效经营的必不可少的条件，是财务管理的基本原则。

第二节　旅行社资金管理

资金是旅行社财产物资的货币表现形式。一般包括筹集、投放、分配和营运。资金是旅行社财务管理的主要对象。

一、资金的时间价值

（一）资金的时间价值含义

资金的时间价值（又称货币时间价值）是指数量相同的货币资金在不同时点的价值不相同。在商品经济中，有这样一种现象：即使不存在通货膨胀和投资风险，一定数量的资金投入生产经营过程以后，随着时间的推移，其价值量也会产生增值。例如，将现在的1元存入银行，在银行利率5%的情况下，一年以后会得到1.05元，多出的0.05元利息就是1元钱经过一年投资所增加的价值。显然，在利率为5%的情况下，今天的1元与一年后的1.05元等值。那么资金为什么会产生增值？是因为资金的所有者向资金的使用者让渡资金使用权，资金所有者分配到的利润，就是其放弃资金使用权应该得到的报酬，这种价值的增加只与时间有关，是对货币资金持有者在一定时期内让渡使用权的一种回报。我们称为资金的时间价值。

（二）资金时间价值的特点

1. 增值性

资金时间价值是资金运用于生产经营过程中产生的增值。例如，某人将100元存入银行，银行存款利率为5%，一年后银行将向存款人支付5元的存款利息，这5元的存款利息就是资金在生产经营过程中产生的增值。

2. 时点性

资金时间价值的计算离不开时点问题。相同数量的资金在不同时点具有不同的价值，不同时点上的资金不能简单比较他们的大小。例如，现在的100元与一年后的100元相比，哪一个价值更大？因为我们感觉了时间价值因素，很显然现在的100元价值更大。再如，现在100元与一年后的105元哪一个价值更大？就很难说定，因为这里没有给出资金时间价值率的因素。可见，在考虑资金时间价值因素的情况下，不同时点上资金量的大小，不能做简单比较和汇总，否则没有意义。

3. 单纯的时间性

资金时间价值的大小与时间长短有关，与风险和通货膨胀无关，一般说来，时间越长，资金时间价值越大；反之，时间越短，资金时间价值越小。资金时间价值是根据让渡资金使用权时间长短而产生的货币资金的增值，是一种不考虑风险和通货膨胀因素的社会平均资金利润率。

（三）资金时间价值的表示方法

资金时间价值可以用利息额表示，也可以用利息率表示。

1. 利息额

利息额是以绝对数表示的资金时间价值，是资金终值与现值的差额。终值又称为本利和，现值是终值扣除利息之后的本金。利息额的大小决定于资金本金的多少、资金使用时间的长短、利息率的高低三个因素。利息额的计算方法有单利计息和复利计息两种。

2. 利息率

利息率是以相对数表示的时间价值率。我们常说的市场利率同资金的时间价值率是有区别的。市场利率是存在市场风险、考虑通货膨胀条件下的名义利息率，它是由纯利率、通货膨胀补贴率、风险报酬率三部分组成的。计算公式是：

市场利率＝纯利率＋通货膨胀补贴率＋风险报酬率

二、旅行社营运资金的概念、特点及流动

（一）营运资金的概念

营运资金是指旅行社长期资本金投放于流动资产上面的数额，是用于旅行社经营

活动方面的资本金，它在数量上等于流动资产减去流动负债的差额。其计算公式是：

营运资金＝流动资产－流动负债

流动资产是指在一年以内或超过一个营业周期内变现或耗用的资产，主要包括现金、短期投资、应收及预付账款、存货等。流动负债则是指将在一年或超过一年的一个营业周期内偿还的债务，包括短期借款、应付票据、应付账款、预收账款、应付工资、应付福利费、应付股利、应交税金、一年内到期的长期借款等。

（二）营运资金的特点

从上面的概念可以看出，旅行社营运资金的管理内容包含流动资产和流动负债，营运资金的特点可以通过流动资产和流动负债的特点体现出来。

1. 流动资产的特点

（1）回收期较短，变现能力强。流动资产是一次性转移或耗费，投资收回的时间短，在一个生产经营周期结束后，一次全部得到补偿，周转速度快，对旅行社经营影响的时间比较短。流动资产投资中所需要的资金一般可用商业信用、银行临时借款等短期筹资方式来解决。变现能力比较强，主要是指两层意思：一是流动资产很容易变卖或转让；二是在变卖或转让的过程中，流动资产的价值一般不会遭受较大的损失。

（2）占用数量波动较大。流动资产的数量不是一个常数，随着供、产、销的变化，其投资的数量时高时低，起伏不定。旅行社经营的季节性强使得这一点尤为突出。

（3）占用形态经常变动。流动资产在循环周转过程中，经过供、产、销三个阶段，其占用形态不断变化，因此，合理配置营运资金的项目比例，是保证营运资金顺利进行周转的必要条件。

2. 流动负债的特点

（1）融资速度快，财务弹性高。一般来说，筹措短期借款比筹措长期借款不仅容易取得，而且所需时间往往较短，因为贷款方往往不需要对借款方进行财务状况评估。同时流动负债使旅行社具有较大的灵活性，旅行社可以根据自己的资金需要量，及时调整流动负债的数额。

（2）筹资成本低，但偿债风险大。在正常情况下，相同的贷款时间内，短期贷款与相应数额的长期贷款相比所付利息要少一些。但流动负债的偿还期往往较短。当旅行社的资金周转产生问题而旅行社的短期筹资能力有限时，旅行社将面临不能偿还到期债务的风险。

（三）营运资金的流动

资金不断的处于运动状态。流动资产在资金循环和周转的过程中，经过购、产、销三个阶段，占用形态不断变化，即按照“现金—应付账款—组合产品—应收账款—现金”的顺序流动，循环往复，川流不息。因此通过货币转化为服务再转化为货币的循环中不断地使价值增大。

三、旅行社资金的管理

(一) 旅行社筹资与投资管理

1. 筹资管理

旅行社要开展经营活动，保证正常经营和扩大经营的需要，必须具有足够的资金，资金筹集成为旅行社财务管理的首要任务。旅行社的资金可以从多种渠道、用多种方式筹集，不同来源的资金，其使用期限长短、附加条件多少、资金成本高低等不同。因此要求旅行社在筹资时既要考虑量的满足也要考虑付出的代价。筹资管理就是研究和设计最优筹资方案，合理确定筹资结构，使旅行社的筹资成本最小、风险最低。同时使筹集的资金发挥最大的经济效益，使旅行社的价值最大化。

一般来讲，旅行社有两种性质的筹资来源，一是自有资金，即通过向投资者吸收直接投资、发行股票、旅行社内部留存收益等方式取得。投资者包括国家、法人、集体、个人、外商等；二是债务资金，即通过向银行借款、发放债券、应付款项取得。

2. 投资管理

投资是旅行社投入一定资金，以期未来取得更多的报酬。投资正确与否直接影响旅行社未来净现金流量和旅行社资产增值。这就要求旅行社投资时必然要考虑投资收益是否高于投资成本，投资风险的防范和补偿等。因此投资管理就是认真分析影响投资决策的各种因素，科学地进行可行性研究，通过对投资方向和投资方式的选择，确定合理的投资规模、投资结构，提高投资效益、降低投资风险。以使旅行社经济效益最佳。旅行社投资种类有两类，一是按投资期限分为短期投资和长期投资。短期投资时只可在一年内回收的投资，一般列为流动资产，主要包括现金、应收票据、应收账款、存货和准备随时变现的各种有价证券。长期投资是指超过一年才能收回的各种投资，通常列为非流动资产，主要包括旅行社的房屋建筑物、机器设备等固定资产以及持有期限在一年以上各种股票、有价证券和其他形式的实物投资；二是按投资范围分为内部投资和外部投资。内部投资是指旅行社内部经营所需的各种资产的投资，主要包括固定资产投资。外部投资是指旅行社将资产直接投放到其他旅行社和购买各种证券形成的投资，主要有股票投资、债券投资和其他投资。

(二) 营运资金管理原则

1. 合理确定营运资金的数量

旅行社规模、经营范围不同，所需要的营运资金数量也不同。营运资金持有量的高低直接影响旅行社的收益和风险。营运资金持有量较高，则表现为旅行社拥有较多的资金、有价证券等。一方面，这使旅行社有较大的把握偿还到期债务，财务风险较小。另一方面，由于流动资产的收益性一般较低，较高的流动资产的占有量会降低旅行社的收益能力。反之，则加大旅行社的经营风险。

2. 合理安排流动资金与固定资金的比例关系

旅行社经营过程中的流动资金，一般具有很强的波动性，这部分资金占用时间短、占用数量随着季节的变化发生相应的波动。旅行社经营资金的管理，应该尽可能使流动资金的占用与旅行社固定资金占用比例关系合理，以加速旅行社营运资金的周转速度，提高资金的利用效率。

3. 在保证经营需要的前提下，尽量挖掘潜力，节约使用资金

最佳营运资金持有量应是持有的现金刚好满足支付需要。然而，在现实的经营中很难把握最佳营运资本持有量。所以，在满足经营需要的前提下，尽量挖掘资金潜力、节约使用资金就成为营运资金管理的一条重要原则。

第三节 旅行社成本费用管理

在旅行社财务管理中，成本费用管理是很重要的内容。旅行社要提高利润，就要加强成本费用管理。而成本费用管理主要通过成本核算、分析、控制来实现。

一、成本费用管理的原则和方法

（一）成本费用管理的原则

1. 利润中心原则

旅行社成本管理的目的是为了提高经济效益，而经济效益最直接、最根本的表现形式就是利润。其最基本的含义就是以最少的劳动耗费取得最大的经济成果。以利润为中心，就是要在每个劳动力的使用上，在每个管理环节上下功夫，提高人均创利率。

2. 薄利多销原则

旅行社是以提供服务为主的行业，其中国内旅行社注册资金较少，因此国内旅行社像雨后春笋般地出现，面对竞争激烈的市场，各旅行社需灵活经营，采取薄利多销方法，同样能收到好的效果。

3. 分级定额原则

按成本内容进行分类和分级归口，建立健全会计制度，坚持以责任部门为核算基础，严格执行各项成本开支标准和定额指标，降低实际成本发生额。这里的分级，是指将指标分解，层层落实；定额，是指将成本定额化，如单团成本控制，导游带团消费标准等。

4. 计划预估原则

编制成本计划，为各项具体成本消耗和成本控制提供数量标准，实行成本的标准化、系统化管理、将成本事后控制变为事前。并能掌握实际成本的升、降情况，及时采取措施，挖掘内部潜力，不断降低成本消耗。

5. 款到计利原则

款到计利就是以权责发生制原则为前提，但在分配个人奖金时应统计是否完成，利润是否实现。

（二）成本费用管理的方法

1. 全员理财

旅行社的目标成本在旅行社内部横向、纵向层层下达到部门、科室、员工、形成以责任人为中心的全员理财。各部门分管的目标成本、指标和经济效益要紧密结合起来，把压缩费用开支变成每个员工的自觉行动，使旅行社内部不存在成本管理的死角。这里的责任人就是部门经理，实行以部门为中心的全员理财。

2. 全过程管理

旅行社经济管理过程也是成本管理过程。要建立事前成本制度，实行全过程管理。这个过程包括旅游线路的设计，安排准备，团队出发，售后服务。建立事前成本制度要求其标准成本必须先进行合理统筹，因此成本信息非常重要。信息要可靠、及时、正确，为编制成本计划提供可靠的依据。

3. 财务稽核

建立财务稽核制度，可以对每一次的报销，也可以定期对原始记录、会计核算、会计分析、成本的发生起到控制作用，以达到查错防弊，改进管理。稽查应是上下级之间的，上级对下级做到审批与经办分管，坚持以确定的责任为约束，检查责任的旅行情况，包括岗位责任制、财产管理责任制、凭证单据管理责任制等落实情况的检查。而由总经理室向全体员工报告每月的经营情况，这是下级对上级的一种审查和制约。其目的就是达到降低成本、节约开支、不断提高经济效益。

二、旅行社成本费用的核算

（一）旅行社成本构成

1. 旅行社的营业成本

营业成本是指为了组织接待客人而发生的直接费用，包括已计入营业收入额的客房费、餐费、交通费、文娱费、行李托运费、票务费、门票费、专业活动费、签证费、陪同费、劳务费、宣传费、保险费和机场费等代收费用。

2. 旅行社的费用

旅行社的费用包括营业费用、旅行社管理费用和财务费用。

（1）旅行社营业费用是指旅行社各营业部门为组织经营活动而发生的各项费用，包括人工、能源、折旧及物耗等费用。

（2）旅行社管理费用是指旅行社管理部门为组织和管理业务经营所发生的费用，以及由旅行社统一负担的费用，包括人工、办公差旅费以及摊销的费用等。

(3) 旅行社财务费用是指旅行社为筹集资金而发生的费用。包括经营期间发生的利息净支出、汇兑净损失、金融机构手续费、加息及筹资发生的其他费用。

(二) 旅行社成本分类

1. 按成本费用功能可分为代收代付成本、费用成本

代收代付成本是旅行社不进行任何加工的一手进一手出的那部分成本费用。如旅行社代收、代付的机、船、车票和饭店的房费、公园的门票费等。费用成本是旅行社在业务运转过程中，日常开支的费用。如办公费、水电费、工资和奖金等。

2. 按成本费用与业务量的关系可分为固定成本、变动成本

固定成本是在一定时期和一定业务范围内，不受业务量增减变动影响而固定不变那部分成本，如折旧费、人员工资、租赁费等。变动成本是在一定时期和一定业务量前提下，随着业务量增减变化而变化的那部分成本。如物料消耗、水电费等。此外，按成本实现的时间界线可分为历史成本和未来成本；按责任可分为可控成本和不可控成本；按决策可分为相关成本和不相关成本等。

(三) 旅行社成本核算

旅行社成本费用核算，根据旅行社的经营规模和范围不同，可以实行单团核算或部门批量核算。

1. 单团核算

单团核算是指旅行社以接待的每一个旅游团（者）为核算对象进行经营的盈亏核算。这种核算有利于考核每个团队的经济效益；有利于各种费用的清算和考核；也有利于降低成本。但其工作量较大。这种核算通常适于业务量较小的旅行社。

2. 部门批量核算

部门批量核算是指旅行社以业务部门在规定期限内接待的旅游团（者）的批量为核算对象进行的核算。按部门批量核算较单团核算不够详细，但它能从不同的侧面反映出旅行社经营的盈亏情况，能为开拓市场、改善经营管理提供依据。这种核算方法适用于业务量较大的旅行社。

三、旅行社的成本费用分析

成本是影响旅行社经济效益的一个重要因素，在营业量一定的前提下，成本费用越低，经济效益就越高。因此对成本分析是成本费用管理的一个重要内容。成本分析可以按核算的要求实行单位团体成本分析和部门批量成本分析。

(一) 单位成本分析

单位成本分析的前提是实行单团成本核算。其目的是达到控制成本，提高旅行社经济效益，应采取以下几个步骤。

(1) 在综合分析市场状况和旅行社自身经营状况的基础上编制成本计划，制订出

一套分等级的计划成本，并以此作为衡量旅行社经济效益的标准；

(2) 将单团的实际成本与计划成本进行对比，找出差异。对于差异较大的旅游团要逐项进行分析，找出导致成本上升或下降的原因并加以改进或发扬；

(3) 加强信心反馈，把在成本分析中发现的差异及其原因及时反馈到有关领导和部门，以便加强对成本的控制。

(二) 部门批量成本分析

部门批量成本分析的前提是部门批量核算。具体就是将不同部门接待的旅游团进行成本的归集和分配，分析出各个部门接待一定批量旅游者的成本水平和经济效益。旅行社在进行成本分析时应采取以下几个步骤：

(1) 编制各部门接待一定批量旅游者的计划成本及计划成本降低额（率），核算出实际成本及实际降低额。

(2) 从部门接待者数量变动、产品结构变动、成本变动三方面进行因素替代分析，找出各因素的影响程度。

(3) 将信息反馈给有关部门，采取措施，扭转不利因素影响。

总之，旅行社对成本费用的分析主要采用比较分析法，即将计划成本费用指标与实际成本费用发生额进行对比，找出成本费用上升的原因，按照变动成本和固定成本与业务量的关系，逐项分析其变动是否合理，如不合理要采取措施加以改进。

四、旅行社成本费用的控制

旅行社成本费用控制是指其在经营过程中，根据事先制定的成本费用目标，按照一定的原则，采用专门的方法对旅行社日常发生的各项营业活动进行严格的管理和监督，把各项成本费用控制在一定范围之内的成本费用管理方法。

旅行社成本费用控制主要包括制定成本费用标准、日常控制、检查与考核三个步骤。

1. 制订成本费用标准

制订成本费用标准是旅行社成本控制的首要步骤。旅行社在经营过程中需要付出大量的成本费用，以获得预期的经营收入。如果成本费用过高，会使旅行社的经营利润大幅度下降，甚至造成亏损。因此，旅行社管理者必须根据本旅行社的实际情况和经营目标，参照其他旅行社的成本费用水平，制定出本旅行社的成本费用标准。旅行社制订成本费用标准的方法主要有分解法、定额法和预算法。

(1) 分解法。是指将目标成本费用和成本费用降低目标，按成本费用项目进行分解的方法。具体是：第一步明确各成本费用应达到的目标和降低的幅度；第二步把各成本费用项目指标按部门进行归口分解；第三步各部门再把成本费用指标落实到各个岗位或个人；第四步再由各个岗位或个人分别制订各项成本费用支出的目标和措施，

对分解指标进行修订；第五步以实现目标成本费用为标准对修订后的指标，进行综合平衡，形成各项成本费用开支的标准。

(2) 定额法。是指旅行社首先确定各种经营成本或费用的合理定额，并以此为依据制定成本费用标准的方法。凡是能够直接确定定额的成本或费用，都应制订标准成本费用。不能直接确定定额的成本费用，也要比照本行业的平均水平确定成本费用开支的标准限额，用以控制盲目的成本费用开支。

(3) 预算法。是指旅行社在界定好变动成本费用和固定成本费用的基础上，按照各部门的业务量分别制订预算，并以此作为费用控制的标准的方法。各部门的业务量不同，其费用预算也不一样。

2. 日常控制

旅行社应当在日常经营管理中，按照预先制订的成本费用标准，严格控制各项消耗和支出，并根据已发生的误差，及时进行调整，以指导当前的经营活动。旅行社成本费用的日常控制主要包括建立成本控制信息系统、实行责任成本制和进行重点控制三项措施。

(1) 建立成本控制信息系统。旅行社应当通过建立成本费用控制信息系统对经营活动过程中产生的成本费用进行控制。成本控制信息系统主要包括三个部分：成本指标、标准、定额等输入系统；核算、控制、反馈系统；分析预测系统。三个系统构成一个整体，发挥提供、传递与反馈成本费用信息的作用，成为旅行社成本控制的有效手段。

(2) 实行责任成本制。旅行社实行责任成本制度就是把负有成本责任的部门作为成本责任中心，使其对可控成本负完全责任。通过责任成本制度，可以把经济责任落实到旅行社内部各个部门，推动各部门控制好所负责的成本。

(3) 进行重点控制。旅行社管理者应在日常费用控制中对占成本比重较大的部门或岗位、成本降低目标较大的部门或岗位和目标成本实现较难的部门或岗位进行重点控制。

总之，通过这些措施对旅行社经营管理的成本费用实现全过程、全方位和全员的控制。

3. 检查与考核

旅行社管理者应定期对各部门成本费用控制情况及整个旅行社的成本费用控制情况进行检查和考核。具体做好以下几项工作：

(1) 检查成本计划的完成情况，查明产生成本差异的原因。

(2) 评价部门及个人完成成本计划目标的情况，给予应有的奖励和惩罚。

(3) 经验总结，发现问题，提出办法，为进一步降低经营成本提供资料。

成本控制的三个步骤的内容，是紧密联系、循环往复的，每经一次循环，成本控制标准都应有所改善，成本控制手段都应当更加科学。

第四节　旅行社营业收入与利润管理

一、旅行社营业收入的管理

（一）旅行社营业收入的构成

旅行社的营业收入是指旅行社在一定时期内，因向旅游者提供服务而获得的全部收入。旅行社的营业收入主要由以下五个部分构成：

1. 综合服务费收入

旅行社为旅游团（者）提供综合服务所获得的收入，包括导游费、餐饮费、市内交通费、全程陪同费、组团费和接团手续费。

2. 房费收入

旅行社为旅游者代订饭店的住房后，按照旅游者实际住房等级和过夜天数收取的住宿费用。

3. 城市间交通费收入

旅行社在组织旅游期间，收取的旅游者与旅游目的地之间及在旅游目的地的各城市或地区之间乘坐各种交通工具所支付的费用。

4. 专项附加费收入

专项附加费收入，主要指旅行社向旅游者收取汽车超千米、风味餐费、游江（湖）费、特殊游览门票费、文娱费、专业活动费、保险费用、不可预见费等项收入。

5. 单项服务收入

单项服务收入，主要指旅行社接待零散旅游者和委托代办事项所取得的服务收入，代理代售国际联运客票和国内客票的手续费收入以及代办签证收费等收入。

（二）旅行社营业收入的管理

在旅行社的营业收入中，代收代付的款项占很大比重，这是旅行社在业务经营方面区别于其他旅游企业的一个重要特点。旅行社在核算其营业收入时应根据这一特点，加强管理，准确地对其进行确认和时间上的界定。

1. 确认营业收入的原则

按照国家的有关规定，以权责发生制为原则确认营业收入。据此符合两种条件，其一旅行社已经向旅游者提供了合同上所规定的服务；其二旅行社已经从旅游者或者组团旅行社处收到价款或取得了收取款权利的证据，可确认其获得营业收入。

2. 界定营业收入实现时间原则

根据有关规定，对旅行社营业收入实现时间的界定原则为：

（1）入境旅游。旅行社组织境外旅游者到境内旅游，以旅游者离境或离开本地的

时间作为确认其营业收入实现的时间。

（2）国内旅游。旅行社组织国内旅游者在国内旅游，接团旅行社应以旅游者离开本地的时间、组团旅行社应以旅游者旅行结束返回原出发地的时间，作为确认其营业收入实现的时间。

（3）出境旅游

旅行社组织中国公民到境外旅游，以旅游者旅行结束返回原出发地时间作为确认其营业收入实现的时间。

二、旅行社利润的管理

（一）旅行社利润的构成

利润是旅行社在一定时期内经营活动的最终财务成果，是旅行社经营活动的效率和效益的最终体现。旅行社的利润由营业利润、投资净收益和营业外收支净额构成，其计算公式是：

旅行社利润＝营业利润＋投资净收益＋营业外收支净额

1. 营业利润

旅行社营业利润是指营业收入扣除营业成本、营业费用、营业税金、管理费用和财务费用后的净额。

2. 投资净收益

旅行社投资净收益是指投资收益扣除投资损失后的数额。投资收益包括对外投资分得的利润、取得的股利、债券利息、投资到期收回或中途转让所取得的款项高于投出资产账面净值的差额，投资损失是投资不当而产生的投资亏损额或指投资到期收回或中途转让取得的款项低于投出资产账面净值的差额。

3. 营业外收支净额

旅行社营业外收支净额是指营业外收入减营业外支出后的差额。营业外收入包括固定资产盘盈和变卖的净收益、罚款净收入、确实无法支付而按规定程序批准后转作营业外收的应付账款、礼品折价和其他收入等。营业外支出包括固定资产盘亏、毁损和报废净损失、非常损失、赔偿费、违约金、罚息以及公益性捐赠等。

因此，旅行社利润是旅行社在一定时期内最终成果。它不仅是反映旅行社经营状况的一个基本指标，也是考核、衡量旅行社经营成果与经济效益最重要的标准。旅行社通过对利润指标的考核和比较，能够综合地反映出旅行社在这段时期内取得的经济效益。

（二）旅行社利润的分析

利润分析是指旅行社根据期初的利润计划对本期内所实现的利润进行的评价，它主要包括利润总额分析、利润总额构成因素分析和营业利润分析三个方面的内容。

1. 利润总额分析

利润总额分析是指旅行社运用比较分析法，将本期的利润总额同上期的利润总额或本期的计划利润指标进行对比，分析其增减变动情况。

(1) 计算本期利润比上期利润的增长（减少）情况，可用下面的公式：

本期利润比上期增长（减少）额＝本期利润总额－上期利润总额

利润增长（减少）率＝利润增长（减少）额/上期利润总额×100％

(2) 计算本期计划利润完成情况可用下面的公式：

完成计划百分比＝本期实际利润总额/本期计划利润总额×100％

超额或未完成计划百分比＝完成计划百分比－100％

2. 利润总额构成因素分析

旅行社在分析其利润总额增长情况后，还应对利润的构成因素进行分析，以便发现导致本期利润变化的主要因素，并采取相应的措施。如果发现某项因素的增长比例或绝对额与上期相差较大，则应对其发生的原因进行深入的分析。

3. 营业利润分析

营业利润分析是指旅行社通过对利润计划指标与实际结果进行对比，运用因素分析法找出影响营业利润实现的因素，以便采取措施，加强管理，为进一步增加营业利润指明方向。在营业收入一定的情况下，影响营业利润高低的因素是营业成本、营业费用、营业税金、管理费用和财务费用。尽可能降低成本费用，特别是严格控制费用的支出是增加营业利润的有效途径。

(三) 旅行社利润的管理

利润管理是旅行社财务管理的一项重要任务，管理的主要内容是确定目标利润和进行利润分配。

1. 确定目标利润

旅行社应该在每一个营业期之初确定将在本营业期内获得多少利润，即确定其目标利润，以便采取各种合理的、可行的方法努力实现这个目标。在营业期结束时将实际完成的利润同目标利润进行分析对比，以加强对利润的管理。旅行社计算目标利润的公式为：

目标利润＝预计营业收入－目标营业成本－预计营业税金－预计费用

旅行社在确定了目标利润之后，可以运用各种方法来测算出为实现目标利润所应完成的销售量及所产生的各种成本和费用。其中量、本、利法是进行这种测算的一种有效的方法。量、本、利法将成本分解为固定成本和变动资本，并根据由此获得的信息，预测出旅行社的保本销售量和为实现目标利润而需增加的销售量。计算公式为：

保本销售量＝固定成本费用总额/单位产品销售价格（1－税率）－单位变动成本

实现目标利润的销售量＝固定成本费用总额＋目标利润/单位产品销售价格（1－税率）－单位变动成本

实现目标利润的销售收入＝实现目标利润的销售量×单位产品销售价格（1－税率）

对于产品单一、售价和成本稳定的旅行社，使用量、本、利分析法能够做出比较准确的预测；对于产品、成本和售价因受市场供求关系、同行之间的竞争激烈程度以及其产品的规格、内容和档次等因素影响变化大的旅行社可以参考上期的平均成本和营业收入按照上述的公式进行估算。

2. 利润分配

利润分配是旅行社利润管理的另一重要内容。目前，我国旅行社大致可以分为股份制旅行社和非股份制旅行社两类，其利润分配办法各不相同。

（1）股份制旅行社在依法向国家交纳所得税后，应首先提取公益金，然后按照以下顺序分配所剩余的利润：①支付优先股股利；②按公司章程或股东会议决议提取盈余公积金；③支付普通股股利。

（2）非股份制旅行社应在依法向国家交纳所得税后，按照下列程序分配税后利润：①支付被没收的财务损失和各项税收的滞纳金、罚款；②弥补旅行社以前年度的亏损；③提取法定盈余公积金；④提取公益金；⑤向投资者分配利润。

根据国家有关规定，旅行社提取的法定盈余公积金应为税后利润的10%，法定盈余公积金已达旅行社注册资金的50%后，可不再提取。旅行社提取的盈余公积金用于弥补亏损或按规定转增资本金。旅行社提取的公益金主要用于职工集体福利设施支出。

三、旅行社的结算

（一）旅行社正常情况的结算业务

旅行社之间正常的结算业务分为综合服务费的结算和其他旅游费用的结算两部分组成。

1. 综合服务费的结算

综合服务费的结算业务包括审核结算内容和确定结算方式两个方面的内容。

（1）审核结算内容和方法。旅行社财务人员在审核综合服务费结算内容时，应对照旅游计划和陪同该旅游团的导游员所填写的结算通知单，对所需结算的各种费用进行认真审查。旅行社之间结算所涉及的综合服务费一般包括市内交通费、杂费、领队减免费、地方导游费、接待手续和接待宣传费。其结算的计算公式为：

综合服务费＝实际接待旅游者人数×实际接待天数×人天综合服务费价格

结算的具体做法有：

①旅游团内成年旅游者的人数达到16人时，应免收1人的综合服务费；

②旅游者所携带的2～12周岁（不含12周岁）的儿童，应按照成年旅游者标准的50%收取综合服务费；

③12周岁（含12周岁）以上的儿童、少年旅游者按照成年旅游者标准收取综合服务费；

④2周岁以下儿童在未发生费用的情况下，不收取综合服务费。如果发生费用由携带儿童的旅游者现付。

(2) 确定结算方式。旅游者在一地停留时间满24小时的，按一天的综合服务费结算；停留时间超过24小时、未满48小时的部分和停留时间未满24小时的，按照有关标准结算。目前，我国旅行社主要采用的结算方式有中国国际旅行社的结算标准（简称国旅标准）、中国旅行社的结算标准（简称中旅标准）、中国青年旅行社结算标准（简称青旅标准）三种。

2. 其他旅游费用的结算。

一般情况下，其他旅游费用包括旅游者的房费、餐费、其他费用（城市间交通费、门票费和专项附加费）。

(1) 房费的结算。房费分为自订房和代订房两种。自订房房费由订房单位或旅游者本人直接向饭店结算。代订房房费由接待旅行社结算。其公式为：

房费＝实际房间数×实际过夜数×房价

在实际经营中，旅行社一般为旅游团队安排双人间。有时旅游团队因人数或性别原因可能出现自然单间，由此而产生的房费差额可根据事先达成的协议由组团旅行社或接待旅行社承担。旅行社应按照饭店的规定在旅游团队离开本地当天12时以前办理退房手续。凡因接待旅行社退房延误造成的损失由接待旅行社承担。如果旅游者要求延迟退房，则由旅游者直接向饭店现付房差费用。

(2) 餐费的结算。有两种形式：一是将餐费（午、晚餐）纳入综合服务费一起结算；二是将餐费单列，根据用餐人数、次数和用餐标准结算。餐费的计算公式为：

餐费＝用餐人数×用餐次数×用餐标准

(3) 其他费用的结算。旅行社应根据双方事先达成的协议及有关旅游服务供应旅行社和单位的收费标准处理。

(二) 旅行社特殊情况的结算业务

1. 跨季节结算

我国旅行社多以每年的十二月初至次年的三月底作为旅游淡季，其余的月份作为旅游旺季或平季，旅游者在一地停留的时间恰逢旅游淡季与旺季交替时，旅行社应按照旅游者在该地实际停留日期的季节价格标准分段结算。

2. 等级变化的结算

(1) 因分团活动导致等级变化。旅游团在成行后因某种特殊原因要求分团活动并因此导致旅游团等级发生变化时，应按分团后的等级收费或结算。结算的方式有两种，一种是由旅游者现付分团后新等级费用标准和原等级费用标准之间的差额；另一种是接待旅行社在征得组团旅行社同意后按新等级标准向组团旅行社结算。

(2) 因部分旅游者中途退团造成等级变化。参加团体包价旅游团的旅游者在旅游途中因特殊原因退团，造成旅游团队因退团后人数不足10人而发生的等级变化时，原则上仍按旅游团的人数和等级标准收费和结算。退团的旅游者离团后的费用由旅游者自理。

3. 晚间抵达或清晨离开的旅游团队结算

包价旅游团队在晚餐后抵达或早餐前离开某地时，接待旅行社按照人数和等级标准向组团社结算接送费用。其计算公式为：

接送费用＝人数×计价标准

例如，C市一家旅行社接待一个新加坡旅游团，全团共有成年旅游者15人，于2011年9月16日晚21:30抵达C市机场。该团在T市游览一天后，于9月18日清晨5:25，未用早餐即乘飞机离开T市前往S市。该旅行社到飞机场接送费为每人次5元，那么这家旅行社接送费收入：5元×2次×15人＝150元。如果该团综合服务费为每人每天105元，那么这家旅行社综合服务费和接送费收入为：105元/人天×15人＋150元＝1575元＋150元＝1725元。

(三) 旅行社业务结算方法

一般情况下，旅行社业务结算方式多种多样。现金、信用卡、网上支付、银行转账、上门收款、邮局汇款等，都是旅行社常用的便捷的结算方法。此外，我国目前还有旅游企业集团的结算方法，有结算中心结算和财务公司两种模式。

第五节 旅行社的风险管理

财务活动经常是在有风险的情况下进行的。冒风险，就要求得到额外的收益，否则就不值得去冒险。旅行社筹集资金要尽快用于经营，以便取得赢利。对于新增的投资项目，一方面要考虑项目建成后给旅行社带来的投资回报，另一方面要考虑投资项目给旅行社带来的风险，以便风险与报酬之间进行平衡，不断提高旅行社的价值。

什么是风险，如果企业的一项行动有多种可能的结果，其将来的财务后果是不确定的，就叫做有风险。如果这项行动只有一种后果，就叫没有风险。例如，现在将一笔款项存入银行，可以确知一年后将得到的本利和，几乎没有风险。这种情况在企业投资中是很罕见的，它的风险固然小，但是报酬也很低，很难称之为真正意义上的投资。

风险可能给投资人带来超出预期的收益，也可能带来超出预期的损失。一般来说，投资人对意外损失的关切，比对意外收益要强烈得多。因此人们研究风险时侧重减少损失，主要从不利的方面来考察风险，经常把风险看成是不利事件发生的可能性。从财务的角度来说，风险主要指无法达到预期报酬的可能性。

风险控制的主要方法是多元经营和多元筹资。现代企业大多采用多元经营的方针，主要原因是它能分散风险。多经营几个品种，他们景气程度不同，赢利和亏损可以相互补充，减少风险。从统计学上可以证明，几种商品的利润和风险是独立的或是不完全相关的。在这种情况下，企业的总利润率的风险能够因多种经营而减少。

一、旅行社经营中面临的主要风险

企业在经营过程当中经常会遇到一些难以预料到的、具有不确定性的损失，这就是企业经营中的风险。为尽可能减少损失，企业就需要进行风险管理。简而言之，风险管理是指经济主体对威胁其收益的实际损失与潜在损失所进行的识别、测定和控制。

旅行社在经营管理的过程当中会遇到很多风险。这其中既包括一般企业会遇到的风险，也包括由于旅游活动的特殊性而产生的一些特有的风险。

（一）财务风险

旅行社与酒店、景点等旅游供应商之间、与旅游者之间、接待社与组团社之间存在着较为复杂的债权债务关系。很多旅行社应收账款数额相当大，有很多无法收回的坏账，海外拖欠款、国内三角债都是困扰旅行社的大问题。大量应收账款的无法按时顺利回收构成财务隐患，这就使旅行社的财务风险问题相对突出。

（二）市场及竞争风险

旅行社在对市场进行调查研究的基础上开发产品，然后向市场进行宣传促销，把产品推向市场。产品开发是否对路、旅行社希望通过销售产品来实现企业利润的目的能否实现，都要依靠市场来检验决定。市场的不确定性是旅行社面临的主要问题。由于旅游者的心理是非常复杂的，有时又受政治、经济、社会等各方面影响较大，随时可能发生变化；而旅行社的很多产品易于模仿，一旦竞争对手掌握相关信息，会使市场状况发生很多变化。这些都会影响到旅行社原来对市场的估计，从而可能造成旅行社在产品开发和促销方面的投入损失。

（三）人身及财产风险

旅行社拥有交通工具、房产、其他经营设施等许多资产，而这些财产都有可能因某种原因而受到损失，这就构成了旅行社可能面临的财产风险。同时，旅游活动具有较大的时间、空间跨度，在旅游活动中旅行社会接触到社会的方方面面，遇到各种问题。由于社会治安状况以及旅行社工作人员及旅游者的失误，都可能使人身财产安全受到损失。同时，旅行社员工也有发生人身财产损失的可能性。这些具有不确定性的因素就构成了旅行社经营过程中的人身及财产风险。

（四）责任风险

在旅游者购买旅游产品时，旅游者与旅行社之间会签订合同，规定双方的权利义务，其中对旅行社接待活动的细节也会有详细规定，如住宿、交通、所参观景点等。而在旅游活动进行中，由于旅游活动的综合性与复杂性，旅行社对旅游者的履约情况很大程度上取决于旅游供应商对旅行社的合同履行情况。同时，旅游活动中随时可能出现的一些意外问题也使旅行社的合同履行产生风险。一旦旅行社不能实践对旅游者的承诺，没有很好地履行合同，不论原因怎样，旅行社都具有责任，需要对旅游者进行赔偿。旅行社的责任风险也是旅行社经营中经常面临的一项主要风险。

旅游业本身具有相对脆弱性，旅行社业务涉及面广、综合性强，因此，旅行社业是高风险的行业，旅行社必须把加强风险防范列入管理议事日程，认真对待，并尽量采取一切措施把风险可能造成的损失降到最小。

二、旅行社风险管理的步骤

旅行社风险管理是需要旅行社常抓不懈的工作。为了合理进行风险管理，旅行社要按照科学的程序采取管理措施。

（一）进行风险识别

风险识别是根据企业性质、经营方式、经营过程以及经营环境的分析，找出其面临的风险并加以判断、归类和鉴定风险性质的过程。旅行社的风险识别可以从如下几个方面来进行：对旅行社的各个业务活动环节进行分析与考察，分析旅行社活动各环节所存在的责任风险；对旅行社的人员、财产状况进行分析，明确可能出现的人身、财产风险；分析旅行社的财务状况，尤其重视对应收账款的账龄、数额等分析，预测财务风险；根据历史资料及市场状况、竞争对手情况预测分析旅行社的市场风险。

（二）风险预测和评价

旅行社的风险预测是通过对行业与旅行社以往的损失估计、投诉以及赔偿情况的资料进行详细分析，并运用概率论与数理统计的方法来估计和预测风险发生的可能性和损失幅度。风险评价则是对旅行社风险的预期损失程度和控制、处理风险可能发生的成本费用的大小进行衡量，决定应对哪些风险进行处理以及处理的程度。由于旅行社的经营环境时刻都在不断变化，历史资料只能为进行风险预测及评价提供一些参考，还需要根据风险发展趋势、旅行社内外部因素对历史资料进行修正，以得到比较切合实际的数据。例如，当旅行社的人力资源年龄结构变化时，旅行社对人身风险的估计就应该相应变化。

（三）风险控制与处理

在对旅行社的风险进行了合理评估的基础之上，就可以控制和处理风险了。可以说，这是旅行社风险管理的最终目的，旅行社的一系列风险管理措施，都要靠控制与处理来实现。

对于不同类型的风险，控制与处理的方法也不相同，主要有以下几种：

1. 财务风险的控制与处理

为降低旅行社的财务风险，旅行社要经常分析财务报表，及时发现问题；制订有效的信用制度；坚持“先付款、后接待”，减少应收账款数额；提取合理的坏账准备金；准备适度的流动资金，防止财务危机；采用合理的定价及催款制度，有效规避外汇风险。

2. 市场及竞争风险的控制与处理

市场及竞争风险难于控制，旅行社可以通过以下方法来分散或降低风险：进行市场开发时进行科学的可能性分析；采用产品多样化和市场多样化方法来分散风险；新产品投入市场前可以在目标市场中进行试产试销；保守商业机密，尽量增加产品中独有的特色，使产品可模仿性降低。

3. 人身及财产风险的控制与处理

对旅行社的财产风险，可通过投保和财产监察加以转移或控制；雇员人身风险控制的基本方法是为旅行社员工安排有效的社会保险计划。

4. 责任风险的控制与处理

旅行社的责任风险也是旅行社应该着力降低的一种经营风险。为减少旅游活动中出现问题的概率，旅行社首先要向员工尤其是导游人员进行相关教育，强化其遵照合同提供服务的意识，提高他们处理突发事件的能力与技巧；其次，要慎重选择合作伙伴，建立信誉登记制度，选择信誉好的合作者；健全与供应商之间的合同化管理，在因供应商的原因而发生损失时，可以行使追索权；在与旅游者签订合同时，尽量争取比较大的缓冲余地，对于不确定性强的事项适当降低承诺；针对旅游过程中可能出现的人身、财产损失以及旅行社责任风险，向保险公司办理保险。

三、旅行社避免风险的主要措施

（一）树立风险意识

在中国，旅行社对风险管理的重要性目前尚未引起足够重视，因此也未积极采取措施去防范各种风险。多数旅行社中没有专门的负责风险管理的组织或专门机构，人员配置上也没有吸纳风险经理、风险顾问等专业人士。同时，由旅行社自身可以控制的原因造成的接待事故、财务风险等高风险事件频发，也暴露了旅行社对风险管理的忽视态度。在旅游业比较发达的国家，旅行社管理者对这一问题则极为重视，一般设立专门机构或专人来分析、控制旅行社经营中可能出现的风险。中国旅行社存在这种现象的原因是比较复杂的，大致分析起来有以下几点：

1. 中国旅行社业发展历史比较短，行业发展不健全

中国旅行社业的真正发展始于改革开放之后，与西方发达国家相比，发展历史比较短，经营管理水平不高，管理者与服务者仍或多或少地存在着保守、片面等思想观

念；行业内相互合作、制约的经济与法律关系尚未完全建立，很多时候还存在着人情交易等不合乎市场经济规律的现象。在这样一种行业背景下，可以说中国旅行社业仍处在发展的初级阶段，因此，旅行社管理者在风险管理问题上存在某些思想局限就是必然的了。

2. 以前很多旅行社多是行政机关的附属物，不是独立经济实体，利益、责任不明确

由于中国对旅行社创办资格的规定，原有国际旅行社都是全民所有制性质，且多为行政机关的附属物。旅行社在性质上并不是完全自主经营、自负盈亏的企业。旅行社的某些经营风险，如财务风险，事实上大多是由上级机关负责承担的。这客观上造成了旅行社对风险管理的漠不关心。随着改革开放的深入，旅行社的所有制结构正变得多样化。全民所有制企业经过企业制度改革也真正转变为企业化运作的独立经济法人。在现实情况下，旅行社必须要自担风险，这就会使其管理者日益重视风险管理的重要性。

3. 保险业等社会保障行业发展滞后

在西方发达国家，保险业等社会保障体系健全，全民的保险意识都比较强。而在中国，保险业在近几年才有了初步发展，社会保障体系尚不健全。保险业发展的相对滞后使旅行社的风险管理缺少一个成熟行业的支持，很多风险管理思想也就难以得到贯彻。我们欣喜地看到，近年来保险及其他社会保障事业在中国都得到了长足发展，为旅行社的风险管理提供了物质基础。

4. 旅游者不够成熟，保护自己权益的意识差

旅行社不重视风险管理的另一点原因就是中国旅游者不够成熟，缺乏保护自己权益的意识与相关知识。由于中国人性格特点与消费习惯，很多旅游者即使遇到问题也只是抱着“多一事不如少一事”的态度，不愿采用法律武器维护自己的权益。这种思想给侵犯旅游者权益的行为提供了滋生的土壤，是旅行社可以忽视某些责任风险的又一原因。随着国内旅游的普及与旅游者权益意识的觉醒，越来越多的旅游者在受到权益伤害后会主动采取措施讨个说法，这也迫使旅行社重视服务质量以及责任风险。

5. 缺乏相关法律法规，管理力度不够

在很长一段时间里，中国旅行社行业管理法律法规尚不够健全，使得行政管理部门对旅行社缺乏足够的约束手段，使旅游过程中发生的一些风险事故无法得到及时处理，责任人也可能逃脱应有的惩罚。随着相关法律法规的健全，政府管理的力度将不断加大。从旅行社质量保证金制度、旅行社投保责任保险规定等可以看出，国家已经意识到在这方面进行管理的必要性，并已经采取了一些措施。

综上所述，中国旅行社业风险管理的意识淡漠是由多方面原因造成的，现在由于条件的变化，旅行社风险管理的必要性与可能性都大大增强，旅行社必须转变观念，

树立风险意识。

（二）建立风险管理组织

在一些旅游业比较发达的国家，部分较大的旅游批发商、经营商内部设立了专门的小型组织或类似机构来专门开展或涉及风险管理工作，如风险事故委员会等。这些机构的工作内容涉及旅行社的风险预测、预防、控制和风险事故的处理等方面。有一些旅行社专门聘请了风险经理或风险顾问。还有一些国家在旅行社外部设立专门组织，处理旅游意外事故，如日本的“紧急事故委员会”。旅游意外事件的处理需要专门知识与技巧，同时，很多问题的解决也有赖于旅行社内部各部门的共同配合。设立专门风险管理组织的优越性在于可以使该组织既具备相关知识与处理方法，又可以在第一时间迅速反应，并召集相关部门解决问题。而如果发生问题后层层上报，由总经理做出决策后，再指定某一部门负责解决，这一部门再到其他部门去协调，则往往浪费了宝贵的时间。

因此，有条件的旅行社都应该设立专门机构或人员来负责风险管理事宜，协调各部门开展工作。旅行社管理者要赋予风险管理部门在处理问题时协调各部门工作的权力，这样才能够统筹解决问题。在中国现阶段旅行社的经营机制下，要求各职能部门主动自觉地把风险管理作为一项经常性的工作是不现实的。

（三）分散经营风险

旅行社是高风险的行业，因此，必须在经营中尽量降低及分散风险。通常可以采用以下几种方法：

1. 与供应商订立保证合同

旅行社的很多责任风险是由于旅游供应商的失误造成的。针对这种情况，旅行社可以在与供应商签订合同时专门订立保证条款，一旦发生问题，就可以对供应商的过失进行追索，以降低责任风险。

2. 多角化经营

多角化经营通俗来说就是“不要将鸡蛋放到一个篮子里”。旅游业具有季节性、脆弱性等特点，而通过投资于其他行业或地区，旅行社可以分散经营风险，提高抗风险能力。很多时候，在其他产业的发展也可以为旅行社业带来客源，可以从一定程度上缓解市场风险。

3. 集团化经营

集团化经营是增加企业经营稳定性、降低风险与波动的有效途径。通过集团化经营、横向一体化、纵向一体化、跨行业联营等策略，可以将经营风险化整为零，增加旅行社抗风险能力；同时，集团化使一部分旅行社的外部风险内部化，有利于对一部分财务风险、市场风险、责任风险的控制与管理。

4. 积极参加保险

保险公司等外部化组织可以为旅行社提供专业服务。旅行社应该充分利用这些市场化的、成熟的服务，减少意外损失。国内的旅行社很多为降低成本不愿主动为旅游者投保，这种现象在国内旅游中尤为突出。随着国家政策的引导与强制，现在大多数旅行社已接受为旅游者购买旅游意外伤害、行李损失、第三者责任等保险。

针对旅游活动中责任风险较多的问题，为逐步建立合理、完善的旅游保险体系，国家旅游局于 2001 年 5 月 15 日颁布了《旅行社投保旅行社责任保险规定》。规定自 2001 年 9 月 1 日起，旅行社从事旅游业务经营活动，必须投保旅行社责任保险，履行应当对依法承担的七个方面的责任进行投保，主要包括由于旅行社责任导致的旅游者人身伤亡、医疗、交通费用、死亡处理和遗体遣返费用、对旅游者必要的施救费用、行李物品的赔偿、诉讼费用以及旅行社与保险公司约定的其他责任。该《规定》只对保险金额的最低标准进行了规定，各旅行社可以根据以往经验、组织接待量大小、自身管理水平、抗风险能力等来决定投保数额。在意外事故发生后，旅行社可以依据有关规定、按照程序向保险公司索赔，保险公司将按照双方合同，对合同约定范围内的责任进行适当程度的赔偿。《旅行社投保旅行社责任保险规定》理顺了保险各方的法律关系，有效保障了旅游者与旅行社双方的合法权益，降低了旅行社的经营风险。

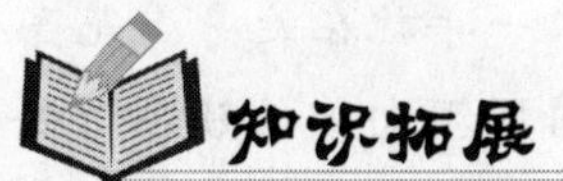

旅行社拖欠款处理

旅行社之间相互欠款已经成为中国旅行社行业的老大难问题。在目前的买方市场条件下，目的地的旅行社无法采用“先付款，后接待”的经营方式，也不能一概拒绝旅游中间商的延期付款要求。然而，信用条件过宽虽然能使旅行社获得较多的客源，但是却会导致更大的坏账风险。一旦对方赖账或破产，则会使被拖欠的旅行社蒙受重大的经济损失。以往，我国的不少旅行社都吃过这种苦头。加强对拖欠款的回收和尽量减少拖欠款的方法：

(1) 总经理亲自过问客户的挂账和催讨事宜，要求各营业部门每月向总经理报告一次，检察他们催讨欠款的工作效果。

(2) 将催讨欠款同各营业部门的经济利益挂钩。凡在经营中获得利润但是未能将欠款收回的部门，根据欠款金额的比例缓发该部门应获得的奖金，以后视其收回欠款数额按比例补发。

(3) 制订切实可行的信用制度和标准。对于那些信誉好、付款及时、经济实力雄厚、送客量大且与本旅行社长期保持合作的旅游中间商，最多允许其在旅游者旅行结束后3个月内付款；对于那些信誉较差、送客量少、付款不及时或初次合作的旅游中间商，则不允许挂账，必须支付现金。

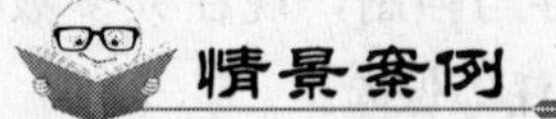

旅行社"80后"会计3年侵吞公款503万元被公诉

27岁的陈波大专毕业后进了一家旅行社财务部工作。2004年年底，旅行社开始印制旅游券出售给客户单位，陈波负责旅游券的发放和归集等工作。有人持券消费时，先由陈波确认真假，再剪角作废开收据。虽然工资不高，但陈波酷爱名牌，喜欢泡吧，经常入不敷出。不久，他动起旅游券的脑筋，将150万元旅行券偷偷拿出来，以七折价格卖给平时关系较好的某旅行公司成都路营业部店长张某，获利100余万元。此后，他源源不断地向张某提供旅行券。起初，陈波用归集的旅行券补被其偷拿的旅行券，见自己的行为没被发现，他的胆子越来越大，又分别向王某、沈某等人提供旅行券。陈波拿券的金额越来越多，以至于没有后续旅行券可以平账，于是他又以无效单据替代入账、结转收入，并强行手工核销无关的预收账款。从2005年年初至2008年5月，陈波非法占有旅游公司应收账款503余万元，获得赃款300余万元。他除了花115万元购房、购车，还购买很多名牌服饰。2007年女儿出生后，陈波仅一年就在她身上花了20万元。陈波的领导发现问题并询问他。当晚，陈波在妻子的陪同下向单位领导坦白了侵吞公司资金的事情。为了购房、买车以及奢侈品消费，这家旅行社的"80后"会计陈波在3年时间内侵吞公款503余万元。但面对越来越大的"窟窿"，陈波惶恐不安，最终选择自首。在随后接受调查期间，陈波在家属帮助下退赔了368余万元赃款。日前，他被静安区检察院以职务侵占罪提起公诉。

（资料来源：法律教育网）

要点分析

企业在经营过程当中经常会遇到一些难以预料到的、具有不确定性的损失，这就是企业经营中的风险。为尽可能减少损失，企业就需要进行风险管理。由旅行社自身可以控制的原因造成的接待事故、财务风险等高风险事件频发，也暴露了旅行社对风险管理的忽视态度。旅行社必须转变观念，树立风险意识。

思考题

1. 旅行社常用的财务分析方法有哪些？
2. 旅行社的主要债权资产是什么？如何进行管理？
3. 旅行社成本费用管理的原则和方法是什么？如何进行成本费用控制？
4. 旅行社是如何对利润进行分析和管理的？
5. 旅行社结算业务的种类及内容有哪些？

第九章　旅行社质量管理

本章导读

旅行社所提供产品的质量，主要是旅游服务在使用价值方面适合和满足旅游者物质和精神方面需求的程度。本章主要阐述旅行社服务质量的内涵，旅行社质量管理的意义与评价标准及旅游投诉产生的原因，要求学生熟练掌握旅游投诉的处理技巧。

本章难点

1. 旅游投诉的处理
2. 旅行社质量管理的内容与方法

第一节　旅行社质量及其标准

一、旅行社质量的含义

旅行社的质量，就是旅行社所提供产品的质量，主要是旅游服务在使用价值方面适合和满足旅游者物质和精神方面需求的程度。旅行社的质量包含三个方面：一是旅行社产品设计质量；二是旅行社的接待服务质量；三是旅行社的环境质量。

（一）旅行社产品设计质量

旅行社的产品设计质量，最主要的是要求旅行社能设计出满足不同旅游者需求的线路和节目。旅行社所设计生产的旅游产品的质量必须具备以下特征，才会使旅游者的需求得到满足。

1. 功能性

功能性是旅行社产品最基本最重要的质量特征。即为旅游者提供良好的住、食、行、乐等活动，以保证顺利实现旅游全过程的基本要求。

2. 安全性

没有安全就没有旅游，安全是关系每位旅游者切身利益的首要问题。

3. 时间性

旅行社产品时效性很强，如果旅游过程中不审时而延误时间，会给旅游者造成极难挽回的损失。因此，旅行社产品时间性包含着及时、准确、省时三个要素。

4. 知识性

旅游者旅游的主要动机是增长见闻、探求知识，旅行社必须提供优质的导游讲解服务，以满足旅游者对知识的需求。

5. 舒适性

旅游者希望旅行社提供像家一样的服务，要求旅游服务设施齐全、方便舒适，接待环境高雅、整洁、美观，饭菜美味可口。

6. 经济性

旅游者希望得到与他们所支付费用相符的旅游产品和优质的服务，从而产生一种在价值上得到满足的心理体验。

此外，还有稳定性、娱乐性和文明性等。只有旅行社设计的产品具备上述特点，旅行社的质量就能得到保证。

（二）旅行社的接待服务质量

旅行社的接待服务质量，主要是通过热情周到、谦和礼貌、舒适方便和迅速及时的服务，使旅游者得到物质和精神方面的满足。

（三）旅行社的环境质量

旅行社的环境质量，主要是旅行社的业务、采购、接待和财务等部门，以及景点、饭店、餐厅和车队等协作单位的工作质量。

旅行社的质量管理所要求的是这种广义的质量，要通过旅行社各部门和各协作单位的工作质量，来保证直接为旅游者提供所需服务的质量。

二、旅行社质量的基本标准

旅行社产品质量包括吃、住、行、游、购、娱等各种服务，既体现在物质需求的满足，又包含了文化和精神需求的满足，其质量的内涵极为丰富。旅游服务包括旅游者所接触到的管理、服务人员、服务设施与设备以及服务环境等，它们都使旅游者对其质量的评价产生极大的影响。例如，每个购买旅行社产品的顾客，来自不同国家和地区，属于不同的阶层，受到不同的教育，有着不同的文化渊源，生活习惯、兴趣爱好差别极大，同一种旅游产品，旅游者会有不同的评价，即使同一个顾客，跨进同一个旅行社，在不同场合也可能产生不同的服务需要。除此以外，旅行社接待人员也影响着服务质量，因为他们也是人，他们也有情绪好坏的时候，对顾客接待效果也会有所不同。因此，服务质量的好坏旅游者主观感受的成分很大。因此，旅游服务质量无法量化测定，这就要求旅行社重视研究旅游者不同需求，有针对性地提供服务，满足其需求。

尽管旅游者主观感受质量的成分很大，但并不是说旅行社的服务质量不存在客观性，可以肯定地说，客观标准不仅可用来衡量服务质量的有形方面，如硬件设施、食品和饮料等；而且也可以衡量服务质量的无形方面，如服务人员的态度、导游的行为等。

国家在服务行业推行规范化管理，便是将服务质量进行量化测定。中国国家旅游局颁布了旅行社行业标准，如《导游服务质量》《星级饭店客房客用品质量要求》《旅行社国内旅游服务质量要求》《旅游汽车服务质量》《旅游（餐厅）卫生标准》等，就是旅行社服务质量的量化标准。

一般来说，旅行社最基本的客观质量标准有以下几点。

(1) 提供内容丰富、路线合理、劳逸适度的旅游计划，这是保证产品质量的前提。

(2) 保证制订的旅游线路和日程能顺利实施，不耽误、删减顾客的游程。

(3) 按质按量地提供计划预订的各项服务，如保证饭店档次、餐饮质量、导游水平等。

(4) 保证旅游者人身及财产的安全，保证其合法活动不受干预和个人生活不被骚扰。

(5) 各种服务人员不仅要有合格的文化素养和服务技能，还要有高尚的职业道德、强烈的服务意识和良好的服务态度，能够创造一种宾至如归的旅游氛围。上述五点是对旅游产品质量的最基本要求。

第二节　旅行社的质量管理

一、旅行社质量管理的内涵

旅行社的质量管理，是指旅行社为了保证和提高产品质量，综合运用一整套质量管理体系、思想、手段和方法所进行的系统管理活动。

旅行社产品质量是旅游者对旅行社所提供服务的满意程度的综合体现。因此，旅行社的质量管理应该是“三全式”的质量管理，具体如下：

(一) 旅行社的质量管理是全面的质量管理

旅行社的全面质量管理，是指旅行社的一切经营管理活动都要立足于设法满足旅游者的需要。因为旅游者的需要是多方面的，既有物质需求，也有文化精神需求，只注重满足客人一方面需求而忽略另一方面需求，仍然不会使客人满意，而旅行社质量的好坏取决于客人的评价。因此，全面质量管理要求旅行社从产品质量、服务质量和环境质量三个方面进行全面的考察，实施全方位、全面的管理。

（二）旅行社质量管理是全过程的质量管理

旅行社质量管理的全过程，可以具体分为三个阶段的管理：即游前、游中和游后三个阶段。

1. 游前阶段

这个阶段管理的重点是产品的设计、促销、销售和准备工作的质量。

2. 游中阶段

该阶段管理的重点是服务质量和环境质量。服务质量管理，要求对导游员服务的态度、方式、项目、语言、仪表、时间和职业道德等方面实施标准化、程序化和规范化管理。旅行社可通过有效的方法，及时收集旅游者对导游服务质量的信息反馈，随时监督、检查和提高导游人员的服务质量，使旅游者通过导游员的服务，对旅行社产生信任和好感。环境质量管理，是对旅行社各协作单位，如饭店、餐厅和车队等服务质量实施管理监督。

3. 游后阶段

游后阶段管理的重点是做好旅游产品质量的检查和评估工作，提供售后服务与处理顾客投诉。

游前、游中、游后三个阶段是一个不可分割的完整的质量过程，对全过程的管理，就要求旅行社企业形成一个综合性的质量体系，要有预防为主、防检结合、不断提高的思想。因为，制造业的产品质量有问题，换了部件产品又合格了。而旅行社产品出现的质量问题，是事后难以弥补的。所以，质量管理工作的重点，应从“事后把关”转移到“事先预防”上来，以管结果变为管因为，防患于未然。

（三）旅行社的质量管理是全员参加的质量管理

全员管理是指旅行社要求全体员工对服务质量做出保证与承诺共同参与顾客服务。因为服务质量的优劣，是旅行社各个部门、各个环节全部工作的综合反映，涉及全体员工。要提高接待顾客质量，不仅仅是身居一线的导游人员的事，虽然他们是服务的最“前方”，处于直接服务现场，起着关键作用。但是，如果没有“后方”，即后勤部门细致、协调的工作做保证，前台的导游接待人员的优质服务就得不到保障。事实证明，旅行社只有全体员工都从所在岗位出发参与质量管理，这样提高服务质量才有保障。

总之，必须全面看待旅行社质量管理问题，系统地改善质量工作，运用集体智慧，对旅行社质量进行综合治理。

二、旅行社质量管理的实施

实施质量管理对于旅行社来说，就是对旅行社产品质量、旅游服务质量、旅游环境质量实施管理。

（一）对旅游产品质量的管理

旅行社产品质量管理，是保证旅行社在旅游接待过程中，能够使旅游者满意的前提。旅行社的产品质量，一般是指旅游产品设计安排的质量。主要表现为：

1. 旅游线路安排是否合理

旅行社在产品设计方面，应注意避免旅游线路中出现不必要的重复和往返，减少旅游者因过多的线路重复或往返产生厌倦情绪。

2. 控制好住、食、行、游、购、娱各个环节

旅行社在产品质量控制方面有自己的特殊性，主要体现在：每条旅游线路上的若干具体服务工作，不是由旅行社本身直接提供，而是广泛依赖风景区（点）、饭店、餐馆、交通部门，以及金融、电信、保险等各个部门共同提供，旅行社要协调处理好与这些部门的关系，保证提供给顾客的产品质价相符。

（二）对旅游服务质量的管理

旅行社服务质量是指一定时间内和一定的环境下，服务工作使旅游者的满意程度。旅行社服务质量的内容包括以下几个方面。

(1) 礼节礼貌：是向别人表示敬意的各种惯用形式，如握手、鞠躬等；礼貌是在社会交往中，人与人之间必须遵循的一定的行为规范，从对人的称呼、言行举止、仪表仪容所表现出对别人的尊敬和友好，注重礼节礼貌是旅行社业最重要的职业基本功之一，体现了旅行社对顾客的欢迎和尊重，也反映了旅行社管理有方和员工训练有素。

(2) 服务态度：是提高服务质量的基础。良好的服务态度会使宾客产生亲切感，这就要求旅行社服务人员为顾客提供热情、主动和周到的服务。服务态度的好坏取决于服务人员的积极性、主动性和创造精神，取决于其思想素质、工作责任心和职业道德。

(3) 服务项目：旅行社服务项目的基本要求是：方便旅游者，并务实、灵活、实惠。服务项目可分两类，即基本服务项目和附加服务项目。基本服务项目是指服务过程中明确具体规定的，对每个顾客都会发生的服务项目，如景点导游讲解、用餐、住宿、特定的接送服务项目。附加服务项目是由宾客即时提出的服务项目，如旅行社人员帮助顾客代购商品、送信、代找人等。

(4) 服务技能：是提高服务质量的技术保证，它包括服务技术和服务技巧两个方面。服务技术主要是指服务人员的服务知识，这要求服务人员对本部门服务项目了如指掌；服务技巧是指服务人员针对不同的服务对象，灵活地做好服务工作，达到良好效果的能力，它是在掌握了服务技术的基础上，通过日常服务过程中不断地总结经验而获得的。

(5) 服务效率：是指服务的时间概念，是提供某种服务的时限。它是衡量旅行社

服务质量水平的重要标志，也反映了旅行社的管理水平和服务人员的实际工作能力。

根据旅行社的实际情况，其服务效率分为三类：

①固定服务效率，如导游人员准时到机场接顾客，司机早晨准时在饭店门口等候顾客等。

②用时限来表示的服务效率，如来电话必须在三次铃响之前接听等。

③虽有时间概念，但没有明确的时限规定，要靠感觉衡量的服务效率，如顾客委托旅行社接待人员代购商品、代找人，接待人员在最短的时间内完成，便会使顾客感到满意。

（三）对旅游环境质量的管理

对旅游环境质量的管理，是指旅行社为旅游者服务的全过程中所涉及的一切硬件供应项目。这种环境质量包括两个方面：

1. 旅行社本身的环境质量

旅行社应对社容社貌、营业和接待等服务场所加强管理，给顾客创造一个优美、整洁、舒适的环境，同时为顾客安排住、食、行、游、购、娱等服务项目必须质价相符。

2. 对旅游景点和外部协作单位的环境的质量管理

对旅游景点和其他协作单位的环境的质量实施控制有一定的难度。但是，旅行社只要采取有效的措施和办法还是可以控制的，如旅行社经过慎重的实地考察和对比选择，采取定点或与协作单位签订质量保证合同，来保证其质量。

三、旅行社质量管理的方法

由于旅行社服务工作本身的特殊性和旅游过程中不可预见的因素十分复杂，因此，对旅行社质量实施完全控制应采取多种手段和方法，以求达到较好的质量管理效果。

（一）制订规定和标准，强调规范化与个性化相结合的服务

旅行社对自己直接能控制的环节，如导游员服务等，应根据国家和行业规定的标准，如1995年12月发布、1996年6月1日实施的《导游服务质量》国家标准和国家旅游局于1997年3月13日发布、1997年7月1日实施的《旅行社国内旅游服务质量要求》的行业标准。这两个标准都规定了导游服务的质量要求，是指导中国导游工作的权威性文件，也是导游人员向旅游者提供服务的工作指南。旅行社应以两个标准为指导，具体编制本旅行社导游人员的操作规程，制订服务规范。在强调规范、标准化服务的同时，应要求服务人员在服务过程中，力求做到规范化服务与个性化服务相结合。大凡世界上口碑好的旅行社，都在实施规范化服务的同时，积极推行个性化服务和“人情服务”。所谓个性化服务是指在保证旅行社整体战略和利益的前提下，授予员工一定的灵活处置权，允许他们在实际服务中随机应变，满足顾客的特殊需要，提供

相应的特色服务，使顾客在接受服务的同时，产生愉悦的心情，从而达到心理、生理、物质上的满足。

总之，个性化服务是以标准化为前提的，标准化服务又是以个性化为归宿的。现在许多旅行社提出了“服务项目个性化，服务过程标准化”的竞争战略，对于中国目前的发展情况，其方向的把握应以标准化为主，个性化为辅。

（二）完善合同制度，保证产品质量

旅行社对于向有关旅游供应单位采购来的那部分服务质量问题，往往不是旅行社所能直接控制的。但是，这部分服务又是旅行社所出售的旅游产品的重要组成部分，旅行社必须通过某些途径和措施加以规范和控制。为此，旅行社要采取完善合同的办法，以保证其所提供产品的服务质量。这就要求旅行社在事前应严格选择并定期筛选、更换旅游服务供应商，并通过双方签订合同，约束供应商保证服务质量。在与旅游服务供应商签订合同时，应在合同中明确有关服务的质量标准，以及达不到标准的惩罚办法。

（三）主动规避风险，减少质量事故

旅行社应对企业无法控制而又可能经常发生的质量问题早做预防，并尽力避开。如某景区（点）交通运力紧张、客房供应不足、传染病流行、气候恶劣等，旅行社应早做准备，要么提前做好交通工具和客房预订准备工作，要么只有避开不安排游客到这些地区，减少不必要的质量事故的发生。

（四）做好事故善后补救工作

对于已经发生了的质量事故，旅行社应努力作好善后补救工作，尽可能减少其负面影响。如某一游客被撞伤，事故既然发生了，导游人员应沉着面对，一面组织人员抢救伤者或包扎处置或急送医院。同时，尽快调整被打乱的行程，稳定其他游客的情绪，将影响和损失降到最低点，旅行社人员还要详细记录相关情况，总结经验与教训。

（五）加强服务质量信息反馈，做好监督检查工作

旅行社的质量信息是保证旅游产品高质量的基础。旅行社在实行质量管理的同时，如果能够正确而及时地进行质量信息的收集、处理、传输、存储和决策反馈，那么旅行社产品的质量管理就会达到较高的水平。旅行社质量信息的反馈，一般从这样几个渠道获得。

（1）行业组织、主管部门向旅行社企业提供的质量改进信息。

（2）服务人员在工作中，及时发现服务规范、标准同游客满意度存在的差异，旅行社积极改进。

（3）顾客提供的反馈信息。这种反馈在旅行社企业质量信息中所占的比重最大，因此，旅行社应广泛征求顾客意见，及时发现问题不断改进完善服务工作。

一般来说，顾客的意见集中反映在以下三个方面。

（1）对旅行社设计安排的旅游线路、日程安排和节目内容的意见。对此旅行社可通过调整更换线路、日程和节目内容的方式满足顾客。

（2）对住宿、餐饮、交通等方面的意见。这涉及相关部门，旅行社可通过向有关单位反映与交涉，或另择供应商来解决。

（3）对旅行社接待工作和接待人员的意见。这要求旅行社通过加强自身管理、完善质量监督制度来解决。

为保证顾客反映的问题能及时解决和监督员工严格按规范操作服务，旅行社应切实重视客人投诉，做到投诉有人管，及时处理并给予答复。对员工实行严格的监督管理，坚决杜绝违反规程的事件发生。

第三节　旅行社的售后服务与投诉处理

一、旅行社的售后服务

（一）旅行社售后服务的含义

旅行社的售后服务是指在旅游者结束旅游之后，由旅行社向客人继续提供的一系列服务，旨在加强同客人的联系和主动解决客人遇到的问题。售后服务对旅行社来说至关重要，它对保持旅行社已有的客源和开拓新的客源影响深远。据美国《旅游代理人》杂志的调查显示，旅行社若不重视售后服务，将使2/3以上的顾客不再光顾原旅行社，因此，西方国家的旅行社都极为重视售后服务，并采取各种形式争取回头客。

（二）售后服务方式

国外旅行社采取的售后服务方式多种多样，主要有以下几种。

1. 电话问候

一般是在客人旅游返回后的第二天，就向一些重要的客人打电话，既体现出旅行社对他们的关心，又可以了解他们对旅途服务的意见。旅行社主动电话问候，他们的意见得到重视，可以使客人的不满情绪得到释放，避免客人再选择其他旅行社。

2. 意见征询单

旅行社向每位旅游者寄送意见征询单，让旅游者对此次旅行发表意见，意见征询单可以使旅行社掌握第一手资料，以便安排以后的旅游。为了提高征询单的回收率，意见征询单的内容设计要好，条目清楚、便于客人填写，并且附有回寄信封。

3. 书信联络

与顾客进行书面联系的最好方法是向顾客写亲笔信，这种做法会使对方感到亲切，突出了业务关系中人与人的直接交往。

4. 寄明信片

与写亲笔信相比，旅行社向顾客寄送明信片更省事些。旅行社向客人寄送的明信片有三类：一是问候性的，这种明信片印有旅行社社徽、地址、电话等内容，并有工作人员亲笔写上的问候客人欢迎光顾的语句；二是祝贺性的，遇有节假日和客人的生日，旅行社给客人寄去贺年片或生日卡，当客人接到这些贺卡的时候，惊喜之余会觉得旅行社与他的关系很亲近，因而会忠实于你的旅行社；三是促销性的，旅行社人员经常向顾客寄一些旅游线路上的著名景点的明信片，这会使顾客再次选择你的旅行社到这些新的旅游线路、新的景点旅游。

5. 游客招待会

旅行社有目的地举办风景点幻灯片或照片欣赏活动，重点推荐一些旅游线路和景点，旅行社既可请回一批老主顾，又可邀请一些未来的新客户，通过旅游招待会的形式；加强旅行社与顾客的联系，既能及时得到顾客的反馈意见，又能提高旅行社的知名度和威信，使顾客在轻松愉快的气氛中接受旅行社的推销。

二、旅行社投诉的处理

（一）旅游投诉的概念

国家旅游局于 1991 年 6 月发布的《旅游投诉暂行规定》中规定：旅游投诉是指旅游者、海外旅行商、国内旅游经营者为维护自身和他人的旅游合法权益，对损坏其合法权益的旅游经营者和有关服务单位，以书面或口头形式向旅游行政管理部门提出投诉，请求处理的行为。简单地说，就是指旅游者对旅游产品供给表示不满的行为方式，旅游投诉已经成为旅游者进行自我保护的一种有效手段。

旅游投诉的发生，既有旅游供给方面的因素，如旅游服务有缺陷、旅游设备有缺损，也有旅游者个人方面的因素，如旅游者的急躁情绪或苛求等。不同的旅游者对同一事物的感受与评价往往会有很大的差异，因此，严格地说旅游投诉并不总是正确的或有道理的。但不管怎样，旅游者一旦进行了投诉，就成为一种旅游事故。旅行社人员必须重视旅游者的投诉，任何忽视旅游投诉的行为都对游客的利益和旅行社的声誉有害。

（二）旅游投诉的处理

尽管旅行社想方设法提高服务质量，不希望接到旅客的投诉。然而在实际经营过程中，仍然会有一些旅游者由于各种原因向旅行社或旅游行政管理部门提出投诉。换句话说，旅游投诉是不可避免的。因为不同的旅游者具有不同的价值观，有不同的旅行动机，对旅行社的产品和服务的看法不一样是自然的事。因此，旅行社必须正视投诉并持欢迎的态度，正确处理投诉并把处理投诉的过程，作为改进管理与服务的机会。旅行社处理旅游投诉时应做到以下几个方面。

1. 了解旅游者投诉的心理

一般来说，大多数旅游者对旅途中的意见多实行消极抗议，采取“只此一次，下次不再光顾”的态度。旅游者能大胆地提出投诉，说明他们的某些利益和愿望没有得到满足。因此，旅行社管理者应了解旅游者投诉时的心理状态，以便有针对性地予以解决，使旅游者能够比较满意地接受旅行社的处理结果。旅游者投诉时主要有以下三种心理状态：①要求尊重的心理；②要求发泄的心理；③要求补偿的心理。

2. 分清投诉的对象

事实上，并不是所有的旅游投诉都是针对接待人员或旅行社本身的，尽管都是冲着接待人员或旅行社来的。不管投诉的对象是旅游接待工作中的差错和缺陷，还是旅游设施和其他旅游服务中的差错和缺陷，旅行社人员都责无旁贷，只是在具体处理过程中，对不同的投诉对象，应有不同的处理策略。

(1) 对接待人员服务工作的投诉。接待人员向游客提供面对面的服务，如果游客的投诉是指向自己的，如指出讲解的不细、不遵守时间、信息不准确等，应立即改过。

(2) 对旅游设施和其他旅游服务的投诉。旅游者投诉住宿、饮食、交通、购物等方面的缺陷，旅行社应同饭店、餐厅、交通部门、商场等及时取得联系，商谈处理办法。能解决的必须解决，而一些由于非人为因素所造成的情况，如因旅游旺季，软座票被换成硬座票，旅行社人员就要向游客做耐心的解释工作。

3. 处理投诉的程序

旅行社管理者能否妥善地处理旅游投诉，反映了其管理水平的高低。处理投诉有技巧，低层次的处理投诉，是缓解矛盾维持旅行社的形象，这只是被动应付；高层次的处理投诉，是既平息了旅游者的怨气，又转变旅游者对旅行社的看法，赢得旅游者的信赖，使坏事变成好事。处理投诉的程序和要点主要有以下几点。

(1) 认真倾听客人的投诉，不与客人争辩。接到旅游者书面投诉时，旅行社管理者应仔细阅读来信内容，总结其要点。在接待提出口头投诉的旅游者时，旅行社接待人员应认真倾听客人的全部意见，弄清事情的原委，让旅游者把所有的不满发泄出来。听取意见时态度要诚恳，不急于解释、说服甚至反驳，不打断客人的谈话。

(2) 表示同情与理解，不做盲目的承诺。差错与缺陷对于旅行社来说可能是百分之一，但对于旅游者来说却是百分之百。因此，旅行社接待人员对旅游者应充分表现出热情、礼貌、友善及愿意协助解决问题的态度，对客人的遭遇和心情表示同情和理解。但是，对游客提出补偿或赔偿等要求时，接待人员切不可盲目做出承诺。

(3) 调查情况，及时解决问题。对投诉的具体处理，必须以事实为基础，游客的投诉并不都是合理的，因此，不进行核实就匆忙下结论是不足取的。对于投诉问题的调查，就是要核实出现差错的环节，找出投诉的缘由，对于涉及旅行社员工的投诉，如果经过调查，发现旅游者的投诉与事实相符，应立即采取适当的措施，按照旅行社的有关制度和规定对当事人进行批评或处分。对于涉及其他旅游服务供应部门或企业的投诉，则应通过适当渠道向该部门或企业的有关领导反映。

(4) 及时答复客人，做好记录，改进工作。旅行社完成对旅游投诉的处理后，应及时将处理结果通知客人。在答复时应诚恳地向旅游者表示歉意，希望能够得到其谅解，并愿意继续为其提供优质服务。如果处理结果涉及经济赔偿，旅行社还应征求旅游者的意见，以适当的渠道和方式进行赔偿。如果调查发现旅游者的投诉与实际出入较大，旅行社管理者则应向旅游者作实事求是的解释。旅行社应将旅游投诉的内容和处理经过做详细真实的记录，以备将来必要时核对。旅行社还应将旅游者投诉的原因和处理结果，向旅行社有关部门和人员公布，以提高员工们对服务质量重要性的认识。

4. 处理投诉的原则

(1) 听取投诉要冷静、绝不与客人争辩，即使客人语言因激动而偏激过火。

(2) 对客人所谈问题，不要转移目标、推卸责任。如果投诉的问题发生在其他部门，不要随声附和，贬低他人。

(3) 不损害旅行社的利益。处理投诉必须真诚为客人解决问题，保护客人利益；同时也要注意保护旅行社的正当利益，并不是客人的所有投诉都正确，所有要求都合理。

(4) 不在公共场合处理投诉。最好是个别听取游客的投诉，如果个别游客的投诉变成了群体的不满，就会增加处理问题的难度。

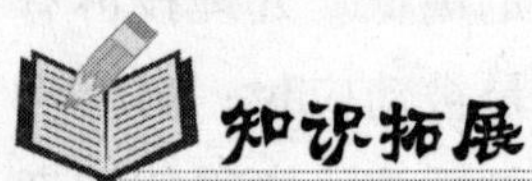

旅游行政管理部门对于旅游投诉处理程序

1. 旅游投诉处理程序的概念

旅游投诉的处理程序，是指旅游投诉管理机关受理投诉案件后，调查核实案情，促进纠纷解决或做出处理决定所必须经过的程式和顺序。

2. 被投诉者的答复

旅游投诉机关做出受理决定后，应当及时通知被投诉者，被投诉者应在接到通知之日起 30 日内做出书面答复。书面答复应当载明下列事项：

(1) 被投诉事由；

(2) 调查核实过程；

(3) 基本事实与证据；

(4) 责任及处理意见。

旅游投诉管理机关应当对被投诉者的书面答复进行复查。

3. 调解

调解是指旅游投诉管理机关主持投诉双方通过和解解决纠纷，达成协议的行为。旅游投诉管理机关处理投诉案件，能够调解的，应当在查明事实、分清责任的基础上进行调解，促使投诉者与被投诉者互相谅解，达成议。调解达成协议，必须双方自愿，不得强迫。

4. 投诉处理决定

旅游投诉管理机关处理投诉案件，应当以事实为根据，以法律为准绳。经调查核实，认为事实清、证据充分，可以分别作出如下几种决定。

(1) 属于投诉者自身的过错，可以决定撤销立案，通知投诉者并说明理由。对投诉者无理投诉、故意损害被投诉者权益的，可以责令投诉者向被投诉者赔礼道歉，或者依据有关法律法规承担赔偿责任。

(2) 属于投诉者与被投诉者的共同过错，可以决定由双方各自承担相应的责任。双方各自承担责任的方式，可以由双方当事人自行协商确定，也可以由投诉管理机关决定。

(3) 属于被投诉者的过错，可以决定由被投诉者承担责任。可以责令被投诉者向投诉者赔礼道歉或赔偿损失及承担全部或部分调查处理投诉费用。

(4) 属于其他部门的过错，可以决定转送有关部门处理。

5.《旅游投诉处理决定书》

《旅游投诉处理决定书》是指旅游投诉管理机关对投诉做出处理决定的书面文书。旅游投诉管理机关作出的处理决定应当用《旅游投诉处理决定书》在 15 日内通知投诉者和被投诉者。如果投诉者或被投诉者对处理决定或行政处罚决定不服，可以自接到通知书之日起 15 日内，向处理机关的上一级旅游投诉管理机关申请复议；对复议决定不服的，可以在接到决定之日起 15 日内，向人民法院起诉。逾期不申请复议，也不向人民法院起诉，又不履行处理决定和处罚决定的，由作出决定的投诉管理机关申请人民法院依法强制执行。

6. 行政处罚和其他处罚

旅游投诉管理机关作出投诉处理决定时，可以依据有关法律法规、规章的规定，对损害投诉者权益的旅游经营者给予行政处罚；没有规定的，由旅游投诉管理机关根据投诉规定单独或者合并给予以下处罚：

(1) 警告；

(2) 没收非法收入；

(3) 罚款；

(4) 限期或停业整顿；

(5) 吊销旅游业务经营许可证及有关证件；

(6) 建议工商行政管理部门吊销其工商营业执照。

旅游投诉管理机关做出的行政处罚决定应当载入投诉处理决定书。凡涉及对直接责任人给予行政处分的，由其所在单位根据有关规定处理。

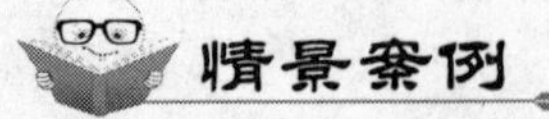

2011 年中国各地区旅游投诉情况统计

根据全国 31 个省、自治区、直辖市旅游质监执法机构上报的《旅游质监机构处理投诉工作统计表》汇总，2011 年全国各级旅游质监执法机构受理旅游投诉 11060 件，比 2010 年增加 1118 件，同比上升 11.25％；立案调查 10003 件，比 2010 年增加 1235 件，同比上升 14.09％；结案 9798 件，结案率为 97.95％。每百万旅游人次投诉件数为 3.89 件，同比下降 10.37％。在立案调查的 10003 件案件中，国内游投诉 8445 件，占总数的 84.42％；比 2010 年增加 898 件，同比上升 11.90％；出境游投诉 1404 件，占总数的 14.04％，比 2010 年增加 256 件，同比上升 22.30％；入境游投诉 154 件，占总数的 1.54％，比 2010 年增加 81 件，同比上升 110.96％。在立案调查的 10003 件案件中，投诉旅行社 6155 件，占投诉总数的 61.53％，比 2010 年增加 1146 件，同比上升 22.88％；投诉景点 1579 件，占投诉总数的 15.79％，比 2010 年减少 34 件，同比下降 2.11％；投诉饭店 788 件，占投诉总数的 7.88％，比 2010 年减少 64 件，同比下降 7.51％；投诉购物 429 件，占投诉总数的 4.29％，比 2010 年增加 132 件，同比上升 44.44％；投诉旅游交通 215 件，占投诉总数的 2.15％，比 2010 年减少 39 件，同比下降 15.35％；投诉餐饮 125 件，占投诉总数的 1.25％，比 2010 年增加 18 件，同比上升 16.82％。其他投诉 712 件，占投诉总数的 7.12％，比 2010 年增加 76 件，同比上升 11.95％。

在旅游投诉中，旅游行程中降低服务标准问题 2504 件，占受理投诉总数的 25.03％，比 2010 年增加 809 件，同比上升 47.73％；导游未尽职责问题 1224 件，占受理投诉总数的 12.24％，比 2010 年增加 85 件，同比上升 7.46％；旅行社未经游客同意擅自增减旅游项目问题 1104 件，占受理投诉总数的 11.04％，比 2010 年增加 267 件，同比上升 31.90％；因航班等交通延误导致行程变更问题 666 件，占受理投诉总数的 6.66％，比 2010 年增加 64 件，同比上升 10.63％。在被投诉的问题中，降低服务标准的投诉占所有被投诉问题的 25.03％，反映出部分旅游企业没有严格依照合同和服务标准提供服务而引发了服务纠纷。投诉购物的件数比 2010 年增加了 132 件，一方面是由于出游人数大幅增加，导致购物人数和纠纷相应增加，另一方面说明购物环节需进一步加强管理和改善服务。

要点分析

旅游投诉是一种国际惯例，当旅游企业提供的产品不符合规定的标准，旅游者有权进行投诉。旅游投诉的发生，既有旅游供给方面的因素，如旅游服务有缺陷、旅游设备有缺损，也有旅游者个人方面的因素，如旅游者的急躁情绪或苛求等。旅游者一旦进行了投诉，就成为一种旅游事故。任何忽视旅游投诉的行为都对游客的利益和旅行社的声誉有害，旅行社人员必须重视旅游者的投诉。

思考题

1. 如何预防旅游投诉的频繁发生?
2. 分析旅行社质量管理的方法。
3. 运用所学知识模拟处理一起旅游索赔事件。

第十章 旅行社行业发展趋势

本章导读

目前我国旅行社的外部环境正在发生着巨大的变化，加入世界贸易组织的影响、技术的革新等因素都为我国旅行社的发展提供了良好的机遇，同时也提出了挑战。这就要求旅行社的经理人员具有超前的思考能力，参照国际上旅行社行业的发展趋势，掌握我国旅行社的行业变化因素，为旅行社制定准确的发展战略和经营策略。因此，本章的主要内容就是分析发达国家和我国旅行社行业发展趋势，并以此为基础提出我国旅行社行业发展应该注意的问题。

本章难点

1. 中国旅行社行业的集团化建设与发展
2. 发达国家旅行社产业的现状及发展趋势

第一节 发达国家旅行社产业现状与发展趋势

自20世纪90年代以来，发达国家的旅行社产业出现了很大的变化，并有加速发展的趋势，主要表现在：过去以私人企业为主体、以国家为界限的分散的市场，正逐步变为以少数几个大企业集团为主体的国际化大市场，并通过价值链进行纵向整合；以美国、德国、英国等国家的大型旅行社为主导的企业兼并、收购与战略联盟，使得发达国家旅行社的所有权发生了极大的变化，形成了一批能够对整个市场产生重要影响的旅行社业巨头；国际企业集团也通过购并旅行社集团进入旅行社行业；同时信息技术的发展和互联网的出现正在引发旅行社经营方式的一场革命。

一、发达国家旅行社的投资战略

发达国家旅行社业的投资大多集中于扩张战略上，用于旅行社的收购、航空与饭店业的纵向一体化以及分销系统的扩大等。

（一）跨国兼并活动愈演愈烈

进入 20 世纪 90 年代以来，发达国家的旅行社行业加速了向国外扩张的进程，采取企业兼并、收购等投资战略来扩大企业的规模和直接进入客源国市场，减少甚至消除旅行目的地旅行社与客源地旅游者之间的中间环节，加强目的地旅行社与旅游者、潜在旅游者之间的沟通和了解，降低旅游者的旅行成本、旅行社经营成本和旅行社产品曲直观价格，以利于吸引更多的旅游者。

在旅行社行业的跨国活动中，首当其冲的收购对象往往是那些出游人数和出游率较高的国家和地区，而收购者主要是美国、英国、德国等旅行社行业发达国家的旅行社或旅行社集团。

（二）建立纵向一体化集团

发达国家旅行社行业的另一项投资战略是通过收购、合并、合资等方式建立纵向一体化旅游企业集团。这样，一方面扩大了企业集团的实力和影响，另一方面也有力地保障了旅行社经营的后勤保障即旅游服务产品供应的数量和质量。例如，卡尔逊—韦根利特休闲旅游集团拥有 5 家大型旅行社在美国、加拿大和欧洲各国经营旅行批发和代理业务，同时还收购了丽晶国际旅馆公司（Regent International Hotels）、国际乡村旅舍与套房公司（Country Inns and Suites）、雷迪逊旅馆公司（Radisson Hotels）等饭店集团以及星期五餐馆联号（Friday′s Hospitality）和雷迪逊七海游船公司（Radisson Seven Seas Cruises），从而建立起一个横向整合的纵向一体化旅游企业集团。其他的一些旅行社也程度不同地采用收购、兼并、联营、合资等方式建立起了纵向一体化旅游企业集团。

（三）旅行社产业巨头出现

自 20 世纪 90 年代以来，国际旅行社行业开始发生质的变化，从过去分散型行业向垄断型行业过渡，涌现出一批实力雄厚、市场占有率高、经营业务广泛的全球化旅行社巨头。在这些旅行社行业巨头中，有些是旅行社自身发展而成的，更多的则是其他行业的企业通过兼并、收购股份、合资、联营等方式建立的。除了美国的运通旅行集团以外，绝大多数旅行社企业集团为欧洲企业。

二、发达国家旅行社的经营战略

（一）产品战略

在产品战略方面，发达国家的旅行社主要采用以下两种战略。

1. 发展核心产品

发展核心产品是发达国家一些旅行社所采取的第一种产品战略。奉行这种产品战略的旅行社一般拥有比较成熟的市场，他们注重发展自己的核心产品。例如英国—澳大利亚合资的STA旅行社和丹麦的可尔罗（Kilroy）旅行社坚持发展青年和学生旅游产品，将其作为核心产品；法国的新边疆旅行社（Nouvelles Frontieres）则将探亲访友旅游（VFR）和远程旅行作为其核心产品。

2. 产品多样化

产品多样化是发达国家旅行社采用的第二种产品战略，其目的在于分散经营风险和提高经营效益。这些旅行社不仅经营商务旅行、休闲旅行等传统的旅行社产品，还经营诸如旅游住宿、旅游交通等产品。卡尔逊—韦根利特旅行社经营饭店和游船业务，汤姆森旅行集团经营旅游包机业务等，均是旅行社产品多样化战略的体现。

（二）营销与品牌战略

在营销与品牌战略方面，新兴的大型旅行社一般采用单一品牌战略或用于不同细分市场的系列品牌战略。

1. 单一品牌战略

尽管一些大型旅行社已经将其经营业务扩大到许多国家的市场，但是却坚持使用一个品牌进行营销活动，用同一个旅行社的名义在不同的国家销售其旅行产品。在这方面的突出代表是美国运通旅行社。该旅行社现在是世界上最大的旅行社，收购了瑞典奈曼—舒尔茨旅行社、托马斯·库克旅行社的商务旅行部门、啥瓦斯旅行社等国际知名旅行社，其旅行业务分支机构遍布世界各国。然而，除了在北欧地区使用其购买的奈曼—舒尔茨旅行社的品牌，在其他国家和地区一律使用美国运通旅行社的品牌。

2. 系列品牌战略

另外一些旅行社则在收购了其他的旅行社之后并不更换其名称，而是继续使用，以利用这些被收购的旅行社在当地客源市场上的影响和信誉吸引旅游者。例如，英国的航空旅行社（Airtour）除了使用自己的品牌经营外，还使用其他品牌进行营销活动，形成系列品牌（如保洁公司的产品）。

（三）分销战略

新兴一体化旅行社的分销系统正在发生明显的变化。发达国家的旅行社越来越多地放弃间接分销渠道战略，转而采取直接销售战略，以收购客源地的旅行社或与之合资的方式来建立自己的分销网络。这些旅行社利用分销网络进行定向销售以降低分销成本从而增加利润。美国运通旅行社、卡尔逊—韦根利特旅行社、汤姆森旅行集团等大型旅行社集团均在其客源地拥有上百家旅行代理商作为分销点，其中汤姆森旅行集团仅在英国的分销网络就拥有800个分销点。

（四）电子商务战略

20世纪90年代以来，全球分销系统（GDS）对旅行社行业的业务领域提出了强有力的挑战，将其业务范围逐步扩展到飞机票预订以外的旅行社产品领域，对传统的旅行社经营方式造成了很大冲击。面对着GDS咄咄逼人的气势，发达国家的旅行社已经充分意识到危机的来临，开始建立自己的世界性互联网站。它们利用旅行社在旅行业务方面的传统优势，结合新的互联网技术，形成自己的营销体系，以抗衡 GDS 的进攻。目前，这一战略已经初步显示出其效果。据美国旅行社协会（American Society of Travel Agents）的统计资料表明，1998 年只有 37%的旅行社建有自己的世界互联网站，而 1999 年这一数字已达到 49%。许多利用因特网从事交易活动的人们已转向旅行社订票。

三、发达国家旅行社的发展趋势

根据以上分析，可以看出，发达国家的旅行社行业的发展趋势将会具有以下特点：

（一）跨国经营将成为旅行社行业发展的重要趋势

旅行社尤其是商务旅行代理商的全球化发展趋势是引发当前发达国家旅行社行业所发生的各种重要变化的催化剂。向商务旅游者提供 24 小时全天候的服务已经成为经营商务旅游产品的旅行社必须具备的基本条件之一。

为了满足视时间为生命的商务旅行者在任何时间和任何地点都能够及时得到旅行社服务的需求，商务旅行社必须在商务旅游者可能到达的世界上任何地点随时准备为他们提供及时的服务。为了确保这一点，不少的旅行社纷纷采取在旅游客源地直接建立销售网络和在旅游目的地直接经营地面接待服务。于是，它们采取收购、兼并、合资、联营等方式在不同的国家和地区直接进行旅行社业务经营，而不再像过去那样，采取间接销售渠道战略，从客源地旅行社那里获得旅游客源，再将他们交给目的地的旅行社接待。由此可见，国界将不再是旅行社经营的天然边界，跨国经营将成为发展的重要趋势。

（二）旅行社行业将朝着集中化方向发展

自从问世以来，旅行社行业一直是一个典型的分散型行业，旅行社的数量虽很多，但是缺少能够对市场发挥重要影响的大型旅行社。然而，自从 20 世纪 90 年代以来，这种局面开始改变。一批跨国界经营的大型旅行社集团出现在欧美地区，成为旅行社行业举足轻重的大型、超大型企业集团，导致旅行社行业出现集中化的趋势，使旅行社行业由分散型行业转向集中型行业，甚至可能会在经过一段时间的兼并组合之后，成为寡头垄断行业。

（三）信息技术与互联网将给旅行社的经营方式带来一场深刻的革命

近年来蓬勃发展的信息技术和互联网已经显示了其强大的生命力和经营上的巨大优势，从而引起了旅行社行业的极大重视。旅行社将会扬弃其传统的经营方式，转而大量采用信息技术，通过互联网进行产品推介、网上咨询，提供旅游服务预订、旅游线路安排等服务，以便将其销售触角延伸到每一个潜在旅游者的家庭。这将是旅行社经营方式的一场深刻革命。可以预见，在未来的几年中，大型旅行社将会在互联网设施与营销方面加大投资，并通过在线销售迅速扩大市场，击败更多的中小企业，巩固和扩大自己的市场份额，最终建立全球性的旅行社企业集团。

第二节　中国旅行社发展趋势

一、旅行社行业水平分工体系向垂直分工体系演化

旅行社的分工体系是指不同类别的旅行社在各个市场区域和旅游产品流通环节中所扮演的角色及其相互之间的关系。它是行业政策法规、传统经济体制和现行市场机制综合作用的结果。目前世界范围内存在三种旅行社分工体系，即由市场经济体制的内生力量演进而成的垂直分工体系，政府行政管理部门主导下分割而成水平分工体系，以及由市场因素和政府主导共同作用而成的混合分工体系。一般来说，旅行社并不是单独采用一种分工体系，而是几种分工相互结合，各有兼顾。这种情况在欧美一些发达国家的旅行社业中表现得较为明显。它们采用的分工体系是，既存在以批发经营和零售代理为代表的，在实践上先后承接、具有互补关系的垂直分工，也存在批发经营和零售经营各自内部同一操作层次上，针对操作的不同特点进行的水平分工。

（一）水平分工向垂直分工转变的必要性

1. 水平分工体系下的弊端日渐显现

在一定时期，水平分工曾在我国旅行社的运营中，起到了积极作用。但是，随着发展，水平分工的弊端日益显现。水平分工体系下不同规模的旅行社之间没有明显的专业分工，呈现大而全、小而全的局面，不同规模资源各异的旅行社以相似的方式参与市场竞争，其职能重复，目标客户重复，产品雷同。大旅行社在与中小旅行社竞争的过程中，恶性价格竞争盛行，发挥不出资金、人才、规模的优势，无法实现规模经济。

与水平分工相比，垂直分工的优势主要表现在产品开发、营销和购买方面。由于旅游产品开发成本过高，所以只有规模较大的旅游批发商才有能力进行产品开发，而众多的代理商形成了广泛的销售网络，有利于节约旅游者搜寻信息、做出判断；而且大批量购买能够从供应商那里享受更多的折扣使产品成本降低。

2. 新国际形势要求旅行社提高竞争力

我国旅行社一直受到国家的保护，国际竞争力较弱。随着我国旅行社业的全面对外开放，国际竞争日益激烈，一直处于国家保护政策下的我国旅行社在很多方面处于劣势。在全球拥有客源销售网络、资金雄厚、服务和管理优良的海外旅行社一旦进入我国市场，就将以其强大的实力和经营上的灵活性，成为我国旅行社强有力的竞争对手。要在激烈的国际竞争中，处于不败之地，必须从对旅行社业的内部机制进行深入

改革，改变现行的分工体系。

（二）中国旅行社分工体系调整的目标模式

1. 大型旅行社集团化

大型旅行社所要解决的重心问题是规模经济问题。旅行社集团的构架可以承袭现行一些大社采用的总社和各热点地区分支社的形式，但总社和各分支社在人、财、物等资源上应是一体的，组织管理采用集团企业的管理方式。从微观角度讲，这种旅行社集团有利于真正发挥其在采购、预订、营销、资金、人才等方面的优势，有利于实现规模经营，获得规模经济；从宏观角度讲，这些有限的大型集团企业的存在可以引导和稳定市场，克服旅行社市场因过度分散和紊乱造成的问题。大型旅行社在实现集团化之后，其基本业务包括三方面，即产品（特别是适合大众旅游市场的标准化旅游产品）开发、市场开拓和旅游接待，而销售业务（这里仅指国内旅游和出境旅游）则主要由数量众多的中小旅行社代理。这些举足轻重的旅行社集团把全部资源集中于三块相互联系的旅游业务中，势必会提高自身和整个行业产品开发和市场开拓的力度，提高总体接待质量，同时还会因为避免了很多分散的重复劳动和相应的非规模竞争而减少资源耗费。

2. 中型旅行社专业化

大型旅行社在整个市场内通过重新组合实现集团化之后，市场上一些中等规模的旅行社（不排除一小部分小型旅行社）应相应调整其经营方向，避开其在经营标准化产品方面的比较劣势，实现差异化经营，以便最大限度地满足特定细分市场旅游者的需求。中型旅行社的专业化主要体现在所经营的产品上。与旅行社集团凭借自己实力通过经营标准化产品达到规模经济的指导思想不同，中型旅行社应针对某些细分市场，对某些产品进行深度开发，形成特色产品或特色服务。在我们的目标体系中，中等规模旅行社的专业化发展是一种必然的理性化选择：专业化经营集成本优势与产品专业化优势于一身，解决了这类旅行社因规模较小形不成规模经济、因而也难以直接与旅行社集团竞争的问题。而对行业来说，专业化的特色经营起到拾遗补缺的作用，中型旅行社的专业化开发会使旅游产品更加多样化，从而增强旅游产品的总体吸引力。

3. 小型旅行社通过代理实现网络化

旅行社集团如果完全凭借自己的力量实现广泛布点无疑会大幅度提高其经营成本，而且会加大控制难度和经营风险。现有众多小旅行社如果能够实现向代理社的转变，就可以避免原先“小而全”的建制和业务上面面俱到而又面面不到位的矛盾，使其彻底摆脱举步艰难的局面。与此同时，代理社代理销售旅行社集团和专业社的产品还可以让那些被代理的旅行社集中资源，专心致力于产品的开发、促销和旅游接待业务，进而达到通过这种专业化分工和更深层次的合作实现旅行社业规模经营的目标。

(1) 网络化实际上是由旅游需求的特点所决定。因为随着社会经济的发展和人们受教育水平的提高，旅游需求在我国也将日益普及，其结果是旅游需求可能在任何一个地方产生，为了便于消费者的需求和购买，旅行社营业的场所必须广泛设立于消费者便于购买的所有地方，即所谓的网络化布局。

（2）代理制与网络化的实现。我国旅行社的网络化可以借鉴国外的经验，与代理制联合起来，即通过代理制来实现网络化（这里的网络化还包括旅行社之间的业务联系这层含义）。代理制的实现要求将绝大多数的小旅行社改制为代理社，代理社不从事产品开发，也基本不拥有其他接待设施，其业务是专门从事旅游产品的代理销售，因为网络化的意义实际上等同于旅行社把销售触角伸向产生旅游需求的每个角落代理社可以只代理销售某一旅行社集团的产品，但更常规的做法是代理社根据自身和市场情况选择销售多个旅行社集团和专业旅行社的多种产品，这实际是一种超级市场式的销售方式，它便于旅游者的充分选择和购买。这样，除了在佣金和销售提成的制度下代理社本身具有较高的销售动力之外，还可以有效促进被代理社之间的竞争。

二、旅行社的集团化和国际化发展趋势

（一）旅行社的集团化发展趋势

1. 旅行社集团及其优势

旅行社集团是旅行社行业在市场经济条件下出现的一种新的经济组织形式。它是由旅行社及相关企业在自愿互利的基础上建立起的稳定的经济联合体。一般地，组建旅行社集团的主体是具有核心竞争力的大旅行社，在集团内部建立了横向或纵向的分工关系，且其与集团其他成员之间以资产为纽带建立了联系。

与单个企业相比，旅行社集团具有多方面的优势，主要表现在：

（1）有利于优势互补，优化资源配置。组建旅行社集团，可以打破部门和地区的界限，通过跨地区、跨部门的联合，把核心企业雄厚的资金、先进的管理经验和规范化的服务输入到集团内其他成员企业中去，形成优势互补，资源共享，产生“1+1＞2”的协同效应。在区域乃至全球范围内进行生产要素优化组合，使资源按照市场需求得到优化配置，同时也促进了旅行社组织机构和内部管理的科学化。

（2）有利于降低成本，实现规模效益。大型旅行社集团在经营中具有旅游产品开发、旅游服务采购、旅游市场拓展、旅游接待以及资金、信用、贷款、融资、人才和抵御风险等方面的优势，易于降低经营成本，减少资金投资风险，获得规模效益。

（3）有利于广泛销售，扩大市场占有率。旅行社集团尤其是跨地区的集团，可以打破地域限制，在产品营销时把“触角”伸向各个地区，适应大众化旅游和散客旅游的发展。同时扩大市场占有率，提高旅行社集团的知名度。

（4）有利于创立品牌，提高国际竞争力。旅行社集团发展形成了一批实力强劲的旅行社，它们采用统一的品牌、统一的服务质量和标准、统一的宣传促销，运用世界

各地的终端设备实行全球范围内的服务，从而提高集团和成员的知名度，以更强大的群体和综合功能参与国际竞争，使它们在国际市场中占有一定的份额。

2. 旅行社集团化的模式

(1) 行政组合模式。由于我国旅游市场不完善，而行政垄断力量又十分强大，因而在政府主导下组建旅行社集团是简便易行的。这种旅行社集团或者是依靠无偿划拨、委托经营等方式在短时间内实现国有大旅行社对其他旅行社的控股，经过改造组建以大旅行社为核心的旅行社集团；或者政府主管部门使用行政手段将一些体制落后、经营规模、经营范围、产品品种类似的旅行社组合成一种契约关系的联合体。由于我国长期处于计划经济制度下，旅行社所有制结构不合理、企业资本积累时间短、地方和行业割据严重，因此行政组合模式是适合我国多数旅行社集团组建的模式。当然，如果集团各成员的所有制方式、隶属关系、结算方式不变的话，则旅行社集团的优势难以体现。

(2) 资本运作模式。即作为核心的大旅行社在资本市场上，通过发行股票、兼并、收购、资产重组等资本经营手段实现规模扩张，建立以资产为纽带，由核心企业（母公司)、子公司、孙公司、关联公司组成的旅行社集团。资本经营可以使弱势资产以资产出售、股权置换方式退出经营市场，优化旅行社业的资源配置，实现网络化和规模化的双向发展，有力地推动旅行社集团化发展。

(3) 资产经营模式。即旅行社是通过旅行社自身积累，在各地建立分支机构，按照统一的经营理念、管理模式等来实现集团化的传统模式。但是，由于这种集团化发展模式速度慢，容易造成资金浪费、资产存量的结构失衡，且易受到地方保护主义的制约，所以是一种比较缓慢的集团化发展模式，对于我国目前资金、人力资源都比较有限的旅行社并不适用。

(4) 特许经营模式。是指一个商标、服务标志、商号或广告符号的所有者与希望在经营中使用这种标志的个人或团体之间的一种法律和商业关系。它或者是品牌或贸易名称特许经营，或者是经营模式特许经营，即特许者向受许者提供全方位的选址、培训、提供产品、营销策划和帮助融资服务。旅游企业借助特许经营实现规模扩张主要采用经营模式特许经营，或者品牌、经营模式二者结合，单纯使用品牌特许经营的较少。

旅行社集团化是社会化分工、专业化协作、网络连锁服务的必然走向；是市场竞争的必然结果。在各种集团化发展模式中，市场化取向的发展模式应当成为我国旅行社集团化发展的目标模式和最好选择。

3. 旅行社集团内的架构形式

(1) 以资产关系为纽带的紧密层与半紧密层联合型。进行紧密层的集团化建设，必须采用资产纽带吸收集团成员，实行资产、经营和管理一体化，以产权关系完成集团化，一些大型的旅行社可以依托自己的品牌、市场份额、资金优势进行投资购买兼并、授权特许经营、横向持股、收益转换等，达到扩大自己营销网络目的。

（2）松散联合型。即由一个实力雄厚、市场声誉良好，具有丰富经营管理经验的企业为龙头成立的旅游集团，它一般不具有企业的性质，集团本身无实质性的经营管理权力，主要是根据协议，在平等互利、自愿结合的基础上，在各成员企业之间互相介绍客源、管理经验和开展专业技术培训，统一服务标准等。参加集团的各成员不改变各自的领导体制和隶属关系。集团开展的活动实行有价补偿。这种松散性的经济联合形式可以为企业介绍客源，掌握市场发展和竞争趋势的主动权，为各成员企业树立声誉。这种集团形式，只是依据契约进行分工协作，集团成员之间没有血缘关系，核心企业的控制力缺乏产权基础，网络庞大而结构松散。

4. 我国旅行社集团化的发展历程

旅行社发展之初，一度以单个分散的企业进行经营，这在市场需求较小、竞争较弱时适合，但随着市场的变化，扩大规模形成旅行社集团是必要的。旅行社的集团化就是指单体旅行社组建旅行社集团，进行集团化经营的动态过程。我国旅行社集团化发展大致经历了三个阶段。

第一个阶段从 20 世纪 70 年代末到 90 年代初中期。这个时期是根据国家的产业政策而设立的一些旅行社集团，如 1989 年国家旅游局批准设立了国旅集团；其后，中旅集团和青旅集团也相继成立。

第二个阶段从 20 世纪 90 年代中后期到我国加入 WTO 以前。这个阶段我国进行现代企业制度改革，这对我国旅行社集团化改革增加了强大的政策扶持，中央和地方都出现了一些新的旅行社集团。如广之旅、上海春秋等。这个阶段也是旅行社集团化发展的徘徊期和探索期。

第三个阶段从加入 WTO 至今。这个阶段也是旅行社行业真正开始了集团化并且同世界接轨的时期。

5. 我国旅行社集团化存在的问题

（1）结构松散。目前，松散式的横向联合是我国旅行社集团的主流，虽然它能扩大和稳定客源市场，提高经济效益，但具有跨地区、跨行业、跨所有制，层次、多方位等管理的缺点，而且其集团内各企业所有性质、行政、财务隶属关系不变，没有人、财、物的制约，无法形成以资产纽带的利益共同体。这使旅行社集团潜伏着不稳定因素。

（2）规模经营意识不强。目前我国的旅行社集团在劳动力、生产资料、经济实力和经营能力等方面规模偏小，只有国旅、中旅、青旅、招商等为数不多的大型企业集团，但与国外的旅行社“航空母舰”相比，仍是“小巫见大巫”。这不利于我国旅行社业的健康发展。

（3）缺少战略管理的企业家队伍。现代化的企业运作，需要有与集团化发展相配套的企业家队伍，需懂得国际惯例、资本运作和现代企业管理的企业家队伍。由于历史等诸多原因，旅行社行业的从业人员整体素质偏低。许多旅行社集团的管理仍停留在生产管理、操作管理阶段，以经验管理为主，缺乏对旅行社集团的长远规划和实施运作能力。

（4）技术层面的支持以及计算机网络应用的缺乏。游客的流动所完成的旅游生产过程必须发展网络，网络化程度越高，服务功能就越强，这是国内外旅游集团发展的必然规律。当前的旅行社集团十分缺乏相应的技术和人才，使得外联管理、陪同管理、对外结算、财务管理、客户档案以及计调操作不能实现网络化和系统化。这样集中采购和大计调管理就缺少应有的实现条件。由于缺少全球分销系统和旅行社集团电脑网络化，使得集团公司操作成本上升。

6. 我国旅行社集团化发展的建议

2011 年，全国共有旅行社 23865 家，其中多属于中小型旅行社，接待能力有限、利润微薄、举步维艰。如何在激烈的竞争中立住脚，扭转亏负的局面，是目前我国大部分“小、散、落、差”的旅行社面临的问题。而只有走集团化的道路，兼并、联合、重组旅行社，扩大规模，加强地区间联系和合作，降低平均成本，才能提高旅行社在市场上的核心竞争力。

（1）建立现代企业制度。通过对所有权制度进行改革，使所有权和经营权分离，并进行资本重组，建立现代企业制度，为集团发展战略和基本框架的实现提供制度保障。

（2）注重专业人才的培养。加大对高层管理人员的培养，建立一支懂得国际惯例、现代企业管理和资本运作的企业家精英队伍。

（3）加大对旅行社电子商务的开发力度。使用电子商务将使得旅行社集团实现真正的集团化管理和控制。深化对电子商务的理解，搞好电子商务建设，把它置于企业发展的战略地位，将它与产品特点、市场需求状况及企业发展方向相结合。

（4）选择合适的旅行社集团化模式。随着旅行社市场全面开放，中国旅行社将面临更为成熟的竞争者和前所未有的挑战，有利于竞争和发展的集团化模式调整成为必然。前已有述，旅行社集团化模式有四种，行政组合模式、资本运作模式、资产经营模式和特许经营模式。针对我国国情，政府引导和推动仍然十分必要，所以行政组合模式可能是我国原有大型国有旅行社集团化的选择，但所占比例较小；资本运作模式是指有一个实力强大的具有投资中心功能的集团核心和有一定数量与母公司有资产联结关系的控股或全资子公司，以及参股经营的子公司共同组建，也是今后可能采取的主要模式。总之，在各种集团化发展模式中，市场化取向的发展模式应当成为我国旅行社集团化发展的目标模式和最好选择。

（二）旅行社国际化趋势

旅行社业的国际化是指旅行社顺应经济全球化的潮流，跨出国界开展旅游经营活动。旅游活动的国际化、资本流向的国际化使得世界各国的旅行社越来越相互依赖、紧密联系，旅游产品和旅游服务也越来越趋于标准化，跨国经营渐成潮流。

旅行社国际化包含了两层含义：一是旅行社通过派驻国外子公司或办事处等方式开发所在国客源市场，以从根本上解决国际客源不稳的问题；二是随着出境旅游市场的扩大，国内旅行社集团的经营业务由单一的接待经营型向组团经营型转化。很显然，没有实力强大、信誉好的大型旅行社集团，国际化目标是难以实现的。

1. 我国旅行社国际化趋势的必然性

（1）国际旅游业的发展为我国旅行社走向国际提供了广阔的市场空间。近年来，世界旅游业蓬勃发展，2010 全世界参加国际旅游的人次达 9.4 亿人次，国际旅游收入增长 5%，高达 9190 亿美元。2010 年全球约有 10 亿人出境旅游，带来了 1 万亿美元的出口收入。在国际旅游业蓬勃发展的大潮中，我国旅行社不仅可以按照国际旅游市场的需求，组织对旅游资源的开发和旅游产品的生产，而且对购买了某一旅游产品的游客按国际标准进行接待，提供国际化的服务。可以说，世界范围国际旅游的持续健康发展，为我国旅行社走向国际开展跨国经营提供了广阔的市场空间。

（2）中国公民出境旅游热的不断升温，为我国旅行社走向国际提供了契机。2001 年，中国公民出境人数为 1213.31 万人次，其中经旅行社组织出境旅游总人数为 369.53 万人次，到 2010 年，出境人数达到 5738.65 万人次，经旅行社组织出境旅游的总人数也攀升到 1663.88 万人次。作为亚洲第一大出境旅游客源国和世界上发展最快的出境旅游市场，国人脚步越走越远。中国公民出境旅游的迅猛发展为我国旅行社提供了新的市场，使得其可以通过输送游客出境和在旅游目的国设立旅游经营机构来开展旅游接待工作。这不仅可以减少我国出境游的外汇流失，而且拓展了我国旅行社的业务范围，从而为我国旅行社开展国际化经营提供了良好机遇。

（3）“入世”的巨大压力为我国旅行社开展国际化经营提供了强大的动力。2001 年 11 月，我国政府正式加入 WTO。2007 年，我国旅行社业将实行全面对外开放，国际竞争日益激烈，一直处于国家保护政策下的我国旅行社将面临严峻的挑战。随着在全球拥有客源销售网络、资金雄厚、服务和管理优良的大海外旅行社一旦进入我国市场，就将以其强大的实力和经营上的灵活性，成为我国旅行社强有力的竞争对手。一部分实力弱、竞争力差的旅行社便会受到严重冲击。而一些有一定实力的旅行社则会在强大的竞争对手压迫下迅速崛起，从而在更高的起点和更高的层次上参与国际竞争和合作。这是因为，在正常的情况下，较大的外部压迫力总是会促使企业做出更大的努力，更好地发挥自己的主观能动性，从而加速企业的成长。

2. 我国旅行社开展国际化经营的方式

我国旅行社开展国际化经营，可供选择的经营方式主要有三类：独资经营、合资经营和合作经营。现阶段，我国旅行社国际化经营尚处于起步探索阶段，开展国际经营经验不足，对他国的政策法律和经营环境不熟悉。因此，采用与外方合资形式可谓是明智之举。在合资经营的前期，由于缺乏经验，风险防范意识不强，且受中国传统管理文化的影响，造成资产严重损失。前车之覆，足为殷鉴。在今后选择合作伙伴过程中，要特别注意以下两点。

（1）依法合作，依法管理。在开展国际投资与合作，首先应有法律意识，处处按照国际惯例和法律法规进行合作，把利益建立在法律保护的范围内。其次，依据法律进行内部管理。除了应用外方先进经验外，我们还应该把依法管理的思想贯彻到企业的日常管理中来。

（2）在选择合作对象时，应选择知名度高的大旅行社。国外的旅行社由于批发与零售功能分工明确，有许多旅行社规模很小，甚至是“夫妻店”。要尽快打开市场，获得发展，我国旅行社最好选择有一定规模、实力的批发商作为合作伙伴，而不管合作方是华人还是外国人。

采取合资形式是我国旅行社进行国际化经营普遍采用的模式。但随着经验的逐步积累和增加，对外国环境逐步熟悉，经营方式可逐步向独资方式转变，摆脱中间商，增强竞争实力，以达到利润最大化。而合资经营势必存在利润分成问题。因此独资是我国旅行社国际化经营走向成熟阶段应广泛采取的模式。

三、旅行社信息技术化趋势

（一）信息技术在旅行社中应用的阶段划分

信息技术在旅行社中的应用大体上可以分为四个阶段。

第一阶段，信息技术主要应用于企业内部管理，尤其是规模较大企业的内部管理。旅行社可利用因特网建立内部管理信息系统，建立统一的顾客档案库，以便旅行社所属各分社或营业点掌握即时的销售状况，做到信息资源共享；建立财务管理系统，更好控制所属各营业点的营业收入；建立网上培训课程，供分散在各地工作的员工随时随地学习；建立导游员和各类人员的资料库，以便为内部员工提供定制化服务等。内部网络可使旅行社内部管理信息畅通，管理透明度加大，这必然使经营管理水平提高。如日本交通公社1980年建立的“旅行Ⅲ型”系统。该系统不仅具备咨询和预订功能，而且还具有服务管理、人员管理、工资管理、自动平衡各种旅游路线的客流量和旅游者统计分析等十多种功能，同时还可将经营状况进行综合或单项分析，对市场动向进行预测。

第二阶段，面对广大的国内市场，大规模旅行社的理想状态是在全国范围内广泛布点，各营业点之间的信息沟通应该通过一个高效的信息系统来完成。管理信息系统的构建与应用是旅行社提高经营管理水平、提高办事效率、进行科学管理的必经之路。在国际互联网环境下，企业内部网技术的成熟为布点分散的企业的管理信息系统的建立提供了技术保障。

第三阶段，信息技术主要应用于旅行社企业外部网的建设。旅行社的产品是住宿、交通、景点等单项旅游产品的组合。与合作单位之间建立外部网联系，可以加强企业之间的战略合作，及时互通信息，以应对千变万化的市场需求。旅行社通过信息网络进行产品预订和结账的规范化操作，可以防止由于人为因素造成的信息错误和不良债务的发生。

第四阶段，信息技术的应用主要表现为旅行社应用互联网和通信技术整合营销系统，加强市场信息收集、促销、分销与客户关系管理工作等。这一阶段的应用成果对旅行社来说意义尤为重大。

（二）信息技术在我国旅行社中的应用现状

中国国际旅行社总社是我国最早涉足信息技术应用的旅行社企业。国旅总社有自己的计算机中心，总社还通过与澳大利亚的 JETSET 联网运营加入了全球预订系统(GDS)。国旅总社的计算机中心主要在对外招徕和内部管理等方面发挥作用。

1994 年，在国内大多数企业的电脑还仅仅派打字用场时，上海春秋国际旅行社就研发了春秋广域网软件，直接建立电脑终端联网，并且不断降低门槛，吸收全国近 100 个城市的近 400 家春秋以外的旅行社与之联网，代理春秋的产品。网点的铺设，使得春秋的辐射力也越来越广。以上海地区为例，周边 200 千米以内，都能做到电话预订后免费送票上门。网络成员运用规模优势，抓住日渐扩大的散客旅游市场，真正促动了旅游消费市场的形成。

中国青年旅行社总社改制后的特征是“高科技”旗帜鲜明。中青旅的青旅在线网站成功地建成了旅行社“B-to-C”的电子商务平台，在一段时期内吸引了一部分高端市场的注意。除此之外，国内绝大多数旅行社受到 20 世纪 90 年代中期“互联网热”的冲击。一部分具有一定规模的旅行社纷纷“上网”建立企业网站或主页，追赶网络大潮。但是，这些主页的主要作用体现在宣传促销方面，网上销售等电子商务活动并未成为旅行社网站或网页的主要功能。通过互联网进行宣传与信息沟通只是信息技术的初级应用，我国大多数旅行社尚处在信息技术应用的起步阶段。另外。在旅行社内部管理中越来越多的旅行社运用现代信息技术。其范围主要有旅游团预订及流量的综合平衡、旅游团的计划安排、旅游团费用结算、旅行社内部财务管理、各种数据的查询、统计分析、客房、车辆、导游人员的科学调度、办公室自动化等。

（三）我国旅行社应用信息技术现存问题

如果单从应用范围来看，我国旅行社同世界旅行社之间，在信息技术方面差距并

不十分明显。但事实上，这种差距的确存在，而且悬殊。主要表现为：①我国旅行社信息技术普及程度低，目前只有为数不多的旅行社采用信息技术；②旅行社与饭店业、交通运输业等相关部门和旅行社之间的联网系统尚不发达；③旅行社与世界上影响巨大的计算机系统缺乏足够联系，联网工作也只是刚刚起步。

（四）旅行社信息化趋势

旅行社信息化是以旅行社为主题，以现代信息技术为基础，以信息为战略资源，以人力资源及相应的组织模式为内容，大幅度提高旅行社服务能力，以增强旅行社的竞争力，更好地满足旅游者的需要。简言之，旅行社信息化就是指信息革命对旅行社的影响迅速扩大的现象。

1. 逐步全面信息化

信息技术的应用对于中国的旅行社来说是一次提升行业总体竞争能力的机遇。管理信息系统的构建与应用是旅行社提高经营管理水平、提高办事效率、进行科学管理的必经之路。面对广大的国内市场，大规模旅行社的理想状态是在全国范围内广泛布点，各营业点之间的信息沟通应该通过一个高效的信息系统来完成。旅行社的产品是住宿、交通、景点等单项旅游产品的组合。与合作单位之间建立外部网联系，可以加强企业之间的战略合作，及时互通信息，以应对千变万化的市场需求。另外，信息技术的应用主要表现为旅行社应用互联网和通信技术整合营销系统，加强市场信息收集、促销、分销与客户关系管理工作等。

根据信息技术在其他行业的应用情况和旅行社业的自身发展趋势可以预见，信息技术未来在中国旅行社中的应用将会呈现一个内部管理—外部网建设—互联网建设的过程。

2. 促进行业结构的调整

大社可以借助成本优势完成网络化布局，实现经营网络和信息网络的结合，从而可以提高运营效率、降低单位成本；小社没有能力单独建立信息系统，最终只能走上依附大社、成为大社网络成员的道路。

四、旅行社经营品牌化趋势

（一）品牌及品牌化的优势

品牌是指用以识别旅行社所提供产品的名称、术语、标记、符号、图案或他们的组合。当一个品牌在工商部门注册，就成了旅游产品商标。品牌是区分产品的外在标志。品牌运作不仅能帮助企业促进产品销售，扩大市场份额，还有利于保护消费者的利益，优化企业管理方式，激发员工创新意识，在激烈的市场竞争中起到高屋建瓴的作用。

1. 品牌能反映旅游产品的差异化，增加产品附加值

品牌是提高经济效益、强化旅游产品差异化、增加产品附加值的有力手段。旅行

社一旦拥有强势品牌，旅游者对产品的认知度，就可以大幅度提高，企业因而赢得市场的竞争优势。“附加值”通常是指附加在劳动对象上的价值。产品与品牌的主要区别在于“附加值”。品牌提高旅游产品的附加值，主要表现在如下几个方面：①优势品牌，往往可以既满足购买者的物质需求，又可以满足其精神需求。即旅游者购买的不仅是实质的旅游产品，更重要的是其获得了产品以外的心理满足。②成功的品牌往往对目标市场具有感召力。即优势品牌可以加快拥有此品牌的旅游产品的客源市场的形成。③品牌是旅行社的无形资产。

2. 品牌有利于扩大旅行社影响、提高竞争力

旅行社一旦拥有强势品牌，有利于扩大影响力，提高旅游者的认知度，旅行社因而获得了自己独特的客源和市场。我国一些有实力的旅行社进军海外开拓国际旅游市场已是大势所趋，势在必行。此外，国际旅游市场的一体化使那些仅限于国内经营的旅行社同样受到本土之外旅行社的竞争，其实质同旅行社经营的国际化并无二致。而旅行社开展国际化经营，最需要的是品牌。品牌不仅是旅行社形象的集中体现，更是我国旅游产业形象的浓缩和标志。面对国际知名旅游品牌的挑战，如果我国没有强势的旅游品牌，我国旅行社只能“一败涂地”。

3. 品牌的树立能减少旅游者购买风险

令人眼花瞭乱的广告，使旅游者举棋不定，难以决断。而品牌则可以减少旅游者购买的风险。优秀的品牌可以使顾客一闻其名就联想到其提供的温馨暖人的优质服务，并对旅行社产生长期的信任。所以，优秀旅游品牌，本质上是一种信用，是对消费者的承诺。以至于有的人称“品牌是旅行社与顾客关系的黏合剂”、“品牌是旅游消费者购买风险的减速器”。

（二）旅行社品牌发展存在的问题

在许多国际知名品牌已进入国际化的当今世界，我国旅行社行业由于诸多因素的影响还未真正踏上品牌管理之路。其表现有以下几点：

1. 品牌意识欠缺

意识决定今后发展方向。品牌意识则决定着旅行社今后的前进方向和发展前景。而国内的众多旅行社根本没有一种长远目标，只是将目标放在短期利益上，对品牌或者忽略，或者根本就没有意识到品牌对于企业的重要性。即使一些已基本具备现代营销理念的大中型旅行社则在残酷的甚至于“不理性”的市场竞争中疲于应付，在眼前利益与长远目标的矛盾中沉浮，对品牌的树立根本无暇顾及。

2. 品牌管理缺乏科学性与长远性

由于历史原因的影响，我国旅行社经营的地域性强，市场划分带有浓厚的区域色彩。加之，曾经出现过的承包、挂靠等现象，严重损坏了旅行社品牌形象。但在无奈的市场选择与低档次的竞争当中，相当多的旅行社企业还是选择了它，一方面是整个

行业对于旅行社的功利性的赢利要求，另一方面是整体旅行社对于科学的品牌规划的认识不足或是操作困境，使得我国旅行社在品牌管理的道路上举步维艰。

3. 品牌缺乏定位

很多旅行社仍然停留在各种客源"通吃"的阶段。缺乏对整个旅游大环境的把握，未对旅游客源市场进行明确的细分、有针对性的专业经营十分少。往往是泛用、滥用一个标准，进行铺天盖地的"眉毛胡子一把抓"式的经营。结果不仅浪费资源，而且会让顾客对品牌特征感到迷惑。成功的品牌无一不是得益于清晰的定位。

（三）*产品品牌化的战略要点*

旅游产品的品牌是最为关键、最强劲的竞争力。品牌化是旅行社业发展的一个大趋势。

1. 经营者转变经营观念，树立品牌意识

对旅行社来说，当务之急是强化品牌意识，努力把旅游产品优势转化为品牌优势，使品质卓越的旅游产品脱颖而出。客源市场已步入竞争性增长的时代，我国旅行社必须推出自己的品牌，在争夺旅游市场份额战斗中争取胜利。

2. 品牌的联合、扩张连锁经营

"散、小、弱、差"是中国中小旅行社的弱点，近年来许多中小旅行社意识到这一弱点走上了联合经营的道路，若干家旅行社联合起来共同经营一个品牌，例如扬州不同的旅行社相互联合组成"天天游""轻松假期""走四方"联盟，多家社共推一个品牌，多家报名，联合发团，利益共享，形成多赢局面。其次大旅行社可以采用兼并小型旅行社、向其他地区开设分社、特许加盟经营等形式形成品牌旗舰店，走品牌连锁道路，扩大品牌销售网络。

3. 设计有创意的品牌标识、口号、宣言

有创意的标识是品牌成功的一半，好的品牌设计让人明白易懂、容易记忆、增强产品的吸引力、亲和力、缩短与顾客的距离。另外经典的宣传口号也能让人倍感亲切，例如广之旅——无限风光带给您，游遍天下——旅游以人为本，悦人、悦己。台湾加利利旅游——"款款深情、用心同行"等。

4. 标准化操作、保证品质如一

所有产品应有标准的操作规范，如线路、价格、住宿、餐饮、车辆、购物等都有明确标准，员工严格按标准执行，任何人不可擅自改变接待标准以保证品质的始终如一，维护品牌良好形象。当然旅游产品是无形产品，不可能像肯德基那样标准化，有许多不可抗拒力因素在内，这也要求导游、计调人员等灵活操作，将变化减小到最低，减少客人抱怨。

以质量为基础创旅游品牌。质量和品牌是紧密相连的，品牌的竞争力源于高质量。世界驰名旅游品牌成功背后的一个共同特征就是对质量的孜孜追求。某一旅游品牌诞生后，如果其产品质量下降，所产生的直接后果就是旅游消费者信任的丧失，随之该品牌的竞争力将江河日下。因此，没有过硬的质量就试图树强势旅游品牌，无异于沙滩上建楼阁。

5. 做好售后服务，让顾客满意

旅游产品和一般商品一样售出后也要做好售后服务，例如及时反馈客人的投诉；做到每团必访，征询顾客对整个行程的建议意见以便更好地改进；做好客户档案，在重要纪念日向顾客邮寄印有公司品牌标识的贺卡或纪念物，定期邮寄公司最新产品宣传材料等，这一切都是为了能在客人心中树立品牌形象，赢得回头客。

6. 建立产品品牌网站、实施网络营销

互联网能够让顾客全面、具体、快速、便捷地了解旅行社的产品，同时精美的网页也更能展示企业的形象。目前我国许多中大型旅行社都注重了企业网站的建设，专门的品牌产品网站却不多，而随着品牌的深入人心，顾客更容易记住的是产品的品牌而不是某某旅行社。因此我们应有产品品牌的专门网站或者通过品牌的中文实名搜索可以直接链接到其企业网站。对于多家旅行社联合推出的品牌更应有自己的网站。

7. 实施创品牌与上规模联动的名牌战略

规模是旅游品牌创名夺优的支柱。某一品牌的旅游产品，不管其如何有特色，质量如何好，但如果规模扩展不开，不能有效地辐射市场，便不能为广大旅游消费者所熟悉，要成为知名品牌就力不从心。由于历史原因，我国中小型旅行社占绝对多数，市场集中度和品牌首位度都很低，这严重影响了我国旅游品牌形象的树立和市场的进一步开拓。因此，我国旅行社当前的头等大事是扩大规模，即以实力较强和自有品牌的旅行社为龙头，通过股份制、连锁、兼并等形式组建大型企业集团，以此推动强势品牌的发展。否则，在国际上树立中国旅游品牌形象，推出属于中国的世界级旅游名牌，将永远只是个遥远的梦想。

综上所述，旅行社创品牌与上规模是相辅相成、相得益彰的。我国旅行社要有创品牌与上规模联动的战略眼光，努力实现资产在品牌旗帜下的集中、优化、扩张，从而形成大品牌与大企业之间互相影响、互相渗透、共同发展的良性循环。只有这样，才能既发挥品牌效应，又取得规模效益，迅速提高我国的国际旅游竞争力。

第三节　旅行社竞争发展战略管理

一、竞争战略制订和实施

在选择旅行社战略时，在每个不同的阶段都有许多战略方案可供选择，下面简单介绍几种典型的竞争战略和增长战略类型。旅行社应根据其所处的具体环境，着手制订竞争战略。旅行社的竞争战略主要分为总成本领先战略、产品差异化战略和目标集中化战略三种基本的战略类型。

（一）总成本领先战略

总成本领先战略是指为达到基本目标而采取的一系列有效政策，从而达到在行业内的全面成本领导地位。它是许多旅行社采用的经营战略，它以较低的经营成本与其他旅行社展开竞争，并取得竞争优势。实行总成本领先战略的旅行社，把成本最低作为目标，使其产品保持低水平的优势。它们一般不重视不同的细分市场，而把大众市场作为目标市场。尽管这类旅行社所提供的产品无法使全部旅游者感到十分满意，但是其产品的低价格使其产品通常能够成为旅游者的选择目标。

1. 总成本领先战略的优点

（1）由于其产品成本较低，成本领先的旅行社能够将其产品的价格定得低于其竞争对手，并能获得与其他旅行社一样水平的利润。如果行业内所有旅行社产品价格相差无几，则成本领先的旅行社能够由于成本低而得到比竞争对手更多的利润。

（2）如果旅行社之间爆发了价格战，成本领先的旅行社会由于成本较低而比其竞争对手更能够经受住这种价格竞争的冲击。

（3）当旅游服务供应部门提高供应价格时，旅行社具有较强的承受能力。由于总成本领先使得旅行社一般拥有较大的市场份额，所以采购量比较大，增强了旅行社同供应部门讨价还价的能力。

（4）成本优势为旅行社构建了一道产业进入壁垒，只要成本领先的旅行社能够保持其成本优势，便能够有效地组织和遏制部分旅行社行业外的企业或部门进入本行业与成本领先的旅行社开展竞争。

2. 总成本领先战略的缺点

（1）竞争对手能够轻而易举地模仿成本领先旅行社的方法进行经营，或设法以更低的成本进行经营，并以此来击败成本领先的旅行社。

（2）有些旅行社只关心如何降低成本，却忽视旅游者兴趣的变化，造成其产品不再适应旅游市场的需要而丧失客源市场。

（3）某些片面追求低成本的旅行社以牺牲产品质量为代价来降低产品的成本，结果造成买者的不满，并导致旅游者转向其竞争对手。

（二）产品差异化战略

产品差异化战略是旅行社能够采用的第二种基本战略。这种战略的基本目标是通过创造一种在某个重要方面被旅游者认为具有独特性的产品来获得竞争优势。奉行产品差异化战略的旅行社选择高度的产品差异化，将旅游客源市场细分成许多小市场，经常推出专门为每个细分市场设计的产品，设法满足全部或大部分细分市场的需要。旅行社以其竞争对手无法做到的方式满足旅游者的某种特殊需要，从而在激烈的市场竞争中站稳脚跟，击败竞争对手，并获得超过平均水平的投资回报。奉行产品差异化战略的旅行社通过产品市场独特性的决策来补充和加强产品在消费者心目中的价值，从而建立起一种竞争优势。当某种产品在顾客眼中独一无二时，差异化战略便可以使得旅行社为这一产品订一个较高的价格。

1. 产品差异化战略的优点

（1）培养旅游者对旅行社产品的忠诚。旅行社通过向旅游者提供能够满足其某种特殊需要的产品，逐步培养旅游者对旅行社产品的忠诚。旅游者一旦喜欢某个旅行社的产品，便会经常光顾该旅行社，并会向他的朋友推荐这家旅行社的产品，从而为该旅行社带来一批稳定的客源。

（2）有利于旅行社的采购。一方面，奉行产品差异化战略的旅行社拥有旅游者对其产品的忠诚，旅游者愿意为得到它的产品而支付较高的价格。所以，当旅游供应部门提高其服务产品价格时，旅行社能够较容易地将上涨的价格转嫁给旅游者从而减轻旅行社所承受的经济压力。另一方面，许多特殊旅游服务产品只能供给经营这些旅游产品的旅行社，对旅行社的依赖性很大，难以用高价格或将产品转手其他旅行社的方法对旅行社的采购业务构成严重威胁。

（3）有利于加强旅行社的产品销售能力。由于这些旅行社能够向具有某种特殊需要的旅游者提供他们所需要的旅游产品，所以旅游者或旅游客源地的旅游经营商、旅游代理商等旅游产品的购买者在实行产品差异化战略的旅行社面前难以形成强有力的讨价还价地位，一般只能接受旅行社提出的产品售价。

（4）有助于构筑行业进入壁垒。奉行产品差异化战略的旅行社凭借它们的特殊旅游产品和旅游者对其产品的忠诚给那些欲进入本行业的潜在竞争对手构筑了一道迷人壁垒。新的旅行社为了能够同现有的旅行社竞争，必须开发出独具特色的旅游产品并树立起本旅行社的独特形象。然而，开发新产品和树立旅行社形象需要花费大量的资金和时间，对于刚刚建立起来的旅行社来说，这样的代价很高，有时甚至是无法做到的。所以，这种进入壁垒往往能够吓退许多潜在的竞争对手进入旅行社行业，对现有的旅行社形成保护。

2. 产品差异化战略的缺点

（1）产品的差异化优势难以长期维持。由于旅行社的产品主要是由各种分散的旅游服务项目组装或拼装而成，其中的技术含量比较低，容易模仿，所以当一种较有新意的旅游产品推向市场之后其他旅行社能够在较短的时间内模仿出同样的产品与之竞争，从而打破首次推出这种产品的旅行社在旅游市场上享有的独占地位。

（2）旅行社难以长期使旅游者对产品保持忠诚。通过各种媒体的宣传介绍，旅游者对旅游市场和旅游产品的了解日益加深，消费意识日趋成熟。这样，不少的旅游者不再像过去那样依赖于知名旅行社和名牌产品。另外，随着旅行社产品总体质量的上

升，各家旅行产品的质量差异逐渐缩小，旅游者在购买旅游产品时的选择范围扩大，导致旅游者对某个特定旅行社产品的忠诚程度降低。只要价格合适，而且产品的特色表达适当，旅游者就会转向同类的其他产品，使得奉行总成本领先战略的旅行社相对于奉行产品差异化战略的旅行社具有更为明显的竞争优势。

(3) 旅游者的兴趣和需求的改变影响产品差异化战略的成功。由于旅游者的兴趣或需求在不断地发生变化，所以奉行产品差异化战略的旅行社推出的产品可能在经过一段时间后便不再对旅游者有较大的吸引力了。

(4) 经营成本高。奉行产品差异化战略的旅行社必须不断地开发具有特色的新产品以保持产品的差异化优势。同时，他们把整个旅游市场分成许多细分市场，并设法为每一个细分市场或多数细分市场提供适应该市场特色的产品。结果，旅行社要在市场开发和产品设计方面投入大量的人力和财力资源，造成旅行社经营成本的增加。

(三) 目标集中化战略

目标集中化战略同前两种基本经营战略的主要区别在于，奉行这种战略的旅行社通常指向某个或少数几个旅游细分市场提供适应该市场需求的旅游产品。目标集中化战略是旅行社根据旅游者所处的地理位置、年龄阶段、收入状况、文化传统等因素将旅游客源市场化分为若干细分市场，并根据旅行社的自身条件选择一个或几个细分市场作为服务对象。例如，有的旅行社专门做澳大利亚市场来华旅游业务，有的旅行社专门经营老年旅游业务等，都是按照目标集中化战略开展经营活动的。采用目标集中化战略的多为经营实力较弱的中小型旅行社。

1. 目标集中化战略的优点

(1) 有利于加强旅行社的竞争优势。通过向旅游者提供其竞争对手无法提供的产品，旅行社能够避免或减轻来自其他旅行社抢夺其市场份额的威胁，并提高在行业中的竞争优势。

(2) 有利于产品的销售。由于旅游者难以从其他旅行社获得同样的产品必然向专营这类产品的旅行社购买，所以奉行目标集中化战略的旅行社经常处于卖方市场，这种状况有利于旅行社开展产品销售业务并获得较高的利润。

(3) 有利于调整产品结构。奉行目标集中化战略的旅行社所选择的细分市场较少且比较专一，容易与之保持密切联系并能够及时对他们变化的需求做出反应。对于旅行社来说，这是一个重要的优势，因为它能够使旅行社随时根据变化了的市场来调整自己的产品结构，使产品适应市场的需要，保持和扩大旅行社在旅游市场中占有的份额。

(4) 有利于建立旅游者对旅行社及其产品的忠诚程度。由于旅行社以某个或几个细分市场作为目标市场，能够集中精力对他们的需求和特征进行耐心细致的调查研究，摸索出一套产品开发设计、产品市场营销、旅游接待、旅游服务采购等方面的经验，所以能够更好地为这些旅游者提供高质量服务，从而保证了一定的客源。

(5) 有利于与潜在竞争对手展开竞争。旅游者对现有目标集中化旅行社及其产品的忠诚为旅行社潜在的竞争对手进入本行业构筑了进入壁垒。这种进入壁垒将许多潜在竞争对手挡在旅行社行业之外，对旅行社形成保护。

2. 目标集中化战略的缺点

(1) 营业成本高。目标集中化旅行社多为中小型旅行社，所采购的旅游服务产品的批量小、独特性强，使得旅行社对旅游服务供应部门的依赖性较大，难以像总成本领先型旅行社那样透过大批量的采购获得价格的优惠，从而造成旅行社的营业成本较高。

(2) 缺乏灵活性。奉行目标集中化战略的旅行社把它的目标市场确定在一个或少数几个细分市场，并把它的资源和力量集中投入于这些细分市场。当这些市场的旅游者改变他们的旅游消费方式，对现有的旅游产品不再感兴趣，并造成这些市场的萎缩或消失时，目标集中的旅行社往往难以在较短时间内转入新的市场，从而导致其在旅游市场上的份额减少或消失。一旦这种情况发生，常会给旅行社的经营造成严重的损失，甚至迫使旅行社退出这个行业。

(3) 易受竞争对手的威胁。一方面，产品差异化战略的旅行社可以通过向目标集中化旅行社的目标市场提供能够满足该市场上旅游者需求的产品而同目标集中化旅行社争夺市场；另一方面，总成本领先型旅行社也能够以提供低价产品的方式同目标集中化旅行社展开竞争。因此，目标集中化旅行社必须时刻警惕，采取各种手段保护其固有市场。

以上是旅行社在经营中能够采用的几种基本战略。旅行社的管理者应该根据旅行社自身的条件及其所处的经营环境，选择一种最适当的战略，用以指导旅行社的各种经营活动，使其能够在激烈的旅游市场竞争中获得生存并不断地发展壮大。

二、发展战略制订和实施

在旅行社进行经营取得一定效果之后，必然考虑进一步的增长问题或业务发展问题，也就必然涉及增长战略的问题。根据旅行社的特点。旅行社新业务发展的战略主要有密集型、一体化、多元化三种。

(一) 密集型发展战略

密集型发展战略是在原有产品与客源市场的框架内，来考虑旅行社战略经营单位的发展问题。密集型发展战略可以通过市场深入、市场开发和产品开发的形式来实现。

1. 市场深入

市场深入是指不改变旅游产品的形式和客源市场的类型，而在现有客源市场上，通过扩大现有旅游产品的市场占有率来实现其发展目标。其主要措施是促使现有客人增加旅游天数或提高重游率，争取竞争对手的客源市场，吸引新的旅游者，特别是潜

在旅游需求者购买旅游产品。

2. 市场开发

市场开发是指不改变现有的旅游产品形式，而将现有的旅游产品推向新的客源市场，其主要措施是在现有客源市场区域内发展新的细分市场，或者是开发新的客源市场。

3. 产品开发

产品开发是指不改变现有的客源市场，而向现有的客源市场提供新的产品或经过改进的产品。

执行集中于单一产品或服务的增长战略面临着一种主要的风险，即如果旅行社针对的产品或服务的市场萎缩，旅行社就会遇到困境。今天市场上的旅行社大多数都实行这种战略。

（二）一体化发展战略

如果旅行社战略经营单位所在的基本行业具有良好的发展前景，特别是当各式的联合合并可以使旅游产品产、供、销的一体化经营取得更好的效益时，旅行社就可以采用一体化的发展战略。旅行社战略经营单位一体化的发展战略，主要有横向一体化、纵向一体化和混合一体化三种不同的形式。

1. 横向一体化

横向一体化，又称为水平一体化，是旅行社通过争取对同类型旅行社的所有权或业务控制权，或者通过某种形式的经营联合实现的。旅行社的网络化经营是水平一体化最常见的一种形式。旅行社采取水平一体化不仅可以扩大服务规模与市场规模，增强经营实力和讨价还价能力，同时还可以降低或转移一般的经营风险，避免与实力相当的旅行社竞争，变竞争对手为合作伙伴，相互取长补短，共同利用市场经营机会，从而减少了竞争对手的数量，节约了市场竞争费用，增加了市场竞争力。

2. 纵向一体化

纵向一体化是把旅游交易链上食、住、行、游、购、娱等有前后关系的旅游业务环节结合起来，进行整体经营和管理的一种成长战略，其主要向前后两个方向扩展旅行社目前业务。后向一体化是通过收购、兼并旅游饭店、旅游车队、旅游景点、旅游餐馆和各种娱乐场所等，拥有或控制旅游产品要素的供应系统，形成旅游产品的供产一体化。适于发展后向一体化的条件是旅行社经营的上链赢利水平高，发展空间与时机较好，通过后向一体化可以减少旅行社在服务质量、经营成本方面受制于旅游供应商的危险，使交易成本降低，使旅行社更好地控制其旅游产品要素的成本、数量和质量。前向一体化是旅行社谋求对旅游产品的销售网络的控制，是通过收购或兼并旅游客源地的旅游零售商、中间商等形式来实现的。前向一体化是通过其产品向旅游客源地延伸，以增加销售力量来求发展。

3. 混合一体化

在现实中，大多数旅行社的增长战略同时采用了横向一体化和纵向一体化，即混合一体化。这种战略可以发挥以上两种战略的优势，并超越它们某些方面的劣势，但是由于这种旅行社面临着专业化和多元化两方面的要求，容易导致资源分散，造成规模不景气。如2001年年末，天津市方舟旅行社有限公司与黄山市屯溪区政府签下了标的为1亿元的黄山市屯溪老街与新安江城区中心段的经营权转让合同，年限为30年，此举在全国尚属首例。购买新安江、屯溪城区中心段景区后，方舟旅行社将在江上进行独家经营，再现当年的“秦淮风光”。负责人称：购买景区是旅行社从传统单一的中介性质的产业化发展的一个行为，是应对入世后外资旅行社进入的一大法宝，对于中型旅行社来说，不失为明智之举。

（三）多元化发展战略

当旅行社的各种战略经营单位在原有的市场经营领域无法发展时，或者有的市场规模领域赢利水平大幅度降低时，或者当原有的市场经营领域之外具有较好的市场机会时，旅行社便可采取多元化发展战略。

旅行社的多元化发展战略具有同心多元化、水平多元化和综合多元化三种形式。

1. 同心多元化

同心多元化是指旅行社对新市场、新顾客以原有的技术、特长和经验为基础，开发与原产品服务技术相似但用途不相同的服务产品。例如，旅行社经营票务代理、信息传播、对外翻译服务和咨询服务等业务。由于同心多元化是从同一团心逐渐向外扩展其经营范围，因此没有脱离原来的经营主线，经营风险较小，有利于旅行社发挥资源优势。

2. 水平多元化

水平多元化是旅行社针对现有的市场和现有顾客，采用不同的专业技术增加新业务。例如，旅行社可经营餐馆、饭店、旅游车队、商场和娱乐场所等。

3. 综合多元化

综合多元化是旅行社以新的业务进入新的市场。新业务与现有的旅行社技术和市场没有任何关系。例如，旅行社经营出租汽车业、房地产业务等。但是我们要看到的是，多元化总体来说分为两大类：相关多元化和不相关多元化。与后者相比，前者更有利于旅行社将其原有的竞争优势扩展到新的行业中去，因此比较容易成功，而且资源收益率也比较高。

旅行社行业中多元化战略实施较为成功的典型是中青旅。根据对行业政策走向和竞争形势的判断，以及对自身资源优势的分析，早在2001年8月，中青旅就将发展战略调整为“以资本运营为核心，以高科技为动力，构建以旅游为支柱的控股型现代企业”。公司的主要投资除在旅行社行业之外，还包括中青旅电子商务有限公司、中青旅

苏州太湖国家旅游度假区发展有限公司、浙江中青旅投资置业有限公司、桂林创格投资有限公司、中青旅旅游服务分公司，中青旅侣松园宾馆、中青旅汽车维修服务分公司、中青旅尚洋电子有限公司、中青旅创格科技有限公司、北京科技风险投资有限公司。在2002年，中青旅还以中青旅电信公司的形式进军CDMA市场，这些投资既包括相关多元化的领域，也包括不相关多元化的领域。

三、新世纪中国旅行社经营管理策略

（一）树立全球化视角的战略规定

在旅游产业发展和旅游企业成长的不同阶段，管理的重心是不同的。在发展和成长初期，管理者只需做好内部服务和功能层面的管理，如接待服务、质量控制、财务计划、组织激励等相对于企业的长远规划，这些管理工作还是属于策略的范畴就算合格了。

但是在旅行社业的市场环境和制度环境快速变化的今天，旅行社的管理者必须考虑超越现在和企业之外的问题：客源市场的消费模式是否变动？政府的产业政策对我是否有利？替代型和互补型的厂商的发展战略和市场策略是什么？两年以后、五年以后甚至更长时期以后我的企业的发展目标是什么？还需要什么资源等。对上述问题的思考和解答将导致中国旅行社管理的重心从“策略”到“战略”的转移。策略层面的管理行为正在成为常识和常规，而战略层面的管理行为则成为“企业家”和“管理工作者”的分水岭。没有战略层面的管理，中国的旅行社也可能有一时的红火，但是不能保证其长期稳定的成长，也不能保证其人力资源、营销网络等成长纬度的良性运作。

旅行社市场环境和制度环境的变化要求我们的管理者不能仅仅局限于做好来客的接待工作，还要做好市场份额的扩大工作，让更多的潜在顾客成为旅行社产品的消费者。除此之外，更要做好旅行社资产，包括有形资产和无形资产的经营工作。从更高层面上来看，一个优秀的旅行社管理者必须把旅行社本身也当作“产品”来经营。这就要求现有的旅行社管理理论与实践工作者必须熟悉现代市场经济和企业运作制度，并把思考的触角延展到企业外部的旅游市场、物业市场、金融与证券市场、通过资本运营、品牌发育、营销网络构建、人力资源培育等市场创新和管理创新等手段来“经营”旅行社，努力使自己所管理的旅行社成为满足业主利益最大化需要的公众型公司。国际化的战略眼光还要求我国的旅行社企业要关注中国公民的出境旅游市场的发展，在政府的服务贸易采购战略、对等开放市场政策引导下，积极主动地开展高层次的跨国经营活动。

（二）树立品牌竞争的意识

相对于价格竞争而言，品牌竞争是旅行社在更高层面进行的竞争，也是中国旅行社业走出价格竞争低谷的有效途径。品牌对于旅行社和旅游者都具有重要的意义。对于旅行社来说，品牌有助于他们区分不同的产品，有助于他们进行产品介绍和促销，有助于他们培育回头客，并在此基础上形成顾客的品牌忠诚（Brand Loyalty）。对于旅游者而言，品牌可以帮助他们识别、选择和评价不同生产者生产的产品，并可以通过诸如消费名牌产品等方式获得心理的满足和回报。

事实上，旅行社品牌增值的渠道从另一方面对于旅行社企业品牌内涵的管理提出了目标要求，提供了管理的思路。

（三）高度重视中国公民的国内旅游市场

中国公民的国内旅游是中国旅游业的基础，也是中国旅行社与外资旅行社竞争的优势之所在。入世以后，入境旅游的市场以及在旅行社从事入境旅游的业务骨干在外资旅行社的客源、科技、品牌和管理模式等优势要求影响下，可能会有相当一部分的流失，在外资控股和独资的初期尤其如此。

唯有国内旅游市场，中国旅行社拥有客源熟悉程度、环境认可、历史渊源和人力资源成本等方面的比较优势，完全可以在入世以后使之转化为竞争优势。可以预计在未来10到15年的时间里，中国旅行社能够守得住并极有可能获胜的市场一定是国内旅游市场。然后再凭借在这一市场与外资旅行社竞争中获得的经验和积累的资源在入境旅游市场上展开决定性的竞争。也可以说国内旅游市场是中国旅行社在入世以后的市场竞争中带有战略意义的主战场。对此，包括国际旅游在内的旅游企业必须给予高度重视。

（四）重视人力资源，特别是高素质经理人员的激励机制建设

这里面有三个层面的问题：第一个层面是企业家和战略投资者的层面，这主要是由投资机制甚至整个社会经济体制和文化背景所决定的。但是对于旅行社来说，也不是一点也没有关系，比如投资机构或民营企业家进来以后，现在的总经理们能否顺利地完成从“一个总经理加半个董事长”向纯粹的职业经理人的角色转变。第二个层面的问题是职业经理人的层面，它要求无论是哪一种所有制的旅行社经理人员都要完全进入人力资源的生产要素市场：我就是靠经营管理才能获得生存和发展机会的，除此之外再无别的能力。现在的问题是我们的旅行社经理人员能否这样想，就是能够这样想了，是否能够真正地有能力这样做？相比之下，我们的职业经理人员的流动性不是大了，而是小了。在市场经济条件下，只有流动，生产要素才会有价格，人才才能够通过市场竞争发现自己的长处和不足，才能够持续学习和创新，以保持自己在要素市场上的竞争地位。所以，要转变企业的用人机制，要勇于打破一些诸如“论资排辈”、“内部选拔”、“只能上不能下”之类的条条框框。第三个层面的人力资源问题是企业经营领域的专业技术人员队伍的建设与使用。随着市场竞争的激烈和企业形态的演进，中国旅行社业将需要越来越多的市场营销管理、财务管理、投资管理、品牌管理、信息技术等领域的专业人才。对此，我们一方面要引进和储备，另一方面要提高。当然

更重要的是使用机制，让适合当代旅行社经营管理所需要的人才能够进得来，还能够留得住。这就需要旅行社设计不同于一般服务人员的新型激励机制。

（五）适应旅游者消费需求变迁，采取灵活多样的产品组合策略

随着旅游者越来越成熟，自由、个性、多样的旅游安排在旅游消费函数中就显得越来越重要。不仅入境旅游者如此，国内旅游者也是这样。德国有90%的出游人士选择由旅行社订房和订票，旅游活动则自行安排的“自助游”。一项专题调查显示广州有51%以上的人对通过旅行社订房或订票的自助旅游表示接受。

这些需求特征反映在旅游产品的选择上；就是散客和团队旅游者越来越希望包价形式更为灵活，产品组合更为丰富，更有特色。适应这一需求的旅游形式就是介于团体包价和自行出游二者之间的小包价和自助旅游度假型旅游产品和交通、接待设施比较完善的目的地以及文化层次较高、阅历较丰富、个性较强的旅游者，正是这类小包价和自助型旅游产品的目标市场所在。针对旅游者消费模式的发展变化，中国旅行社的企业定位、产品组合和技术创新都需要做相应的调整。

（1）我国的旅行社应该明确定位为“旅游服务提供企业”。定位的重点在于旅行社是“服务”的提供者，而不是包价旅游的组织者或交通票务的代理人等。这样，旅行社可以不断根据市场需求的变化进行产品创新，而不至于局限于现有的市场、现有的产品和现有的经营模式。

（2）我国旅行社的主营业务应该进行一系列的战略转移，从以国际市场为中心转变为以国内市场为中心；从主要提供常规包价旅游产品转变为根据旅游者需要提供定制化旅游产品；从着眼于休闲旅游市场为主转变为商务旅游与休闲旅游并重等。

（3）考虑到旅游市场结构的变化，我国的旅行社应该改变目前的经营模式。旅行社在针对国际旅游市场开展业务时，以地接社的面目出现，更多的是充当旅游产品供应商的角色，因此旅行社的选址与布局相对来说并不重要。然而，当旅行社针对国内旅游市场开展业务时，产品的开发、销售、提供同时由旅行社完成，要求旅行社能够充分接近市场，了解市场信息，为旅游者购买产品、享受服务提供便利条件。因此，市场结构的变化要求旅行社在选址与布局方面做出相应的改变。旅行社应该按照一般服务企业的选址规律，根据市场规模的大小和所在区位选择店面，并根据市场范围进行网络化布局，扩大企业的经营规模。

（六）应用、推广和普及信息技术

我国信息技术基础设施薄弱是制约企业应用信息技术的瓶颈之一。旅行社以信息技术为基础进行企业管理和市场营销活动的前提条件是国内信息技术应用水平的全面提高。根据信息技术在其他行业的应用情况和旅行社业的自身发展趋势可以预见，信息技术未来在中国旅行社中的应用大体上可以分为三个阶段。

第一个阶段，信息技术主要应用于企业内部管理，尤其是规模较大企业的内部管

理。面对广大的国内市场，大规模旅行社的理想状态是在全国范围内广泛布点，各营业点之间的信息沟通应该通过一个高效的信息系统来完成。管理信息系统的构建与应用是旅行社提高经营管理水平、提高办事效率、进行科学管理的必经之路。在国际互联网环境下，企业内部网络技术的成熟为布点分散的企业的管理信息系统的建立提供了技术保障。

第二个阶段，信息技术主要应用于旅行社外部网的建设。旅行社的产品是住宿、交通、景点等单项旅游产品的组合。与合作单位之间建立外部网联系，可以加强企业之间的战略合作，及时互通信息，以应对千变万化的市场需求。旅行社通过信息网络进行产品预订和结账的规范化操作，可以防止由于人为因素造成的信息错误和不良债务的发生。

第三个阶段，信息技术的应用主要表现为旅行社应用互联网和通信技术整合营销系统，加强市场信息收集、促销、分销与客户关系管理工作等。这一阶段的应用成果对旅行社来说意义尤为重大。首先，旅行社属于典型的服务企业，所提供的核心产品中，狭义地讲，不存在物质产品的成分，服务企业与制造业企业相比较，其内部管理中营销管理占相当大的比重，营销管理是旅行社在未来提高竞争力的关键；其次，旅行社应该是以消费者需求为中心提供旅游服务的企业，消费者需求信息的获得是旅行社生存与发展的前提条件，营销调研信息系统效率的提高对旅行社提高经营效率至关重要；再次，当信息技术得到普遍应用以后，消费者的消费行为模式将发生相应的变化，利用信息技术寻找产品和服务的信息将成为普遍现象，旅行社利用信息技术进行促销和分销是未来交易渠道变化后的大势所趋；最后，当消费者可以低成本地获得产品信息时，旅行社进行的大规模市场营销活动将无用武之地，通过营销数据库进行客户关系管理，实行“一对一”“一对多”定制化服务才是旅行社的未来发展方向。

值得注意的是，信息技术的应用需要较高的启动成本和维护成本。中国旅行社应用信息技术的一个副产品可能是促进行业结构的调整。大社可以借助成本优势完成网络化布局，实现经营网络和信息网络的结合，从而可以提高运营效率、降低单位成本；旅行社没有能力单独建立信息系统，最终只能走上依附大社、成为大社网络成员的道路。

第四节　旅游电子商务的应用

在信息技术和互联网高速渗透的时代，旅游企业和旅游者都是信息化的受益者。在此背景下，旅行社如何跟随时代的步伐并从中受益是当前学术界和企业界争论的焦点。信息技术对各行各业的作用已经深入人心，旅行社作为旅游业三大支柱之一，在信息技术的应用上还有更大的发展空间。除了应用信息技术作为管理手段外，旅游电

子商务作为新兴的旅游商务活动方式，其增长势头、应用范围和作用已经不可忽视，我国的旅行社应该抓住时机，在信息化的潮流中尽快发展壮大自己。

一、旅游电子商务的产生和现状

（一）旅游电子商务的产生与发展

旅游电子商务，是旅游企业基于Internet提供的互联网络技术，使用电脑计算技术、电子通信技术与企业购销网络系统联通而形成的一种新型的商业活动。其中包括有网上传递与接收信息；网上订购、付款、客户服务等网上销售，网上售前推介与售后服务；以及利用因特网开展市场调查分析、财务核算及生产安排等多种商业活动内容。这是一种基于信息网络综合技术的信息流程与商务运作程序的结合形式。旅游电子商务的功能概括起来有：发布旅游企业营销信息，电子数据交换、网上订购，电子账户与网上支付，服务传递意见征询与咨询洽谈，交易管理等。

互联网的兴起给旅游业带来了新的契机，网络的交互性、实时性、丰富性和便捷性等优势促使传统旅游业迅速融入网络旅游的浪潮。通过网络查询信息，进行酒店、机票预订和购买支付旅游产品在国外早已成为一种时尚。如美国，早在1998年，就有将近半数的旅行者在网上订票，有51%的长期旅行者通过因特网获得旅行目的地的信息及确认价格、时间。1999年，美国旅游业已有2%的收入来源于网上业务，70%的网民访问过旅游站点。据CNN的数据显示，1999年全球电子商务销售额突破1400亿美元，其中旅游业电子商务销售额突破270亿美元，占全球电子商务销售总额的20%以上；全球有超过17万家的旅游企业在网上开展综合、专业、特色的旅游服务；约有8500万人次以上享受过旅游网站的服务；全球旅游电子商务连续5年以350%以上的速度发展。美国著名公司CRG－research的一份报告说，2000年，全球电子商务销售额突破4200亿美元，其中旅游业电子商务销售额突破630亿美元，占全球电子商务销售总额的24%以上；全球约有超过30万家的旅游网络企业在网上开展旅游服务；享受过旅游网站服务的全球游将超过2亿人次以上。

随着全球网上旅游业的发展，中国的旅游电子商务网站近两年也初见端倪。广东“国旅假期”在网上推出旅游线路拍卖；在中国旅行热线（www.cnto.com）上预订机票可以得到不同幅度的优惠，酒店预订的价格也让人怦然心动；中国旅游商务热线（www.ctcol.com）协同有关部门推出“百万市民看广州”纪念卡；中国旅游资讯网（www.chinaholiday.com）每月营业额达25万元左右，在线预订机票从最初的每天一两张到平均每周预订上百张，国内酒店预订数每夜达180间；以旅游资讯见长的华夏旅游网（www.ctn.com）与香港tom.com结盟后提供的主要服务也转移为旅游电子商务。它除了在网上提供国内外两千多条旅游线路和遍布全国的一千多家酒店的预订信息，还开展网上预订机票、车船票的业务。同时，它创办了面对港澳台同胞和海外华侨的繁体中文旅游版和面对国际游客的英文版，以拓展自己的服务范围，积极向海外扩张。

（二）我国旅游电子商务存在的问题

制约我国旅游电子商务发展的不但有技术问题，而且受制于传统旅游业的经营环境和整个社会经济发展水平。目前主要问题是：

1. 信息搜索不完全

当在网上购物时，用户面临的一个很大的问题就是如何在众多的网站找到自己想要的物品，并以最低的价格买到。搜索引擎看起来很简单：用户输入一个查询关键词，搜索引擎就按照关键词到数据库去查找并返回最合适的网页链接。但是根据 NEC 研究所与 Inktomi 公司最近研究结果表明，目前在互联网上至少 10 亿网页需要建立索引，而现有搜索引擎仅仅能对 5 亿网页建立索引，仍然有一半不能索引。这主要不是由于技术原因，而是由于在线商家希望保护商品价格的隐私权。因此当有用户在网上购物时，不得不一个网站一个网站搜寻下去，直到找到满意价格的物品。

2. 交易安全性较低

交易的安全性仍然是影响旅游电子商务发展的主要因素。在开放的网络上处理交易，如何保证传输数据的安全成为旅游电子商务能否普及的最重要因素之一。调查公司曾对旅游电子商务的应用前景进行过在线调查，当问到为什么不愿意在线购物时，绝大多数人的问题是担心遭到黑客的侵袭而导致信用卡信息丢失。因此，有一部分人因担心安全问题而不愿使用旅游电子商务，安全成为旅游电子商务发展中最大的障碍。

3. 缺乏信用保障

影响旅游电子商务发展的另一个障碍是缺少信用。尤其在国内 B2C 电子商务中，旅游企业的贸易信用如何？我们从屏幕上指定的商品与实际游玩的是否相符？质量如何？由于目前电视台广告的可信度都存在一些问题，网上购物更会有一种恐惧心理。

4. 经营模式雷同

旅游网站主营的电子商务业务有机票、酒店、旅行团预订三大项，每个旅游网站都有。当网站把自己看成旅行社的时候，发现所提供的这些服务跟传统旅行社、酒店预订中心、机票销售公司相比没有太大的优势可言，因此，旅游网站必须提供一种更好的服务、更好的产品，或者寻求新的立足点与发展契机，使销售额迅速地扩大，才有可能赢利。

5. 赢利前景不明

互联网企业赚来了网民的注意力，得到了成千上万的点击率，却没有看到相应的利润增长。这是由于在相当长的一段时间里，互联网企业没有尝试或根本没有考虑过让投资者信服的商业经营模式，不知道应该靠什么赚钱。

6. 网下服务的保证

互联网公司通常更偏重于信息流与资金流。旅游网站在充分发挥互联网的优势时，也要非常好地结合一些传统营销模式，才能够为用户提供完整的服务。实际上，大多数网络公司的网下服务得不到保障。

7. 支付手段和消费习惯的障碍

国外电子商务发展得好，与信用卡使用的普及和网络使用的普遍是密不可分的。中国信用卡使用不普及，其支付手段迟迟不被社会接受；同时，中国人习惯于网上消费的人不多，消费者的个人信誉和商家的信誉在网上都没有建立起来，这对电子商务发展必然带来很大的阻碍作用。

8. 缺乏旅游主营业务的支撑

众多的旅游网站在规划时缺少对旅游行业的全面、深刻认识，没能找准切入点，因而难以形成特色与卖点。它们往往照搬照抄国外网站的现成模式，成为美国、加拿大等发达国家网站的中文版。由于缺乏旅游主营业务的支撑，网站旅游信息更新缓慢，在线交易冷淡，无法引起游客的注意与兴趣。

9. 过度依赖资本运营

就现在情况来看，部分网站指望先把网站建起来，然后再完善内容，形成市场焦点，最后上市，上市之后再把钱套回来，如此而已。这是以资本运营的方式经营网络企业，对网络企业的实质性发展则关注不够。这种经营模式必然导致网络企业发展的短命。靠单纯投资，企业只能获得阶段性发展；只有通过良好的经营业绩实现其市场价值，才是网络企业最终的取胜之道。

二、旅游电子商务发展的优势

旅游业自身的行业特征决定了电子商务较易在其内部迅速发展。与其他行业相比，旅游业涉及的旅游目的地和客源市场都很分散，而且两者之间又存在距离，大量分处在不同地方的服务供应企业（如饭店、餐馆、景区及交通等和产品销售中介旅行社）需要组成一个庞大的网络，才能完成产品销售和接待任务，如果旅游业实行网络化经营，则不仅可以增加直销产品的比重，减少销售中介和促销费用，而且可以扩大市场覆盖面，提高工作效率，大大降低运行成本。由于电子商务具有高速度、高精确度和低运行成本的特点，所以它特别适合于处理像旅游业务那样的远距离、多批次的小额交易。旅游作为服务业的一种，其最大特点是：无形性、综合性、强依赖性和高介入性，而且营销服务者与旅游消费者之间呈“面对面的互动”特点。因此，无论旅游目的地或企业采取何种具体的营销策略，其不可回避的关键点是，如何高效地与目标消费者建立持久、密切的交互关系。旅游电子商务较少涉及复杂、费力的物流配送问题，对企业的物流配送系统要求不高。旅游电子商务客户可以通过网上结算的方式直接付款，免去了消费者携款到旅行社办理各种手续的麻烦。旅游电子商务的开展与推广，不仅可以使国内的旅游产品迅速走向世界，而且可以通过网上结算，解决旅游业支付结算期限长、拖欠严重的问题。所以，旅游业更需要电子商务，电子商务更容易得到旅游业的认同。旅游电子商务具有竞争优势与市场效率，其表现为如下内容。

（1）旅游电子商务开拓出一种新的网上市场流通渠道，商务通道随着上网企业与上网人数的增多而迅速增大，而且几乎没有时间与空间距离的障碍，使旅游商务效应得到倍增。

（2）旅游电子商务创造出一种新的产品销售平台与产品销售方法，销售平台将售前信息发布、订购、支付、售后服务等多种商务功能集成于一个电脑操作平台上，供应商因之而可以将以往各种劳动分工集中在一起，大大节省了经销的人财物费用，顾客因之而得到购买上的方便，也大大地促进买卖双方共建“双赢”的价值体系。

（3）旅游电子商务降低了旅游企业经营成本，这主要表现在以下三个方面。

①减少企业的交换技术成本。开通电子商务的旅游企业，借助于因特网可以很方便地与其他企业建立网络型商务联系。而这种企业间网络型商务关系形成的直接效果是减少企业的交换技术成本。

②降低企业的交易成本。电子商务的一大优点是能够节约交易费用。据互联网研究与发展中心发布的《中国电子商务指数报告》的测算结果表明，电子商务比传统交易方式节省 11.61％的费用和 9.34％的时间。

③节省信息搜寻成本。旅游电子商务是节省信息搜寻费用的一个重要途径。旅游消费者获得信息的过程，就是寻找的过程。寻找的收益是得到价廉物美的商品和服务，寻找所花的时间就是获得信息的成本。而旅游互联网的介入大大地降低了信息的寻找成本，使旅游者可以直接从旅游目的地和相关企业中获得更多的、更有用的信息，使旅游者同时有更多的选择机会。这是众多旅游互联网深受旅游者欢迎的社会基础。

（4）旅游电子商务充分激发了旅游企业的多品种经营优势，使其获得规模经济和范围经济。多品种经营是网上电子商务的一大优势，目前，旅游业已经从简单的规范化的旅游产品发展到复杂的组合产品；从商务旅游到休闲旅游产品；从散客到团体旅游产品等，以往千篇一律的“旅游套餐”已经不能满足消费者的个性需求，消费者更加渴求的是更具时尚化的“旅游自助餐”。传统旅行社由于成本条件的限制，一般不会接受散户的旅游服务，因而个性化旅游在传统方式下面临巨大障碍，而网上旅游具有覆盖面广、销售成本低等特征，弥补了网下旅游无法解决大量散户旅游服务要求的不足。

三、旅游业应用电子商务的必然性

旅游业是信息密集型和信息依托型的产业，也是跨国界合作和跨空间运作的典型产业。旅游业较少依赖物流的特性以及旅游业运行过程中的其他特点，使得旅游业和电子商务具备了天然的适应性。而信息载量巨大、实时畅达、广域连通的互联网络信

息手段也已经在旅游业中发挥了巨大的作用。

（一）旅游业是信息密集型和信息依托型产业

信息对旅游业来说是至关重要的，旅游业以下特点决定了信息在旅游业中的重要作用。

1. 旅游产品的产地消费性和事前决策性

从旅游活动的实现方式来看，在旅游市场流通领域活动的不是商品，而是有关旅游产品的信息传递引起的旅游者流动。从这个意义上说，旅游业的核心是信息。形成这一现实的根本原因在于旅游产品的产地消费性和事前决策性。旅游产品不能移动，不像其他实物产品一样，可以被消费者预先试用、观察或检验质量。至于无形的旅游服务是销售时无法展示的，而且通常在远离消费地点被预先销售。游客会尽量通过信息搜寻手段、减少有关的不确定因素来提高他们的旅游质量。这种事前的了解只能靠无形的信息传递来实现。现代社会，综合文字、声音、图形和影像等多媒体电子信息技术、交互式的网络，已经逐渐成为人们获得旅游信息的最重要来源之一。

2. 旅游业务对互动信息流的依赖

在电子货币应用广泛的国家，真正的付款不是通过旅行代理商传送给供应商，佣金也并非从旅游供应商直接传送到旅游代理商，而是通过信用卡或其他电子货币支付手段将借贷的信息传输出去。旅游经营管理者之间的联系也不是通过产品，而是通过信息流同时伴随着数据流和资金流。

旅游业对信息的依赖性可以从美国运通公司（一家对旅游行业起过重要作用的公司）的案例中得到求证。1986 年，Peter Alan，美国运通旅游服务通信部的经理曾估计他所在的公司需要快捷、不受阻碍的全球化信息交流来完成多种交易，如授权世界范围内每天 50 多万个运通卡交易，平均响应时间少于 5 秒；确认并迅速弥补世界各地银行被窃的旅行支票，与至少 125 个国家的电脑预定系统以及旅游行业数据互相联系。

旅游业对信息的依赖性说明迅速准确地获取、加工、传播、利用信息是至关重要的，这也是美国航空管制取消法案生效后信息技术广泛应用于旅游业的真正原因。现代旅游业所采纳的信息技术种类繁多，如计算机预定系统、电视会议、可视图文、计算机管理信息系统、航空电子信息系统、电子货币交易系统、数字化网络、移动电信等。

旅游业的信息密集性和信息依赖性正是现代信息技术手段在旅游业中迅速普及运用的基础。旅游电子商务的发展，信息平台、沟通平台、交易平台、支付平台的建构，改善了过去旅游业中信息流的多层分流和断裂状况。旅游在更大程度上实现了信息畅达，运行效率得到了充分的提高。

（二）旅游业是跨国界合作和跨空间运作的典型产业

国际化的旅游业，需要解决旅游产品信息和旅游交易信息的跨国传递、资金的跨国结算等问题。它涉及众多的单位和相关的业务，操作过程以及手续繁杂。自 20 世纪

80年代以来，国际旅游业迅速增长，国际旅游消费提出的快速反应和产品灵活机动的要求使得传统的操作方式和技术已经远远跟不上形势发展的需要。在欧美等国家，信息技术的应用首先在旅游业中得到实践。

1. 电子商务能有效降低跨地域信息交流成本

利用互联网跨国交流信息的平均成本和边际成本极为低廉。一个网址，无论是一万人还是一千人访问，其制作和维护的成本是一样的。国际旅游业通过互联网直接传递和处理电子单证。既节约了纸单证的制作费用，又可以缩短交单结汇的时间，加快资金周转，节省利息开支。通过电子商务处理跨国旅游业务，大约可以减少90%的文件处理费用。另外，通过网络进行信息传递的成本相对于信件、电话和传真的成本是很低的，距离越远，成本的节约就越明显。

2. 电子商务能有效提高跨地域信息交流的效率

互联网是一个全球性媒体，是宣传旅行和旅游产品的一个理想媒介，集合了宣传册的鲜艳色彩、多媒体技术的动态效果、实时更新的信息效率和检索查询的交互功能。在传统的观念中，获取遥远旅游目的地的信息是很困难的，而如今旅游电子商务网站都建立多语言版本，旅游者能够毫不费力的访问世界各国的旅游网站，获取大量的信息，是国际旅游信息交流的理想渠道。

通过电子商务方式处理国际旅游业务，交易双方可以采用标准格式文件，例如标准化的合同、单据、发票等进行即时传递和自动处理，在网上直接办理预定，进行谈判、签约、支付结算等手续，从而缩短交易时间。

（三）旅游电子商务较少涉及物流问题

物流问题是电子商务发展的瓶颈之一。实物产品的电子商务，不可避免地涉及货物从供方向需求方配送的问题。电子商务的需求往往来自不同的地域，也常常面临小而分散的需求。物流问题极大的影响电子商务的交易成本，需要依托强大的第三方物流服务体系的支持。在现在社会经济环境下，特别是社会物流体系尚未发展成熟时，物流仍然是制约电子商务发展的重要问题。与实物产品贸易不同，旅游电子商务交易对物流环节的需求相对较小，交易的确认通过信息流的形式实现，以旅游者的流动，完成旅游消费而实现整个交易过程。

（四）电子商务平台的特性，能解决旅游者与旅游业的矛盾

电子商务平台的特性，能较好地解决满足旅游者个性化需求与实现旅游业运作规模优势的矛盾。过去居于主流的团队旅游，正被个性化、零散化的旅游消费所代替。仅从信息服务来看，散客旅游带给传统旅游经营者大量的咨询业务量，效率低下，成本高昂。而旅游电子商务可以为消费者提供目的地预览和决策参考信息，这种服务是全天候跨地域的。旅游电子商务依托着容量巨大的旅游信息库，建成以后，信息的提供基本没有边际成本。信息不像传统的产品越用越少，而是可以不断积累。

网络也可以方便地完成不同喜好的旅游预订者的组合工作，将团队接待委托给旅行社，将批量客人的信息传递给饭店，简化传统旅游操作流程。

四、旅游电子商务的发展模式

信息化手段已经应用于旅游电子商务活动的各个环节，常见的旅游电子商务的发展模式包括旅游企业间的电子商务（B to B），旅游企业服务与机构或实体的电子商务（B to E）以及面向旅游者的电子商务（B to C或C to B）。每一种发展模式都形成了不同的操作方式。

（一）旅游企业间的电子商务（Business to Business）

企业间电子商务（企业对企业的电子商务）是指企业之间通过网络信息手段实现相互之间的一对一或一对多的交易，如采购、分销等。旅游企业间电子商务大体有以下两种形式，一是非特定企业间的电子商务，它是在开放的网络中对每笔交易寻求最佳的合作伙伴。一些专业旅游网站的同业交易平台就提供了各类旅游企业之间查询、报价、询价直至交易的虚拟合作空间。二是特定企业之间的电子商务，它是在过去一直有交易关系或者今后一定要进行交易的旅游企业之间，为了共同的经济利益，共同进行设计、开发或全面进行市场和存量管理的信息网络，企业与交易伙伴之间建立信息数据共享，信息交换和单证传输。在旅游企业电子商务中，B to B的交易形式包括以下几个方面。

（1）旅游企业之间的产品代理，如旅行社代订机票与饭店客房，旅游代理商代售旅游批发商组织的旅游线路产品。

（2）组团社之间相互拼团，如两家或多家组团社经营同一条旅游线路，并且出团时间相近，而每家旅行社只能拉到为数较少的客人。这时，旅行社征得游客同意后可将客源合并，交给一家旅行社操作，以实现规模操作成本降低的目的。

（3）旅游地接社批量定购当地旅游饭店客房、景区门票。

（4）客源地旅行社与目的地地接社之间的委托、支付关系等。

（二）旅游企业对企业类客户的电子商务（Business to Enterprise）

B to E中的E，指的是与旅游企业有频繁业务联系，或旅游企业为之提供商务旅行管理服务的非旅游类企业、机构、机关。大型企业常常要处理大量的公务出差、会议展览、奖励旅游等事务，他们常会选择和专业的旅行社合作，由旅行社提供专业的商务旅行预算和旅行方案咨询，开展商务旅行全程代理，从而节省时间和财务的成本。还有一些企业则与特定的机票代理商、旅游饭店保持比较固定的业务关系，由此享受优惠价格。

旅游B to E电子商务比较先进的解决方案是企业商务旅行管理系统（Travel Management System），它是一种安装在企业客户终端的具有网络功能的应用软件系统，通过网络和旅行社电子商务系统连接。在客户端，大企业差旅负责人可将企业特殊的出差政策、出差时间和目的地、计算方式、服务要求等输入商务旅行管理系统，系统会将这些要求传送到旅行社。旅行社通过电脑自动匹配或人工操作为企业客户设计出最优的出差形成方案，并为企业预订机票和酒店，并将预定反馈给企业客户。通过商务旅行管理系统与旅行社建立长期业务关系的企业客户能享受到旅行社提供的便利服务和众多优惠，节省差旅成本。同时，商务旅行管理系统还提供报表功能。用户企业的管理人员可以通过系统实时获得整个公司全面详细的出差费用报告，并可进行相应的财务分析，从而有效的控制成本，加强管理。例如，美国的罗森布鲁斯国际商务旅行管理有限公司 1994 年推出的“企业差旅收益管理系统”，使得该公司成为大型跨国企业提供专业差旅管理服务的最著名国际旅行社之一。目前，罗森公司在全球 50 多个国家设立了 540 家分支机构，为其签约的数千家大型跨国公司客户提供随时随地的无缝隙的服务。使用“企业差旅收益管理系统”可以为之节省 10%～30%的旅行费用。

（三）旅游企业对旅游者的电子商务（Business to Consumer）

旅游企业对旅游者（个人客户）的电子商务等同于电子旅游零售。旅游散客通过网络获取信息，设计旅游活动日程表，预订旅游饭店客房、车船机票等，或报名参加旅行团，都属于 B to C 旅游电子商务。对于旅游业这样一个游客告诉地域分散的行业来说，旅游 B to C 电子商务方便旅游者远程搜寻。预订旅游产品，克服了距离带来的信息不对称等问题。通过旅游电子商务网站订房、订票，是当今世界应用最为广泛的电子商务形式之一。旅游 B to C 电子商务还包括旅游企业对旅游者拍卖旅游产品，由旅游电子商务网站提供中介服务，如美国的著名旅游网站 www. bid4vacations. com，它针对美国的旅游饭店和游船上的旅游客舱存在空房的现象，组织旅游企业将这些闲置资源公布到网上，组织旅游者之间竞价的拍卖服务，有效的均衡了旅游市场的供求，从而成为一种很有生命力的网上交易服务形式。

（四）旅游者对旅游企业的电子商务（Consumer to Business）

旅游电子商务的另一种情况是旅游者对旅游企业（包括旅游服务提供商和旅游中间商）的交易。它由旅游者提出需求，然后由企业通过竞争满足旅游者的需求，或者是由旅游者通过网络结成群体与旅游企业讨价还价。旅游 C to B 电子商务主要通过电子中间商（专业旅游网站、门户网站旅游频道）进行。这类电子中间商提供一个虚拟开放的网上中介市场，提供一个信息交互的平台。上网的旅游者可以直接发布需求信息，旅游企业查询后，双方通过交流资源达成交易。

旅游 C to B 电子商务主要有两种形式：一是反向拍卖，是竞价拍卖的反向过程。由旅游者提供一个价格范围，求购某一旅游服务产品，由旅游企业出价，出价可以是公开的或隐蔽的，旅游者将选择认为质价合适的旅游产品成交。这种形式对于旅游企业来说吸引力不是很大，因为单个旅游者的预订量很小。二是网上成团。旅游者提出

他设计的旅游线路，并在网上发布，吸引其他相同兴趣的旅游者。通过网络信息平台，愿意按照同一条线路出行的旅游者汇集到一定数来国内，这时再请旅行社安排行程，或直接预订饭店客房等旅游产品，可增加与旅游企业议价和得到优惠的能力。

旅游 C to B 电子商务是一种需求方主导的交易模式，它体现了旅游者在市场交易中的主体地位，对帮助旅游企业更加准确和及时地了解客户的需求，对于实现旅游业向产品丰富和个性满足的方向发展起到了促进作用。

信息技术的应用已经在全球范围内对各行各业产生了广泛的冲击，电子商务已经成为企业转型时所必须学习与应用的概念。其他类型的企业尤其是其他类型的服务企业所应用的电子商务手段在中国的旅行社中都可以运用，关键是中国旅行社首先要完善自身建设，强化科学管理的理念。在市场经济中，企业以效率和效益取胜，信息技术为企业提高效率与效益提供了共同的技术基础。信息技术毕竟只是一种技术手段，不应用信息技术的旅行社不会成为具有国际竞争力的旅行社，而应用信息技术的旅行社要依靠对信息技术的把握和充分利用通过信息技术所获得的信息来寻找商机才能实现发展的目标。中国旅行社只要抓住信息技术提供的机遇，并将信息技术的应用与行业变革紧密结合，中国旅行社终将找到适合自身的信息技术发展之路。

国内外著名旅行社的经营模式

1. 美国运通的经营模式

美国运通是当今社会发展最成熟的旅游服务企业，也是旅行社业务最优秀的企业，美国运通公司创立于 1850 年，创业初期主要从事快递业务，运通的业务发展速度快，扩张能力强，早在 19 世纪中叶就成为美国最受尊敬的公司之一。1915 年，公司成立了美国运通旅行社，该公司核心业务是信用卡业务和旅游业务。运通旅行社是运通公司下属的以办理商务旅游为主的全世界第一大旅行社。1995 年，运通公司与旅游相关的业务达到 104.28 亿美元，占运通公司总收入的 66%。这一年，38 万运通卡客户刷卡金额为 1620 亿美元，旅行支票销售额 260 亿美元，这两项相加，将近美国国民生产总值的 3%。运通卡及这两项无现金产品是美国运通公司利润的主要来源，运通卡在高收入的旅行及娱乐市场上已远远超过其他对手，旅行支票也有 60%的市场占有率。

(1) 信用卡+旅行支票天衣无缝的配合模式

运通旅行支票—运通旅行社—运通信用卡—滚动式双赢，这是美国运通发展的一个模式。正是其庞大的旅行机构促进了其信用卡业务的迅猛发展，同时没有其旅行支票和信用卡业务的支持，运通也不会产生上下游产品，运通卡和旅行社业务两者如唇齿相依、浑然一体、滚动发展、所向无敌。

(2) 运通卡的利益所在

运通卡的收入主要来自于年费与佣金，运通的业务中还有一项特别的收益，即从购买旅行支票或信用卡刷卡到兑付现款的时间有相当的时间差距，等于其获得了一大笔免付利息的现金，相当于“预付款”(the float)。有人说运通有两种业务——信用卡和预付款。

2. 香港永安旅行社的管理模式

该旅行社在香港就有36家分社，遍布香港各地区，这是因为香港地少人多，680万人口集中在仅有1071平方千米的地方上，多设点就多给了居民一条参加旅游的渠道，就可以将散客汇集成团。“永安”大部分的接待是由自己负责的，在美国、澳大利亚、欧洲、亚洲建立了二十多家分社，形成了自己庞大的接待网。这样大大地降低了成本，也保障了服务质量。其基本模式为三张网和五个程序。

(1) 三张网：增设分社形成营销网；自己接待形成接待网；互惠互利编织合作网。

(2) 五个程序具体如下：

第一步：从计划设计开始，经过反复的调查研究，推出好的旅游线路，制作出计划，开始在市场上推销。

第二步：开始通过报名、组团、收费、编出团队；因此，不仅可以拿到机票和酒店、餐厅的优惠价格，还可以拿到合理、合法的回扣或优惠券。

第三步：制作内部计调表，并报财务核算；与航空、酒店、餐厅、景点、商店、游乐场所都签有合作协议。

第四步：①机票部订机票、船票、火车票、巴士票；②向接待社发团队确认书；③向接待社发旅游行程表；④向酒店、餐厅、景点、商店发通知单；⑤向酒店、餐厅、商店发服务通知单（结算单)；⑥向车队发通知单；⑦向领队、导游发通知单；⑧接团、旅游；⑨旅行社、景点、娱乐场所、商店以及酒店、餐厅报账。

第五步：财务部核单、结算、付款。

至此，一个完整的旅游业务才算结束。

3. 首旅模式

首旅集团是一家拥有200亿元资产的国有大型集团，以经营旅游业为主，涵盖酒店、旅行社、汽车运营、会展、餐饮、旅游景点等业务，并向资本市场和其他相关领域发展的集团公司。2002年首旅集团投资3亿多元收购海南三亚南山文化旅游区，拥有75%的股份。2004年新燕莎控股公司、全聚德、东来顺、古玩城相继加盟首旅；首旅日航国际酒店管理有限公司开始运营；首旅与宁夏农垦集团签订了前期在旅游方面的战略合作协议，将陆续投资2亿元。2005年首旅集团与长影集团合力打造我国首家世界水平电影主题公园——长影世纪城。首旅集团近几年的扩张方式主要是政府划拨，

少部分是市场运作。扩张区位集中于北京；业务范围扩张主要是在原来住、行、游的基础上，在北京重点扩张吃、娱、购业务，在外地扩张旅游景点业务。

4. 锦江模式

上海锦江集团2003年与新亚集团合并，更名为锦江国际，以酒店、餐饮服务、旅游客运业为核心产业，设有酒店、旅游、客运、地产、商贸、金融、食品、教育八个事业部，总资产172亿元，是中国目前管理饭店最多的集团。“锦江”商标为中国驰名商标，列“中国500最具价值品牌排行榜”第40位、上海地区第4位。

锦江国际将分散的产业通过业务整合向核心产业集中，尤其是三家上市公司。资料显示，锦江国际集团以优质资产、现金置换上市公司的存量资产，或以主营业务资产置换非主营业务资产，将上市公司锦江酒店非主营的19家企业剥离，保留了原先拥有的14家酒店和上海肯德基49%股权，并置入锦江国际集团拥有的锦江国际酒店管理公司100%股权。锦江国际集团还成功收购筹建了昆明金华大酒店、武汉建银酒店、深航锦江酒店，接受委托管理沈阳、青岛两家酒店，与江苏华特国际旅行社合资打造“江苏锦江华特国际旅行社”新品牌。

5. 上海春秋模式

从1981年成立开始，“春秋”几经起伏，到1994年，已然成为中国旅游业国内游的“庞然大物”。从我们所汇集的资料和“春秋”的演进路径来看，“春秋”走了一条外延型规模扩张的道路。成本领先战略是“春秋”的主导战略，这是建立在销售规模基础上的。而在旅行社业，适合于这种战略的产品正是大众游产品。采取这种战略的成功典范是“日本交通公社”。不过，在中国市场上，大众国内游是更适合该种战略的产品，从这个角度看，“春秋”的成功在于它的战术行为契合了它的战略意图和战略性质。与可口可乐的合作也正展现了对这种战略意图有意或无意的贯彻。可口可乐选择春秋国旅，也是对春秋战略成功的回应。“春秋”在上海的50家合资门店，境内的31家全资分公司、境外的7家全资分公司和联盟的全球1500家代理商，构成了春秋巨大的地面网络，同时，“春秋”自行研发了散客电子网络，这些使“春秋”形成了业界与学界总结出的所谓“春秋模式”，正是这种模式注定了“春秋”与可口可乐的双赢之举。同时，包装上印有“春秋国旅”图标的可口可乐系列产品进入市场，春秋国旅的名字随即进入千家万户，春秋的实体规模效应扩展到品牌规模效应，增进了企业的战略成长和战略纵深。“春秋”战略的另一层含义在于“国内游”中所蕴涵的巨大“出境游”价值，以及进一步通过客源置换所带来的入境游价值。从这次与可口可乐的活动中，我们已经看出了“春秋”战略的自然演进路径：国内游规模经济后的出境游扩张。万人游香港的独家代理权由“春秋”拿到显然是对其成本领先战略的肯定。

6. 中青旅批发商的模式——连锁管理

中青旅秉承“发展决定一切”的价值取向，坚持“以资本运营为核心，以高科技为动力，构建以旅游为支柱的控股型现代企业”的发展战略，中青旅将中国公民市场作为旅游主业发展的主战场。集中优势，从“品牌、产品、销售、服务”四个着力点集中发力，培育中国公民市场的规模。中青旅控股股份有限公司自2000年开始率先将“连锁”经营的概念引入旅行社业务经营范畴，迎合了人民生活追求便捷需求的发展趋势，更是要通过连锁经营模式，推动经营方式深层次的变革，实现“前后台分离”，促进旅游业务批发与零售的专业化分工，标准化生产，进而实现规模化经营，使中青旅主业规模快速扩张。连锁经营和传统的单店经营相比具有店铺众多、网点分散、业务量大的特点，参照国际连锁经营的现代化动作模式，中青旅连锁自创立之初，就设立了统一的设立标准和操作流程，确保连锁门市的店面规模、店容店貌、经营产品、服务项目、销售价格、服务水平和运营模式的高度统一，有力地保障了连锁店的规范化运作。2000年8月15日首批五家营业部门开业至今，已经拥有14家连锁营业部，直接面向广大消费者，主要定位于旅游相关产品销售及提供相关服务。为加强对连锁店的专业化管理，2004年3月，中青旅北京销售分公司正式成立。

中青旅连锁店的设立，拓宽了旅游产品的销售渠道，最大限度地发挥了群体优势，提高了组团成功率，降低了出境旅游组团成本与风险，使消费者得到更多的实惠，也通过统一操作和统一服务，降低了经营成本和管理成本，实现了规模效益；可以集中批量采购，从供方得到价格优惠；消费者在享受更优惠的价格之外，还能得到更丰富、更多样化的产品与服务。中青旅发展连锁管理经过5年的实践，基本达到了预期效果。虽然与国外成熟的旅行社连锁经营模式相比，还有相当的差距，但是，“细分市场，重塑业务流程，走专业化道路”的连锁管理有利于适当吸收和引进国外的先进理念和经验，将探索出一条有中青旅特色的连锁经营管理之路。

中旅以产权为纽带，重组13家地方旅行社

旅行社业是中旅赖以起步和发展的基础，但目前我国旅游企业“小弱散差”的局面尚未扭转，难以抗衡外资旅行社的冲击。中旅总社与各地方旅行社之间，经过近半个世纪的发展，形成了很强的业务联系，但这种没有资产关系的网络是非常松散和脆弱的。有鉴于此，中旅彻底摒弃了“等靠要”思想和依靠企业经营积累缓步发展的传统模式，确立了通过资产运作，实现超常规跨越式发展的新思路，同时，重新调整制定了《中国中旅（集团）公司2002—2010年发展战略纲要》，确立“以旅行社业和饭店业为主，相关适度多元化为辅”的产业结构。2002—2004年的调整优化，2005—2007年行业领先和2008—2010年国际知名的三步走战略，以及包括筹组上市等在内的具体目标和措施，并把远景目标锁定为“主要经济指标达到国际同行业先进水平、具

有持续赢利能力和抗御风险能力的国际知名旅游企业集团”。2002 年 10 月 25 日，中国中旅（集团）及旗下的中国旅行社总社正式对外宣布，经过近三年的努力，中旅已利用企业自有资金，实现对 13 家地方旅行社的资产重组；中旅的企业改制、筹组上市方案已经确定，即将进入全面实施阶段。通过改制，中旅进一步规范了集团公司同所属企业的母子公司体制，明确了集团公司受托代表国家作为出资人、所属企业作为经营者的定位和责任；清理整顿、关停并转了 10 余家三级公司和全部四级公司；成功完成了对所属中旅首都旅行社的股份制改造，实行由总社控股，经营者持股的新型产权结构。在与地方旅行社的重组中，中旅采取了“资产组合十业务组合”的方式，成功控股了大连、河北、内蒙古、甘肃、江苏、湖北、广西等地中旅社，加上中旅首都旅行社、中旅现代旅行社、新疆绿洲、江苏航服和珠海拱北口岸等共 13 家旅行社。中旅有关人士透露，还有若干家地方旅行社同中旅总社资产联合的洽谈已近尾声，中国中旅的目标是两年后形成以“资产组合十业务组合十规模经营”的全国性网络大格局。

旅行社的主要资本是人力资源，导游随意跳槽已成业界通病。中旅总社并购重组的国内 13 家旅行社，并购前都是国有独资性质，在并购改制过程中，在多数企业实施了员工及主要经营者个人持股的计划。据了解，由于各地业务基础不同，各地的经营者持股比例从 10%～40%不等。此举稳住了主要业务人员和经营管理者，从机制上确保了企业持续健康地发展。由于客源、产品、采购、服务等资源的共享和优势的互补，并购后企业总体市场规模和赢利能力迅速提高，主营业务收入增加 70%，利润增长超过 30%，高于行业平均水平，使中旅总社的经营收入、接待人数比 20 世纪 90 年代翻了两番；并购后企业单体经营状况得到改善，控股重组、改制后的旅行社中有 6 家进入全国国际、国内旅行社“百强”。

要点分析

1. 整合重组，势在必行。

中国旅行社业的整合重组，是大势所趋，是在国际国内旅游市场竞争的双重压力之下的必然选择。

从行业外部看，一是信息时代全球经济一体化缩短或减少了旅游资源和消费者之间的供应链，旅行社依赖地理资源信息、文化传统知识和专业化集中服务所形成的供应和中介能力受到挑战，专业信息局部垄断和旅游集中采购及供应服务的中介优势将被弱化。二是中国加入世贸组织后，国外跨国旅游集团携资金、管理、相关旅游资源的优势大举进军中国旅游市场，形成国内市场国际化和国际市场国内化，国际大型旅游批发商将对处于中下游环节的旅游服务分销商和供应商形成巨大威胁，同时也会是中国客源市场的强力争夺者；在入世承诺下将实行普遍的国民待遇，全面放开非国有经济进入旅游服务业和进一步扩大对外开放，国内旅行社经营范围日益扩大以及国内外旅行服务供应商的增加，形成严酷的竞争形势。从行业内部看，一是行业赢利能力下降。二是行业整体及单体市场份额低，全行业及优势企业均未达到规模经济的要求，短时期内难以抗衡国际大型旅行社。三是我国现有的旅行社绝大多数处于转轨阶段，经营效率低，抗风险能力弱，缺乏企业核心竞争能力。

2. 集团化之后，仍有大量组织建设和制度建设的工作必须完成，否则所谓集团仍是一盘散沙，真正的集团化至少应做到以下几点。

(1) 完成集团内的组织建设，积极建立现代企业制度，切实做到产权明晰，运作规范。

(2) 完善集团各项管理制度，如财务管理制度、人力资源管理制度、信息管理制度等。

(3) 充分利用集团化后的规模优势、网络优势，开发多样化的新产品，提高服务质量，努力打造企业品牌和产品品牌。创新和完善分配机制，提高企业对员工的吸引力。

思考题

1. 中国旅行社如何应对旅行社业的跨国经营趋势？

2. 分析中国旅行社行业虚拟经营的趋势。

附录1　2009年版《旅行社条例》

中华人民共和国国务院令

第550号

《旅行社条例》已经2009年1月21日国务院第47次常务会议通过，现予公布，自2009年5月1日起施行。

总　理　温家宝

二〇〇九年二月二十日

旅行社条例

第一章　总　　则

第一条　为了加强对旅行社的管理，保障旅游者和旅行社的合法权益，维护旅游市场秩序，促进旅游业的健康发展，制定本条例。

第二条　本条例适用于中华人民共和国境内旅行社的设立及经营活动。

本条例所称旅行社，是指从事招徕、组织、接待旅游者等活动，为旅游者提供相关旅游服务，开展国内旅游业务、入境旅游业务或者出境旅游业务的企业法人。

第三条　国务院旅游行政主管部门负责全国旅行社的监督管理工作。

县级以上地方人民政府管理旅游工作的部门按照职责负责本行政区域内旅行社的监督管理工作。

县级以上各级人民政府工商、价格、商务、外汇等有关部门，应当按照职责分工，依法对旅行社进行监督管理。

第四条　旅行社在经营活动中应当遵循自愿、平等、公平、诚信的原则，提高服务质量，维护旅游者的合法权益。

第五条　旅行社行业组织应当按照章程为旅行社提供服务，发挥协调和自律作用，引导旅行社合法、公平竞争和诚信经营。

第二章　旅行社的设立

第六条　申请设立旅行社，经营国内旅游业务和入境旅游业务的，应当具备下列条件：

（一）有固定的经营场所；

（二）有必要的营业设施；

（三）有不少于30万元的注册资本。

第七条 申请设立旅行社，经营国内旅游业务和入境旅游业务的，应当向所在地省、自治区、直辖市旅游行政管理部门或者其委托的设区的市级旅游行政管理部门提出申请，并提交符合本条例第六条规定的相关证明文件。受理申请的旅游行政管理部门应当自受理申请之日起20个工作日内作出许可或者不予许可的决定。予以许可的，向申请人颁发旅行社业务经营许可证，申请人持旅行社业务经营许可证向工商行政管理部门办理设立登记；不予许可的，书面通知申请人并说明理由。

第八条 旅行社取得经营许可满两年，且未因侵害旅游者合法权益受到行政机关罚款以上处罚的，可以申请经营出境旅游业务。

第九条 申请经营出境旅游业务的，应当向国务院旅游行政主管部门或者其委托的省、自治区、直辖市旅游行政管理部门提出申请，受理申请的旅游行政管理部门应当自受理申请之日起20个工作日内做出许可或者不予许可的决定。予以许可的，向申请人换发旅行社业务经营许可证，旅行社应当持换发的旅行社业务经营许可证到工商行政管理部门办理变更登记；不予许可的，书面通知申请人并说明理由。

第十条 旅行社设立分社的，应当持旅行社业务经营许可证副本向分社所在地的工商行政管理部门办理设立登记，并自设立登记之日起3个工作日内向分社所在地的旅游行政管理部门备案。

旅行社分社的设立不受地域限制。分社的经营范围不得超出设立分社的旅行社的经营范围。

第十一条 旅行社设立专门招徕旅游者、提供旅游咨询的服务网点（以下简称旅行社服务网点）应当依法向工商行政管理部门办理设立登记手续，并向所在地的旅游行政管理部门备案。

旅行社服务网点应当接受旅行社的统一管理，不得从事招徕、咨询以外的活动。

第十二条 旅行社变更名称、经营场所、法定代表人等登记事项或者终止经营的，应当到工商行政管理部门办理相应的变更登记或者注销登记，并在登记办理完毕之日起10个工作日内，向原许可的旅游行政管理部门备案，换领或者交回旅行社业务经营许可证。

第十三条 旅行社应当自取得旅行社业务经营许可证之日起3个工作日内，在国务院旅游行政主管部门指定的银行开设专门的质量保证金账户，存入质量保证金，或者向做出许可的旅游行政管理部门提交依法取得的担保额度不低于相应质量保证金数额的银行担保。

经营国内旅游业务和入境旅游业务的旅行社，应当存入质量保证金20万元；经营出境旅游业务的旅行社，应当增存质量保证金120万元。

质量保证金的利息属于旅行社所有。

第十四条　旅行社每设立一个经营国内旅游业务和入境旅游业务的分社，应当向其质量保证金账户增存5万元；每设立一个经营出境旅游业务的分社，应当向其质量保证金账户增存30万元。

第十五条　有下列情形之一的，旅游行政管理部门可以使用旅行社的质量保证金：

（一）旅行社违反旅游合同约定，侵害旅游者合法权益，经旅游行政管理部门查证属实的；

（二）旅行社因解散、破产或者其他原因造成旅游者预交旅游费用损失的。

第十六条　人民法院判决、裁定及其他生效法律文书认定旅行社损害旅游者合法权益，旅行社拒绝或者无力赔偿的，人民法院可以从旅行社的质量保证金账户上划拨赔偿款。

第十七条　旅行社自交纳或者补足质量保证金之日起三年内未因侵害旅游者合法权益受到行政机关罚款以上处罚的，旅游行政管理部门应当将旅行社质量保证金的交存数额降低50%，并向社会公告。旅行社可凭省、自治区、直辖市旅游行政管理部门出具的凭证减少其质量保证金。

第十八条　旅行社在旅游行政管理部门使用质量保证金赔偿旅游者的损失，或者依法减少质量保证金后，因侵害旅游者合法权益受到行政机关罚款以上处罚的，应当在收到旅游行政管理部门补交质量保证金的通知之日起5个工作日内补足质量保证金。

第十九条　旅行社不再从事旅游业务的，凭旅游行政管理部门出具的凭证，向银行取回质量保证金。

第二十条　质量保证金存缴、使用的具体管理办法由国务院旅游行政主管部门和国务院财政部门会同有关部门另行制定。

第三章　外商投资旅行社

第二十一条　外商投资旅行社适用本章规定；本章没有规定的，适用本条例其他有关规定。

前款所称外商投资旅行社，包括中外合资经营旅行社、中外合作经营旅行社和外资旅行社。

第二十二条　设立外商投资旅行社，由投资者向国务院旅游行政主管部门提出申请，并提交符合本条例第六条规定条件的相关证明文件。国务院旅游行政主管部门应当自受理申请之日起30个工作日内审查完毕。同意设立的，出具外商投资旅行社业务许可审定意见书；不同意设立的，书面通知申请人并说明理由。

申请人持外商投资旅行社业务许可审定意见书、章程，合资、合作双方签订的合同向国务院商务主管部门提出设立外商投资企业的申请。国务院商务主管部门应当依照有关法律、法规的规定，作出批准或者不予批准的决定。予以批准的，颁发外商投资企业批准证书，并通知申请人向国务院旅游行政主管部门领取旅行社业务经营许可证，申请人持旅行社业务经营许可证和外商投资企业批准证书向工商行政管理部门办理设立登记；不予批准的，书面通知申请人并说明理由。

第二十三条 外商投资旅行社不得经营中国内地居民出国旅游业务以及赴香港特别行政区、澳门特别行政区和台湾地区旅游的业务，但是国务院决定或者我国签署的自由贸易协定和内地与香港、澳门关于建立更紧密经贸关系的安排另有规定的除外。

第四章 旅行社经营

第二十四条 旅行社向旅游者提供的旅游服务信息必须真实可靠，不得作虚假宣传。

第二十五条 经营出境旅游业务的旅行社不得组织旅游者到国务院旅游行政主管部门公布的中国公民出境旅游目的地之外的国家和地区旅游。

第二十六条 旅行社为旅游者安排或者介绍的旅游活动不得含有违反有关法律、法规规定的内容。

第二十七条 旅行社不得以低于旅游成本的报价招徕旅游者。未经旅游者同意，旅行社不得在旅游合同约定之外提供其他有偿服务。

第二十八条 旅行社为旅游者提供服务，应当与旅游者签订旅游合同并载明下列事项：

（一）旅行社的名称及其经营范围、地址、联系电话和旅行社业务经营许可证编号；

（二）旅行社经办人的姓名、联系电话；

（三）签约地点和日期；

（四）旅游行程的出发地、途经地和目的地；

（五）旅游行程中交通、住宿、餐饮服务安排及其标准；

（六）旅行社统一安排的游览项目的具体内容及时间；

（七）旅游者自由活动的时间和次数；

（八）旅游者应当交纳的旅游费用及交纳方式；

（九）旅行社安排的购物次数、停留时间及购物场所的名称；

（十）需要旅游者另行付费的游览项目及价格；

（十一）解除或者变更合同的条件和提前通知的期限；

（十二）违反合同的纠纷解决机制及应当承担的责任；

（十三）旅游服务监督、投诉电话；

（十四）双方协商一致的其他内容。

第二十九条 旅行社在与旅游者签订旅游合同时，应当对旅游合同的具体内容做出真实、准确、完整的说明。

旅行社和旅游者签订的旅游合同约定不明确或者对格式条款的理解发生争议的，应当按照通常理解予以解释；对格式条款有两种以上解释的，应当做出有利于旅游者的解释；格式条款和非格式条款不一致的，应当采用非格式条款。

第三十条 旅行社组织中国内地居民出境旅游的，应当为旅游团队安排领队全程陪同。

第三十一条 旅行社为接待旅游者委派的导游人员或者为组织旅游者出境旅游委派的领队人员，应当持有国家规定的导游证、领队证。

第三十二条 旅行社聘用导游人员、领队人员应当依法签订劳动合同，并向其支付不低于当地最低工资标准的报酬。

第三十三条 旅行社及其委派的导游人员和领队人员不得有下列行为：

（一）拒绝履行旅游合同约定的义务；

（二）非因不可抗力改变旅游合同安排的行程；

（三）欺骗、胁迫旅游者购物或者参加需要另行付费的游览项目。

第三十四条 旅行社不得要求导游人员和领队人员接待不支付接待和服务费用或者支付的费用低于接待和服务成本的旅游团队，不得要求导游人员和领队人员承担接待旅游团队的相关费用。

第三十五条 旅行社违反旅游合同约定，造成旅游者合法权益受到损害的，应当采取必要的补救措施，并及时报告旅游行政管理部门。

第三十六条 旅行社需要对旅游业务做出委托的，应当委托给具有相应资质的旅行社，征得旅游者的同意，并与接受委托的旅行社就接待旅游者的事宜签订委托合同，确定接待旅游者的各项服务安排及其标准，约定双方的权利、义务。

第三十七条 旅行社将旅游业务委托给其他旅行社的，应当向接受委托的旅行社支付不低于接待和服务成本的费用；接受委托的旅行社不得接待不支付或者不足额支付接待和服务费用的旅游团队。

接受委托的旅行社违约，造成旅游者合法权益受到损害的，做出委托的旅行社应当承担相应的赔偿责任。做出委托的旅行社赔偿后，可以向接受委托的旅行社追偿。

接受委托的旅行社故意或者重大过失造成旅游者合法权益损害的，应当承担连带责任。

第三十八条 旅行社应当投保旅行社责任险。旅行社责任险的具体方案由国务院旅游行政主管部门会同国务院保险监督管理机构另行制定。

第三十九条 旅行社对可能危及旅游者人身、财产安全的事项，应当向旅游者做出真实的说明和明确的警示，并采取防止危害发生的必要措施。

发生危及旅游者人身安全的情形的，旅行社及其委派的导游人员、领队人员应当采取必要的处置措施并及时报告旅游行政管理部门；在境外发生的，还应当及时报告中华人民共和国驻该国使领馆、相关驻外机构、当地警方。

第四十条 旅游者在境外滞留不归的，旅行社委派的领队人员应当及时向旅行社和中华人民共和国驻该国使领馆、相关驻外机构报告。旅行社接到报告后应当及时向旅游行政管理部门和公安机关报告，并协助提供非法滞留者的信息。

旅行社接待入境旅游发生旅游者非法滞留我国境内的，应当及时向旅游行政管理部门、公安机关和外事部门报告，并协助提供非法滞留者的信息。

第五章 监督检查

第四十一条 旅游、工商、价格、商务、外汇等有关部门应当依法加强对旅行社的监督管理，发现违法行为，应当及时予以处理。

第四十二条 旅游、工商、价格等行政管理部门应当及时向社会公告监督检查的情况。公告的内容包括旅行社业务经营许可证的颁发、变更、吊销、注销情况，旅行社的违法经营行为以及旅行社的诚信记录、旅游者投诉信息等。

第四十三条 旅行社损害旅游者合法权益的，旅游者可以向旅游行政管理部门、工商行政管理部门、价格主管部门、商务主管部门或者外汇管理部门投诉，接到投诉的部门应当按照其职责权限及时调查处理，并将调查处理的有关情况告知旅游者。

第四十四条 旅行社及其分社应当接受旅游行政管理部门对其旅游合同、服务质量、旅游安全、财务账簿等情况的监督检查，并按照国家有关规定向旅游行政管理部门报送经营和财务信息等统计资料。

第四十五条 旅游、工商、价格、商务、外汇等有关部门工作人员不得接受旅行社的任何馈赠，不得参加由旅行社支付费用的购物活动或者游览项目，不得通过旅行社为自己、亲友或者其他个人、组织牟取私利。

第六章 法律责任

第四十六条 违反本条例的规定，有下列情形之一的，由旅游行政管理部门或者工商行政管理部门责令改正，没收违法所得，违法所得 10 万元以上的，并处违法所得 1 倍以上 5 倍以下的罚款；违法所得不足 10 万元或者没有违法所得的，并处 10 万元以上 50 万元以下的罚款：

（一）未取得相应的旅行社业务经营许可，经营国内旅游业务、入境旅游业务、出境旅游业务的；

（二）分社的经营范围超出设立分社的旅行社的经营范围的；

（三）旅行社服务网点从事招徕、咨询以外的活动的。

第四十七条　旅行社转让、出租、出借旅行社业务经营许可证的，由旅游行政管理部门责令停业整顿1个月至3个月，并没收违法所得；情节严重的，吊销旅行社业务经营许可证。受让或者租借旅行社业务经营许可证的，由旅游行政管理部门或者工商行政管理部门责令停止非法经营，没收违法所得，并处10万元以上50万元以下的罚款。

第四十八条　违反本条例的规定，旅行社未在规定期限内向其质量保证金账户存入、增存、补足质量保证金或者提交相应的银行担保的，由旅游行政管理部门责令改正；拒不改正的，吊销旅行社业务经营许可证。

第四十九条　违反本条例的规定，旅行社不投保旅行社责任险的，由旅游行政管理部门责令改正；拒不改正的，吊销旅行社业务经营许可证。

第五十条　违反本条例的规定，旅行社有下列情形之一的，由旅游行政管理部门责令改正；拒不改正的，处1万元以下的罚款：

（一）变更名称、经营场所、法定代表人等登记事项或者终止经营，未在规定期限内向原许可的旅游行政管理部门备案，换领或者交回旅行社业务经营许可证的；

（二）设立分社未在规定期限内向分社所在地旅游行政管理部门备案的；

（三）不按照国家有关规定向旅游行政管理部门报送经营和财务信息等统计资料的。

第五十一条　违反本条例的规定，外商投资旅行社经营中国内地居民出国旅游业务以及赴香港特别行政区、澳门特别行政区和台湾地区旅游业务，或者经营出境旅游业务的旅行社组织旅游者到国务院旅游行政主管部门公布的中国公民出境旅游目的地之外的国家和地区旅游的，由旅游行政管理部门责令改正，没收违法所得，违法所得10万元以上的，并处违法所得1倍以上5倍以下的罚款；违法所得不足10万元或者没有违法所得的，并处10万元以上50万元以下的罚款；情节严重的，吊销旅行社业务经营许可证。

第五十二条　违反本条例的规定，旅行社为旅游者安排或者介绍的旅游活动含有违反有关法律、法规规定的内容的，由旅游行政管理部门责令改正，没收违法所得，并处2万元以上10万元以下的罚款；情节严重的，吊销旅行社业务经营许可证。

第五十三条　违反本条例的规定，旅行社向旅游者提供的旅游服务信息含有虚假内容或者作虚假宣传的，由工商行政管理部门依法给予处罚。

违反本条例的规定，旅行社以低于旅游成本的报价招徕旅游者的，由价格主管部门依法给予处罚。

第五十四条　违反本条例的规定，旅行社未经旅游者同意在旅游合同约定之外提供其他有偿服务的，由旅游行政管理部门责令改正，处1万元以上5万元以下的罚款。

第五十五条 违反本条例的规定，旅行社有下列情形之一的，由旅游行政管理部门责令改正，处2万元以上10万元以下的罚款；情节严重的，责令停业整顿1个月至3个月：

（一）未与旅游者签订旅游合同；

（二）与旅游者签订的旅游合同未载明本条例第二十八条规定的事项；

（三）未取得旅游者同意，将旅游业务委托给其他旅行社；

（四）将旅游业务委托给不具有相应资质的旅行社；

（五）未与接受委托的旅行社就接待旅游者的事宜签订委托合同。

第五十六条 违反本条例的规定，旅行社组织中国内地居民出境旅游，不为旅游团队安排领队全程陪同的，由旅游行政管理部门责令改正，处1万元以上5万元以下的罚款；拒不改正的，责令停业整顿1个月至3个月。

第五十七条 违反本条例的规定，旅行社委派的导游人员和领队人员未持有国家规定的导游证或者领队证的，由旅游行政管理部门责令改正，对旅行社处2万元以上10万元以下的罚款。

第五十八条 违反本条例的规定，旅行社不向其聘用的导游人员、领队人员支付报酬，或者所支付的报酬低于当地最低工资标准的，按照《中华人民共和国劳动合同法》的有关规定处理。

第五十九条 违反本条例的规定，有下列情形之一的，对旅行社，由旅游行政管理部门或者工商行政管理部门责令改正，处10万元以上50万元以下的罚款；对导游人员、领队人员，由旅游行政管理部门责令改正，处1万元以上5万元以下的罚款；情节严重的，吊销旅行社业务经营许可证、导游证或者领队证：

（一）拒不履行旅游合同约定的义务的；

（二）非因不可抗力改变旅游合同安排的行程的；

（三）欺骗、胁迫旅游者购物或者参加需要另行付费的游览项目的。

第六十条 违反本条例的规定，旅行社要求导游人员和领队人员接待不支付接待和服务费用、支付的费用低于接待和服务成本的旅游团队，或者要求导游人员和领队人员承担接待旅游团队的相关费用的，由旅游行政管理部门责令改正，处2万元以上10万元以下的罚款。

第六十一条 旅行社违反旅游合同约定，造成旅游者合法权益受到损害，不采取必要的补救措施的，由旅游行政管理部门或者工商行政管理部门责令改正，处1万元以上5万元以下的罚款；情节严重的，由旅游行政管理部门吊销旅行社业务经营许可证。

第六十二条 违反本条例的规定，有下列情形之一的，由旅游行政管理部门责令

改正，停业整顿1个月至3个月；情节严重的，吊销旅行社业务经营许可证：

（一）旅行社不向接受委托的旅行社支付接待和服务费用的；

（二）旅行社向接受委托的旅行社支付的费用低于接待和服务成本的；

（三）接受委托的旅行社接待不支付或者不足额支付接待和服务费用的旅游团队的。

第六十三条　违反本条例的规定，旅行社及其委派的导游人员、领队人员有下列情形之一的，由旅游行政管理部门责令改正，对旅行社处2万元以上10万元以下的罚款；对导游人员、领队人员处4000元以上2万元以下的罚款；情节严重的，责令旅行社停业整顿1个月至3个月，或者吊销旅行社业务经营许可证、导游证、领队证：

（一）发生危及旅游者人身安全的情形，未采取必要的处置措施并及时报告的；

（二）旅行社组织出境旅游的旅游者非法滞留境外，旅行社未及时报告并协助提供非法滞留者信息的；

（三）旅行社接待入境旅游的旅游者非法滞留境内，旅行社未及时报告并协助提供非法滞留者信息的。

第六十四条　因妨害国（边）境管理受到刑事处罚的，在刑罚执行完毕之日起五年内不得从事旅行社业务经营活动；旅行社被吊销旅行社业务经营许可的，其主要负责人在旅行社业务经营许可被吊销之日起五年内不得担任任何旅行社的主要负责人。

第六十五条　旅行社违反本条例的规定，损害旅游者合法权益的，应当承担相应的民事责任；构成犯罪的，依法追究刑事责任。

第六十六条　违反本条例的规定，旅游行政管理部门或者其他有关部门及其工作人员有下列情形之一的，对直接负责的主管人员和其他直接责任人员依法给予处分：

（一）发现违法行为不及时予以处理的；

（二）未及时公告对旅行社的监督检查情况的；

（三）未及时处理旅游者投诉并将调查处理的有关情况告知旅游者的；

（四）接受旅行社的馈赠的；

（五）参加由旅行社支付费用的购物活动或者游览项目的；

（六）通过旅行社为自己、亲友或者其他个人、组织牟取私利的。

第七章　附　则

第六十七条　香港特别行政区、澳门特别行政区和台湾地区的投资者在内地投资设立的旅行社，参照适用本条例。

第六十八条　本条例自2009年5月1日起施行。1996年10月15日国务院发布的《旅行社管理条例》同时废止。

附录 2　旅行社接待通用安全操作规程

1　适用范围

本规程提出了旅行社接待国内旅游活动安全操作的基本规范要求。

本规程适用于旅行社所接待旅游团队的安全操作控制。

2　引用标准

下列标准所包含的条文，通过在本标准中引用而构成为本标准的条文。在标准出版时，所示版本均为有效，所有标准都会被修订，使用本标准的各方应探讨、使用下列标准最新版本的可能性。

GB/T 15971—1995《导游服务质量》

LB/T 002—1995《旅游汽车服务质量》

LB/T 004—1997《旅行社国内旅游服务质量要求》

GB 16153—1996 饭店（餐厅）卫生标准

3　术语和定义

下列术语和定义适用于本标准

3.1　旅行社 travel service。

依法设立并具有法人资格，从事招徕、接待旅行者，组织旅游活动，实行独立核算的企业。

3.2　导游人员 tour guide。

持有中华人民共和国导游资格证书、受旅行社委派、按照接待计划，从事陪同旅游团（者）游览等工作的人员。导游人员包括全程陪同导游人员（全陪）和地方陪同导游人员（地陪）。

4　总则

4.1　旅行社接待安全操作规程贯彻“预防为主，安全第一”的方针。

4.2　领导者责任。

旅行社总经理对接待安全管理工作全面负责。

4.3　旅行社接待安全工作的主要任务是：

4.3.1　预防危害国家安全的破坏活动；

4.3.2　预防刑事案件和治安案件；

4.3.3　预防交通安全事故；

4.3.4　预防食物中毒事故；

4.3.5　及时处置危及旅游者人身和财物安全的事故和突发事件；

4.3.6　预防接待过程中的其他违法犯罪活动。

5　安全事故报告及处理

5.1　事故发生单位在事故发生后，应按下列程序处理：

5.1.1　陪同人员应当立即上报主管部门，主管部门应当及时报告归口管理部门；

5.1.2　会同事故发生地的有关单位严格保护现场；

5.1.3　协助有关部门进行抢救、侦查；

5.1.4　有关单位负责人应及时赶赴现场处理；

5.1.5　对特别重大事故，应当严格按照国务院《特别重大事故调查程序暂行规定》进行处理。

5.2　处理外国旅游者重大伤亡事故时，应当注意下列事项：

5.2.1　立即通过外事管理部门通知有关国家驻华使领馆和组团单位；

5.2.2　为前来了解、处理事故的外国使领馆人员的组团单位及伤亡者家属提供方便；

5.2.3　与有关部门协调，为国际急救组织前来参与对在国外投保的旅游者（团）的伤亡处理提供方便；

5.2.4　对在华死亡的外国旅游者严格按照外交部《外国人在华死亡后的处理程序》进行处理。

5.3　对于重大安全事故，报告人或报告单位除向当地消防、公安、交通、卫生等有关部门报告外，要同时向当地旅游局报告，有组织接待的旅游团队还到向组团旅行社报告。

5.4　事故处理后，立即写出事故调查报告，其内容包括：

5.4.1　事故经过及处理；

5.4.2　事故原因及责任；

5.4.3　事故教训；

5.4.4　今后防范措施。

5.5　重大旅游安全事故的报告内容主要包括：

5.5.1　事故发生后的首次报告内容：

5.5.1.1　事故发生的时间、地点；

5.5.1.2　事故发生的初步情况；

5.5.1.3　事故接待单位及与事故有关的其他单位；

5.5.1.4　报告人的姓名、单位和联系电话。

5.5.2　事故处理过程中的报告内容：

5.5.2.1　伤亡情况及伤亡人员姓名、性别、年龄、国籍、团名、护照号码；

5.5.2.2　事故处理的进展情况；

5.5.2.3 对事故原因的分析；

5.5.2.4 有关方面的反映和要求；

5.5.2.5 其他需要请示或报告的事项。

5.5.3 事故处理结束后，报告单位需认真总结事故发生和处理的情况，并做出书面报告，内容包括：

5.5.3.1 事故经过及处理；

5.5.3.2 事故原因及责任；

5.5.3.3 事故教训及今后防范措施；

5.5.3.4 善后处理过程及赔偿情况；

5.5.3.5 有关方面及事故家属的反映；

5.5.3.6 事故遗留问题及其他。

6 旅游者人身安全

6.1 乘车。

6.1.1 司机在接团出发前必须做好一切准备工作，当车停稳后，导游员在车下照顾游客上车，然后清点人数，游客到齐坐稳后再示意司机开车。

6.1.2 汽车在行驶途中，不得停车让无关人员乘车，遇有不明身份人员拦阻车辆时，不得停车。

6.1.3 导游员有权阻止非司机开车。因本车司机身体欠佳，经请示同意可调换司机。

6.1.4 当感到车速过快时，导游员有权加以制止，尤其是窄路、坡路、雨雪雾天等路况不佳时更应注意。

6.1.5 当行车路线较长时，导游员应定时与驾驶员交谈，提醒驾驶员以免打盹造成安全事故。

6.1.6 当车辆出现车祸时，导游员和司机要尽全力立即将游客从车内救出，迅速拦截过往车辆将危重病人送往医院。如临时无过往车辆，应以最快速度用电话报告旅行社和本地急救中心、医院请求火速求援。

6.1.7 当发现其他车辆发生车祸时，在条件允许时要立即停车全力相救（在条件不允许时，要事后报告、讲明情况）。

6.1.8 在汽车停稳之前，导游员应向游客说明下次乘车时间和地点，待汽车停稳后，导游员应在车下照顾游客下车。

6.1.9 每天第一次见面，导游员要向司机讲明当日的详细活动日程，并协商出最佳行车路线。

6.1.10 严禁汽车司机在行驶中抢时间、赶日程，严禁酒后开车或疲劳驾驶、开英雄车、斗气车，以及拼命鸣喇叭。

6.1.11　司机、导游员必须于每日团队出发前至少提前10分钟抵达现场。

6.2　住宿。

6.2.1　领队、全陪、地陪和客人都要掌握对方所住的房间号和位置。

6.2.2　导游员要弄清楚一旦发生地震或火灾时迅速离开饭店的安全通道。

6.2.3　全陪必须同客人住在同一饭店，如有事离开，必须通知地陪、团长或领队。

6.2.4　导游员要提醒游客锁好门，尤其是晚间，切不可贸然开门，让不明身份的人进入房间。

6.2.5　如游客发生意外伤亡，全陪和地陪应立即同饭店保卫部门及值班经理取得联系，保护好现场，并立即将危重病人送往医院。

6.2.6　旅行社自行选择旅游团队住宿饭店，应审查资格，明确责任，索取有效的卫生许可证、营业执照备案，并与饭店签订团队住宿协议，饭店名称、地址、电话应以传真形式报市旅游质量监督管理所、市卫生局卫生监督所和市公安局备案，并对饭店情况进行检查，发现问题应及时取消该店的供方资格。每次应与饭店签订具体住宿协议，注明住宿时间、标准、人数及注意事项等，并由双方盖章确认。

6.3　景点。

6.3.1　在客人抵达景点之前，导游员要提醒游客如在景点附近摊点购物时，要严守日程和时间，避免掉队，影响参观。

6.3.2　在参观过程中，全陪和地陪要始终和客人一起活动，要维持好参观秩序，防止坏人伤害游客，要经常清点人数，避免游客走失。

6.3.3　全陪和地陪要注意观察旅游景点或通向旅游景点的通道是否安全。如不安全，除必须停止游客参观外，事后一定要向公司书面反映，以便公司对下一次的旅游做出新的更加安全的安排。因天气原因，如下雨、下雪、刮风等，确实给游客参观游览能带来危险时，可劝阻客人改期参观。

6.4　就餐。

6.4.1　全陪和地陪如发现餐厅和楼道滑腻、地毯卷起、台阶破损等情况，除提醒客人注意外，要通知餐厅服务中立即清除或修复。

6.4.2　全陪和地陪在带领客人就餐中如发现饭菜、饮料或水果不卫生、有异味或发霉、腐烂变质时，要主动与餐厅负责人交涉，要求其按标准重新提供并向客人道歉。

6.4.3　如发现游客就餐后出现了头疼、头晕、恶心、呕吐等不适症状时全陪和地陪要呼吁游客立即停止进食，迅速将不适症状者送往医院，并报告检疫部门检查、化验，如确属食物中毒，导游员应立即向公司报告，并责成有关部门处理。

6.4.4　旅行社不得安排团队到无卫生许可证、无营业执照、卫生条件差的饭店就餐。

6.4.5 旅行社自行选择旅游团队就餐饭店，应审查资格，明确责任，索取有效的卫生许可证、营业执照备案，并与饭店签订团队就餐协议，饭店名称、地址、电话应以传真形式报市旅游质量监督管理所和市卫生局卫生监督所备案，并对饭店厨房卫生进行检查，发现问题应及时取消该店的供餐资格。每次应与饭店签订具体用餐协议，注明用餐时间、标准、人数及注意事项等，并由双方盖章确认。

6.4.6 加强对导游员的食品卫生知识培训，掌握游客身体状况，并对就餐饭店的菜单进行审查，原则不吃或少吃凉拌菜、小海货及冰啤、扎啤等易引起食物中毒或胃肠道疾病的食品。引导游客不喝崂山生泉水，不吃景区或街头摊点供应的凉粉、小海货等食品。

6.4.7 发现游客有中毒或疑似食物中毒症状时，应及时送医院就医，妥善安置病人，并立即向市、区卫生监督所报告，不得提前私自通知供餐饭店，防止破坏加工现场，影响食物中毒调查采样及其定案。

6.4.8 接待旅游团超过50人以上集体就餐要及时向发放卫生许可证的市、区卫生监督所报告。

6.4.9 旅行社应监督餐饮接待单位实行分餐制，可用服务员分餐或用公筷、公勺方式分餐。

6.4.10 团队外出需订购携带食品或盒饭时，应对集体订购配送餐单位，严格索证制度，严禁订购食用无配送卫生许可证单位配送的食品。

6.5 购物。

6.5.1 如客人提出购物，导游中应当带领游客到诚信购物商店购物。

6.5.2 带领游客到诚信购物商店购物，因购物出现的一切问题均由商店负责处理。

6.6 观赏文艺节目。

6.6.1 全陪和地陪至少有一个必须陪游客一起观赏文艺节目。

6.6.2 全陪和地陪要留意一旦发生意外，如何带游客从演出场地迅速撤出的安全通道。

6.7 其他。

6.7.1 导游员应每天向游客公布当日和次日的天气预报，并提醒游客增减衣服，照顾好游客的人身安全，特别是对老、弱、病、残者要特别注意。

6.7.2 如游客有病，要热情关心。对危重病人要立即送医院救治。

6.7.3 如游客发生重大意外伤亡事故，除按《旅游安全事故报告控制程序》执行外，还应按本程序的有关要求，迅速向公司和有关单位报告。

7 接待过程财物安全规程

7.1 旅游者进入本地。

7.1.1　导游员接到旅游者后，要告诉游客把托运行李和手提行李分开，并提醒客人不要将护照（身份证）和贵重物品（如首饰、现金、支票、证券等）放入托运行李中。手提行李由客人自己保管，将托运行李集中起来后要检查是否上锁或破损。凡不上锁或破损到上锁无价值者不予托运，应提醒客人不要将香烟、打火机、胶卷、电动剃须刀等放入托运行李两侧的无锁袋内。

7.1.2　当旅游者进入时，全陪要将行李托单交给地陪或客人提取行李，清点行李后，在行李上挂上旅行社行李标志牌，办好手续运走。

7.2　旅游者进入饭店。

7.2.1　导游员在游客离开机场、车站前，要提醒游客检查托运行李物品是否完整无缺。如有丢失，立即报告。

7.2.2　客人托运行李送到饭店后必须填写交接单，由双方签字。

7.2.3　饭店行李员必须在客人进入房间后及时把游客行李送进房间。

7.3　离开饭店。

当游客离开饭店前将托运行李交出后，导游员要与饭店行李员交接，填写交接单，由双方签字。

7.4　离开本地。

7.4.1　导游员负责将游客行李送到离站交通运输部门时，要办理好托运手续，将有关领取单据交给全陪妥善保管。

7.4.2　当旅游者离开本站时，导游员应将行李先于旅游者送到出境地点，然后将行李交给游客，办理托运手续等。

7.5　其他。

游客在旅游期间，包括在机场、火车站、汽车、轮船、饭店、餐厅、旅游景点、观赏文艺节目、购物、自由活动时全陪和地陪都必须做到：时时刻刻提醒游客保管好自己的护照和钱物，不要将其忘在别处，如发生此类情况，要积极协助有关单位查找。

8　旅游汽车安全

8.1　坚持一日三检，确保车况完好。

8.1.1　出车前的检查：汽车发动机机油、燃油、冷却水、电解液加足适量；手脚制动器、转向机灵敏有效，各部管路完好，轮胎气压符合规定；车灯，喇叭、雨刷及仪表工作正常；电瓶搭线清洁牢固；四轮制动鼓轮胎螺丝紧固，轴碗不松动。

8.1.2　行驶中的检查：行车中要随时注意发动机及底盘各部件的声响，如有异响，及时修复。长途行驶时，应中途检查各部位有无漏油、漏气、漏水情况及轮胎气压是否正常，并随时观察仪表工作是否正常。

8.1.3　收车后的检查：任务执行完毕后，装有电源总闸的车辆，应关闭总电闸，拉紧手制动器。气压制动车辆应放掉水分离器及储气罐内的污水，并拧紧堵塞。清洁烟缸内的脏物，检查车内是否有未熄灭的烟蒂，防止起火。注意补充燃油、机油。关好车门，锁好门窗及后备箱。

8.2　坚持安全操作，确保行车安全。

8.2.1　车辆发动：拉紧手制动器，将变速杆放在空挡位置上。用启动机启动发动机时，每次不超过5秒钟，连续三次使用启动机而发动机仍不发动时，应查明原因再启动。发动机发动后，禁止猛轰油门，各种仪表指示灯必须正常，读数符合规定。

8.2.2　平稳起步：起步时必须先观察车辆周围情况，应用标准挡起步，松开手制动器，打开方向灯，通过后视镜察看后方有无来车，轻抬离合器，适量加油。坡路起步时，如发生熄火，必须立即停车，必要时在轮胎后部打掩。

8.2.3　驾姿端正：司机执行任务时必须精力充沛；不准将胳膊挎在车门上或斜坐驾驶；行驶中做到：起步平稳，转弯不晃，刹车不点头；不准吸烟、吃东西或做有碍安全行车的动作。

8.2.4　车辆行驶：要根据车速顺序换挡，不得跳换，不得低速拉车和勉强行驶。行驶中要经常注意仪表和车辆的工作情况，发现异常立即停车检查，及时排除。严格遵守会车、让车、超车、跟车的规定，不超速行驶，禁止高速滑行、间歇滑行或熄火滑行。冰雪天气或雨雾天气时，必须在落实了各种安全措施后方得出车；驾驶中要根据特殊天气的特点，坚持“一慢二看三通过”。

8.2.5　车辆停放时，必须挂好挡，拉紧手制动器。在坡道上临时停车时，司机不准离车，防止溜车滑坡事故的发生。

8.3　签订规范用车合同。

旅行社在租用旅游车辆时，要按照旅游局公布的《旅行社旅游团队接待用车合同范本》与出租方签订正式合同，明确双方的权利义务。每次用车，应与出租方签订具体用车协议，双方盖章确认，并提供给司机具体的团队计划。

8.4　租用车辆应具备相应资质。

租用的旅游车辆应经公安等部门检验年审合格并符合行业标准与合同约定标准。驾驶员应是公安等部门登记在册技能熟练人员，足额办理了乘员险、第三者责任险等保险手续，符合交通部门认定的旅游目的地经营范围的旅游客车。

8.5　用车前需索取相应资料。

车辆使用前索取使用车辆及驾驶员的相关资料复印件备查：①机动车驾驶证；②机动车辆保险单；③车辆购置税完税证明；④道路运输证；⑤道路运输规费缴讫证；⑥山东省营运车辆驾驶人员上岗证书；⑦其他有关资质证明。

8.6　用车当中注意事项。

出车前，要认真检查车辆性能，确保车况良好，保持车辆内外清洁卫生。驾驶员应有良好的服务态度、礼节礼貌和仪容仪表。司乘、导游等人员要密切协作，共同搞

好行车安全工作。驾驶员要严格按照交通规则驾驶车辆，在行车过程中要严格遵守有关规定。对单程行程 400 千米（高速公路 600 千米）以上的客运车辆，乙方必须配备两名驾驶员，每名驾驶员连续驾车不得超过 3 小时，24 小时内驾驶时间累计不得超过 8 小时。在高速公路上行车时要严格遵守小型客车最高时速不超过 110 千米，大型客车、货运（行李）汽车不得超过 90 千米的限速规定。

8.7　乘客意见卡。

8.7.1　旅游汽车上必须放置“乘客意见卡”在接待旅游团时，司机应主动将卡发放到乘客手中。

8.7.2　车队要及时收回“乘客意见卡”，对乘客提出的意见及时做出反应，并将各类意见汇总报告公司业务和质量管理部门。

8.7.3　旅游汽车公司业务和质量管理部门要定期对“乘客意见卡”做出统计和汇总，并对各类意见进行分析，报告公司领导，提出改进服务质量的办法。

9　特殊情况处理

9.1　基本处理原则。

9.1.1　旅行社对游客在旅游过程出现的特殊情况，如事故伤亡、行程受阻、财物丢失、被抢被盗、疾病救护等，应积极协助处理。

9.1.2　旅行社应建立健全应急处理系统制度。

9.1.3　旅行社在处理特殊情况时，应维护旅游者的合法权益，不推卸负责，不草率应付，积极排除险情，妥善解决问题。

9.2　路线或日程变更。

9.2.1　旅游团（者）要求变更计划行程。

旅游过程中，旅游团（者）提出变更路线或日程的要求时，导游人员原则上应按合同执行，特殊情况报组团社。

9.2.2　客观原因需要变更计划行程。

旅游过程中，因客观原因需要变更路线或日程时，导游人员应向旅游团（者）作好解释工作，及时将旅游团（者）的意见反馈给组团社和接待社，并根据组团社或接待社的安排做好工作。

9.2.3　丢失证件或物品。

当旅游者丢失证件或物品时，导游人员应详细了解丢失情况，尽力协助寻找，同时报告组团社或接待社，根据组团社或接待社的安排协助旅游者向有关部门报案，补办必要的手续。

9.2.4　丢失或损坏行李。

当旅游者的行李丢失或损坏时，导游人员应详细了解丢失或损坏情况，积极协助查找责任者。当难以找出责任者时，导游人员应尽量协助当事人开具有关证明，以便向投保公司索赔，并视情况向有关部门报告。

9.3　旅游者伤病、病危或死亡。

9.3.1　旅游者伤病。

旅游者意外受伤或患病时，导游人员应及时探视，如有需要，导游人员应陪同患者前往医院就诊。严禁导游人员擅自给患者用药。

9.3.2　旅游者病危。

旅游者病危时，导游人员应立即协同领队或亲友送病人去急救中心或医院抢救，或请医生前来抢救。患者如系某国际急救组织的投保者，导游人员还应提醒领队及时与该组织的代理机构联系。

在抢救过程中，导游人员应要求旅游团的领队或患者亲友在场，并详细地记录患者患病前后的症状及治疗情况。

在抢救过程中，导游人员应随时向当地接待社反映情况；还应提醒领队及时通知患者亲属，如患者系外籍人士，导游人员应提醒领队通知患者所在国驻华使（领）馆；同时妥善安排好旅游团其他旅游者的活动。全陪应继续随团旅行。

9.3.3　旅游者死亡。

出现旅游者死亡的情况时，导游人员应立即向当地接待社报告，由当地接待社按照国家有关规定做好善后工作，同时导游人员应稳定其他旅游者的情绪，并继续做好旅游团的接待工作。

如系非正常死亡，导游人员应注意保护现场，并及时报告当地有关部门。

9.4　其他。

如遇上述之外的其他问题，导游人员应在合理与可能的前提下，积极协助有关人员予以妥善处理。

10　导游服务

10.1　旅行社应为每辆旅游车上的旅游者配备至少1名导游人员；

10.2　导游人员的基本素质及其服务应符合GB/T15971的规定；

10.3　导游人员应具有一定的安全知识和防范技能，以保障旅游者的人身安全。

参考文献

[1] 杜江，戴斌．旅行社管理比较研究［M］．北京：旅游教育出版社，2010.

[2] 杨絮飞．旅行社经营管理［M］．北京：中国人民大学出版社，2011.

[3] 国家旅游局综合协调司．旅行社安全管理实务［M］．北京：中国旅游出版社，2012.

[4] 中国旅行社协会．旅行社常见疑难法律问题［M］．北京：中国旅游出版社，2011.

[5] 李天元．旅游学概论（修订版）［M］．天津：南开大学出版社，2005.

[6] 吴敏良，魏敏．旅行社经营实务［M］．上海：上海交通大学出版社，2011.

[7] 全国导游人员资格考试教材编写组．旅游法规常识［M］．北京：旅游教育出版社，2001.

[8] 徐萍．旅游门市接待［M］．北京：中国铁道出版社，2009.

[9] 国家旅游局人事劳动教育司．旅行社经营管理［M］．北京：中国旅游出版社，2004.

[10] 利珀．旅游管理［M］．3版．谢昌，翁瑾，陈林生，译．上海：上海财经大学出版社有限公司，2007.

[11] 张道顺．旅游产品设计与操作手册［M］．2版．北京：旅游教育出版社，2008.

[12] 李京颐，刘志华．旅游企业业务流程再造［M］．北京：电子工业出版社，2010.

[13] 万剑敏．旅行社产品设计［M］．北京：旅游教育出版社，2008.

[14] 吴小苹，胡志国．旅游企业人力资源管理［M］．天津：天津大学出版社，2011.

[15] 国家旅游局旅游质量监督管理所．旅游质量监督管理工作实用手册［M］．北京：中国旅游出版社，2001.

[16] 梁智．旅行社经营管理［M］．上海：上海财经大学出版社，2007.

[17] 中国旅行社发展现状与发展对策研究课题组．中国旅行社发展现状与发展对策研究［M］．北京：旅游教育出版社，2002.

[18] 佩吉，等．现代旅游管理导论［M］．2版．黄代梅，李兆敏，苏琳，译．北

京：电子工业出版社，2009.

[19] 李天顺．旅行社经营管理实例评析［M］．天津：南开大学出版社，2003.

[20] 徐进．现代旅行社运行及管理实务全书［M］．北京：北京燕山出版社，2000.

[21] 赵西萍．旅游市场营销学［M］．北京：高等教育出版社，2011.

[22] 梁智．旅行社运行与管理［M］.4版．大连：东北财经大学出版社，2010.

[23] 熊晓敏．旅行社OP计调手册［M］．北京：中国旅游出版社，2007.

[24] 姚延波．旅行社经营管理［M］．北京：首都经济贸易大学出版社，2008.

[25] 全国经济专业技术资格考试用书编写委员会．旅游经济专业知识与实务（中级）［M］．北京：团结出版社，2004.

[26] 国家旅游局人事劳动教育司．旅行社经营管理［M］.2版．北京：旅游教育出版社，2009.

[27] 李治．旅行社经营管理［M］．武汉：华中科技大学出版社，2010.

[28] 耶尔．旅行社经营业务［M］．程尽能，等，译．北京：旅游教育出版社，2004.

[29] 中国旅行社协会．中国旅行社行业发展年度报告（2011）［M］．北京：旅游教育出版社，2012.

[30] 李玲．旅行社经营管理实务［M］．武汉：武汉理工大学出版社，2011.

[31] 朴松爱，吴鸣岐．旅行社管理［M］.2版．北京：中国旅游出版社，2011.

[32] 张道顺．现代旅行社管理手册［M］.2版．北京：旅游教育出版社，2010.

[33] 陈小春．旅行社管理学［M］．北京：中国旅游出版社，2003.

[34] 卢森斯，多．国际企业管理——文化、战略与行为［M］．赵曙明，程德俊，译．北京：机械工业出版社，2010.

[35] 范英杰．旅游企业财务管理［M］．天津：南开大学出版社，2011.

[36] 杜江．旅行社管理［M］．天津：南开大学出版社，2001.

[37] 陈永发．旅行社经营管理［M］.2版．北京：高等教育出版社，2008.

[38] 哈里森，恩兹．旅游接待业战略管理：概念与案例［M］．秦宇，等，译．北京：旅游教育出版社，2007.